O *amor* *não pode esperar*

Revisão:
Maria Aparecida Amaral

Editoração Eletrônica:
Elifas Alves

Direção de Arte:
Luiz Antonio Gasparetto

Capa:
Kátia Cabello

3ª edição
Setembro • 2008
5.000 exemplares

Dados Internacionais de Catalogação na Publicação (CIP)
(Câmara Brasileira do Livro, SP, Brasil)

Hermes (Espírito).
O amor não pode esperar / pelo espírito Hermes ;
[psicografado por] Maurício de Castro. --
São Paulo : Centro de Estudos Vida & Consciência
Editora, 2008.
Bibliografia.
ISBN 978-85-7722-004-4
1. Espiritismo 2. Psicografia 3. Romance
espírita I. Castro, Maurício de. II. Título.
08-08923 CDD-133.93

Índices para catálogo sistemático:
1. Romances espíritas psicografados : Espiritismo 133.93

Publicação, Distribuição
Impressão e Acabamento:
CENTRO DE ESTUDOS
VIDA & CONSCIÊNCIA EDITORA LTDA.

Rua Agostinho Gomes, 2312
Ipiranga • CEP 04206-001
São Paulo • SP • Brasil
Fone / Fax: (11) 2061-2739 / 2061-2670
E-mail: grafica@vidaeconsciencia.com.br
Site: www.vidaeconsciencia.com.br

MAURÍCIO DE CASTRO

pelo espírito HERMES

O *amor não pode esperar*

EDITORA GRÁFICA VIDA & CONSCIÊNCIA

Palavras amigas do autor espiritual

Colaborar com a divulgação da espiritualidade é um trabalho maravilhoso, porém difícil. As dificuldades do processo muitas vezes superam o entusiasmo de muitos irmãos nossos da comunidade onde vivo. É que os médiuns, em grande parte, ainda continuam resistentes. Passam por todas as provas de manifestações mediúnicas, têm inúmeras chances de perceber a continuação da vida após a morte, o processo de reencarnação, porém não se dedicam ao ideal espiritual que muitas vezes escolhem antes do próprio nascimento.

Mas, estou aqui, com minha personalidade teimosa e persistente tentando passar o que aprendi e vivi com companheiros mais evoluídos que eu. Garanto que é fascinante encontrar recepção mediúnica em companheiros da Terra. Psicografar! Viver experiências de outros como se fossem nossas! Sorrir com suas vitórias, chorar com seus fracassos, amar, descobrir a vida em suas dimensões mais profundas! Tenho certeza de que se a ignorância fosse vencida muitas pessoas veriam na mediunidade uma ferramenta a mais para seu progresso e felicidade e não mais como instrumento de medo e de tortura.

Quando recebi de irmãos mais elevados a tarefa de enviar mensagens de esclarecimento para a Terra preferi o romance. Em meu nível de aprendizado e evolução tenho algumas condições de escolha e este trabalho — a escrita mediúnica — por ser de profunda responsabilidade, atinge centenas de criaturas, e deve ser dosado com muita cautela. Acredito que passar receitas sobre o certo e o errado, lições de moralismo ou cientificismo pura e simplesmente não seja de minha alçada. Já uma história, onde os personagens viveram seus dramas, seus erros e acertos, suas escolhas e os resultados dos mesmos, me parece bem mais convincente e bem menos complicado de se fazer entender.

Em nosso curso para escritores temos como condição essencial o poder de escolha e a categoria romance tem atraído muitos de nós. Também pudera! Tudo o que temos de mais belo em termos de literatura no mundo terreno deve-se em grande parte à forma romanceada como os autores conduzem seu pensamento. A própria Bíblia é uma coletânea de romances, cada um em seu estilo e em sua função. Que beleza! Passar histórias, contos, acontecimentos, fatos de todos os tipos fascinam não só a nós escritores "fantasmas" como também os leitores, que ávidos pela narrativa podem desfrutar de intensos momentos de prazer, encantamento e aprendizado. Afinal, ler bons livros é a melhor forma de experimentar a vida sem sofrer.

É isso que me dá forças para levar esta tarefa adiante, e me desculpem os amigos que desistiram, quero dizer que todos eles estão se privando da imensa oportunidade de utilizar o amor em favor de todas as pessoas que sofrem. Refiro-me aqui também aos médiuns que continuam achando que mediunidade é sofrimento e vale de lágrimas, e movidos por esses pensamentos desistem de suas tarefas com facilidade. Eles ignoram que a maior ajuda que damos à espiritualidade é divulgá-la com amor, com o amor que Deus tem pela humanidade e esse mesmo amor jamais pode esperar...

Hermes

24/05/2004

Prólogo

Flávio olhou mais uma vez aqueles envelopes em suas mãos e sua irritação aumentou. Não era isso o que ele queria para sua vida. Trabalhar ainda que como office-boy naquela famosa empresa era o sonho de nove entre dez jovens de sua idade, mas para ele era como se fosse nada. Contava 23 anos e sua turma de amigos lhe dizia que ele era um rapaz de sorte, nada lhe faltava. Tinha uma família boa, pais responsáveis, amigos leais, porém mesmo assim ele não se sentia feliz.

Esse emprego arranjado por um amigo de seu pai, a princípio lhe proporcionou uma grande euforia. Era a empresa onde seus colegas de colégio mais almejavam trabalhar e realmente era ótimo ter seu nome em qualquer currículo, o emprego viria certo.

Quando iniciou a tarefa percebeu que não era tão bom assim. Passar a metade do dia entregando correspondências, prestando favores a terceiros no centro de São Paulo não era nada agradável. Andar pela Paulista se tornou uma rotina e ele não parava mais para admirar a beleza de seus majestosos edifícios.

Naquele dia, após três meses de trabalho, sentia que não ia resistir, deixaria o emprego. Com o segundo grau incompleto, Flávio sabia que não era fácil conseguir um emprego melhor.

Criado em família de classe média, se quisesse nem trabalharia, passaria o dia a vagar com alguns amigos e a fingir que estudava. Mas seu pai desde cedo lhe incutiu a idéia do trabalho como meio de progresso e ele tentava seguir. Havia também alguns poucos amigos que assim como ele tentavam aproveitar melhor o tempo. Mas Flávio não estava gostando do que estava fazendo.

De súbito olhou o relógio e percebeu que já eram cinco horas da tarde. Felizmente não iria mais transitar pela empresa levando e trazendo envelopes. Só no próximo dia faria esse serviço e como no dia seguinte ele pretendia se demitir, com certeza estaria livre dele.

Desceu as escadarias que o levavam ao elevador e pensativo recordou a alegria de Ângelo e Érica, seus pais, quando o presenciaram chegando no primeiro dia de trabalho.

Flávio cresceu ouvindo a história de que seus genitores haviam sido pobres. Érica havia nascido em uma zona rural e seu pai tinha sido um rapaz pobre que, ingressando na faculdade de Administração logo conseguiu juntar o suficiente para o casamento. No princípio, seus pais sofreram inúmeras dificuldades, mas como aprenderam desde cedo a lutar e não desanimar, conseguiram o que hoje chamam de vida boa. Será que ele, Flávio, não estaria deixando para trás uma chance de progresso?

Desceu do elevador e seguiu andando, sua casa era a poucas quadras dali. Durante o trajeto começou a recordar sua aversão pelos estudos e como os pais sofriam com isso. Não sabia como havia conseguido chegar ao segundo ano do segundo grau.

Contudo, apesar de manter a apatia pelos estudos, Flávio se revelava um observador arguto da natureza e do comportamento humano, por isso sonhava com um trabalho onde pudesse desenvolver melhor essa capacidade. Na empresa onde várias pessoas conviviam seria uma ótima oportunidade. Porém, logo se decepcionou, a apatia e a preguiça o fizeram pensar em deixar aquele trabalho. As pessoas chatas e fechadas daquele ambiente onde se trabalhava apenas pelo dinheiro enchiam a sua paciência.

Chegou em casa desanimado e encontrou a mãe preparando o jantar.

— Flávio? Já chegou meu filho?

— Cheguei daquela espelunca! — Disse mais para si do que para a mãe.

— Por que está abusado, algum problema no trabalho?

— O trabalho é o próprio problema, descobri que não dou para isso.

Érica largou o pano de prato, deu ordens à empregada que continuasse com o serviço e foi falar com o filho no sofá da sala. Percebeu o que ela já esperava há muito tempo: Flávio desistiria do emprego. Olhou dura para ele e disse:

— O que você está querendo? Deixar o trabalho? Ah! Isso eu não permitirei!

— Isso não dá para mim mãe! Ando estressado com o que estou fazendo, cansei! Amanhã mesmo deixarei este emprego.

— Você não pode fazer isso, seu pai vai ter um desgosto daqueles.

Flávio parou para pensar e resolveu não dar largas àquela discussão. Disse:

— Vou pensar, agora tomarei um banho para relaxar um pouco.

Ele subiu as escadas e foi para o quarto. Érica ficou no sofá pensativa. Por que o Flávio tinha que ser assim? Era o filho mais diferente que tinha. Cristiano, de 26 anos, viajara para a Inglaterra havia muito tempo e estava fazendo excelentes progressos. Foi fazer intercâmbio e já estava bem empregado. Apesar de não ver a família há mais de cinco anos, Érica e Ângelo estavam contentes em saber que o filho estava bem encaminhado.

Sua segunda filha Marina cursava Direito em excelente faculdade e não havia dúvidas que seu futuro também seria brilhante. Mas Flávio... Esse não era nada fácil. Desde pequeno, apesar de aprender com facilidade não dava tanto valor ao estudo, reclamava da chatice das aulas, das coisas inúteis que estudava, dos professores, de tudo!

Para estimulá-lo, Ângelo começou a falar em empregá-lo e até que ele não rejeitou a idéia. Porém, Érica que conhecia muito o filho e seu temperamento instável, sabia que qualquer trabalho em suas mãos duraria muito pouco. Por que o Flávio era assim?

A porta da sala se abriu e Marina entrou:

— O que minha mãe linda faz aí no sofá com esse ar de tristeza?

— Oh, Marina, só você agora para me levantar um pouco o ânimo. Seu irmão diz que amanhã deixará o emprego.

Marina fez um ar de desagrado e comentou:

— Esse menino sempre querendo aparecer e fazer chantagens. Bem que as pessoas falam que o que ele quer mesmo é levar vida boêmia e sem fazer nada. Não me admira se ele conseguir uma velha rica que o sustente!

Érica atemorizada protestou:

— De onde você tirou essa idéia? Era só o que faltava!

Marina continuou:

— Pensa que não observo as coisas? Outro dia a tia Francisca disse a mesma coisa e ainda disse que por ser o caçula foi criado errado e muito mimado pela senhora e papai.

Érica fez um ar azedo. Aquela metida da Francisca, o que ela queria dando opinião na sua família? Logo ela uma solteirona amarga que nunca havia tido filhos.

— Olha, vamos mudar de assunto — disse Érica. — Vá tomar seu banho que logo iremos jantar, seu pai hoje vai chegar mais tarde, tem uma reunião extra na empresa e mandou dizer que não o espere.

Marina foi para o seu quarto e pelo corredor percebeu que Flávio estava no banho. Pensou: Aquele metido! Bem que merecia perder o emprego e levar uma boa dura do pai.

Flávio tomava uma ducha e pensava no que fazer de sua vida que, aliás, estava muito sem graça. Desde o início da adolescência sentia um vazio interior e uma sensação de saudade indefinível. Nunca estava realmente bem. Os namoros apesar de divertidos e saudáveis não serviram para lhe preencher, estudar era muito chato, trabalhar também não estava sendo nada agradável. Tinha um tino muito grande para compreender as pessoas ao seu redor, mas compreender a si mesmo não estava sendo fácil. Os amigos também já não lhe pareciam tão agradáveis.

Terminou o banho e sentiu uma tristeza infinita. Vestiu uma roupa confortável e foi para a varanda de seu quarto. Já eram sete horas da noite e de onde estava dava para perceber uma nesga do céu e suas estrelas despontando iluminadas. Era uma linda noite de verão e o céu aberto convidava-o para uma reflexão interior.

Sentou-se na cadeira de balanço que havia na varanda e pensou em como seria bom viver longe dali, num lugar onde só houvesse paz e alegria. Fixou seu olhar no firmamento e um torpor o invadiu. Adormeceu.

Sonhou que estava num campo verde cheio de flores amarelas, caminhou por ele e à sua frente um rapaz de jeans e camisa branca, lábios abertos em terno sorriso, disse:

— Seja bem-vindo Flávio, a reunião já vai começar.

Meio atordoado, Flávio recordou-se que deveria estar ali por um motivo sério que não conseguia compreender de pronto. O rapaz pegou em sua mão e seguiram por uma estrada que terminava em um pesado portão de ferro.

O rapaz tocou a campainha que havia num alto muro e o portão se abriu. Flávio não sabia que lugar era aquele. Do portão seguia-se uma alameda ladeada por um imenso jardim todo iluminado onde várias pessoas conversavam animadamente. Continuaram andando calados e aos poucos Flávio foi lembrando do local: era nesta cidade que ele vivia antes de reencarnar.

Numa esquina, uma moça se aproximou e os cumprimentou. Flávio encheu os olhos de lágrimas e exclamou:

— Carlota! Quanto tempo!

— Que é isso querido? Não existe tempo para aqueles que realmente se amam! — E se abraçaram.

Noel, o rapaz que acompanhava Flávio, virou para ela e disse:

— Como imaginávamos não foi difícil trazê-lo até aqui, ele conserva ainda muito do que aprendeu conosco e no mar encapelado do mundo felizmente ainda não esqueceu.

Carlota concordou feliz e os três sentaram-se num banco.

Flávio, muito sereno, disse:

— Oh, Noel, não sei como tenho conseguido viver lá. As idéias e os comportamentos frívolos imperam, eles invertem tudo. O que é realmente importante ficou encoberto e o que é passageiro e fútil está em evidência. Sinceramente não sei se terei coragem de iniciar a tarefa.

Noel olhou para ele com profundidade e disse:

— Vejo que tem certa razão no que diz amigo, porém você deve perceber que quando algo nos incomoda é porque não estamos vendo com os olhos da verdade. No mundo onde existem espíritos de diferentes níveis é natural existir a variedade de comportamentos e muitas vezes os mais descabidos. Porém, cada espírito cria o seu próprio universo e vive feliz ou infeliz de acordo com ele. Quem já aprendeu a viver bem em qualquer ambiente compreende as necessidades de cada irmão e antes de criticar procura auxiliar.

Carlota ouvia atenta e Flávio exultou:

— Como é bom poder conviver com vocês, há sempre a chance de reaprender o que sempre ouvi e estudei por aqui.

Noel o interrompeu:

— Vamos para a sala de reuniões onde Hilário nos aguarda.

Saíram por uma rua larga que dava numa bela praça iluminada. No centro da praça havia um enorme prédio com letreiros que diziam: *Departamento de orientação e auxílio aos missionários*.

Carlota inseriu uma espécie de cartão magnético e a porta se abriu dando passagem a um recinto cheio de portas. Abriu uma delas e uma espécie de elevador surgiu. Em poucos segundos eles entravam em uma sala espaçosa onde um senhor de cabelos grisalhos lia pausadamente alguns papéis. Ao vê-los, disse:

— Já os esperava e sei que Camila não pôde vir.

Carlota respondeu:

— Como sempre deixou se levar pelo vício e foi impossível adormecê-la, só podemos contar com Flávio.

Hilário levantou-se, virou-se de costas e ficou a observar a noite pela janela de sua sala, depois virou-se e disse:

— Os verdadeiros trabalhadores do bem não se abatem se um companheiro desertar da tarefa. Camila terá a própria hora de amadurecer ainda que seja sob o peso da dor. Quanto a Flávio é chegada a hora. Mandei chamá-lo aqui hoje porque o tempo avança e é imperioso que recorde algumas verdades antes do que está por vir. Sua família, apesar de aparentar tranqüilidade e segurança, no fundo está construindo um destino sobre a areia e não sobre a rocha como ensinou Jesus. Seu pai cultiva formas-pensamentos que irão criar situações tumultuantes e os preconceitos da mãe, com sua rotina estafante e seu pessimismo, materializarão uma reação negativa da vida. Por outro lado, sua irmã debaixo da postura de boa moça cultiva na mente hábitos infelizes devido um terrível complexo de inferioridade.

Todos ouviam calados respeitando a sabedoria daquele espírito.

— Não é difícil perceber o que receberão da vida. Você, Flávio, concordou em renascer com eles para lhes prestar auxílio, porém observando seu comportamento nos últimos dias estamos notando que já começa a se envolver no turbilhão do mundo. Como espírito estudado e benevolente você já compreende a inutilidade de tantos ensinamentos que as escolas terrenas passam. A forma de ensino atrasada e cansativa comparada à do mundo onde vivia o levou ao desinteresse. E com razão, não se pode forçar a natureza. Quero lhe explicar que seu desinteresse com relação ao trabalho também não é à toa, você quer se encontrar, quer saber onde está sua vocação e estamos aqui justamente para isso. Carlota, ligue a tela.

Um monitor de grandes proporções foi ligado e nele surgiu a imagem de Flávio dois anos antes de reencarnar. Ele se chamava Henrique e ouvia de Carlota as explicações sobre o tipo específico de mediunidade que teria.

Carlota explicou-lhe que aceitando a missão de levar alívio a um grupo que tanto amava era necessário que ele recebesse do mundo maior a dádiva da mediunidade. Pessoas materialistas e grosseiras necessitariam de provas da espiritualidade para que pudessem acordar do pesado sono em que viviam. Não que essas provas dos espíritos viessem de graça só pelo capricho de mostrar que a vida espiritual existia.

O grupo necessitado já vinha sofrendo há algumas encarnações por não usar o melhor de si. Eles já tinham condições de dar um passo à frente e pediram orientação espiritual para que na próxima existência não falissem mais.

Carlota fez uma pausa e explicou que a família foi orientada de que o auxílio do Alto nunca falta a ninguém, porém era preciso estar receptivo para recebê-lo. Eles aceitaram e Flávio, espírito amigo que estava estudando os processos de evolução aceitou a tarefa com o intuito de ajudar e aprender ao mesmo tempo.

Flávio sabia que ensinar era uma forma de reter conceitos e sentia que apesar de saber muito ainda havia infinidades de lições a aprender.

Foram programadas as reencarnações. Juliete, espírito que usou a sensualidade de forma perversa e prostituída, estava arrependida e queria começar uma nova vida; viria como Marina, irmã de Flávio.

Zuleika Carbajaua, antiga fanática religiosa, não tinha sido tão rica quanto gostaria e não aceitando a forma da filha Juliete viver, expulsou-a de casa acomodando-se na religião, nos preconceitos e na rotina entediante; viria como Érica, mãe de Marina.

Solano Carbajaua, revoltado com o padrão de vida que tinha e com a atitude da filha, apegou-se a Eduardo, seu filho mais velho, e ambos começaram a roubar nos negócios que mantinham, sendo descobertos e presos. Solano, sem dinheiro e deixando a mulher na miséria, matou-se na prisão. Eduardo conseguiu fugir mais tarde consorciando-se com uma prostituta e dando golpes e mais golpes. Solano renasceu como Ângelo e por sentir-se culpado da vida de ladrão incutiu na cabeça de todos que só o trabalho sacrificioso é que tinha valor.

Eduardo retornou como Cristiano e Henrique viria como Flávio para, no momento certo, lançar sobre eles a semente da espiritualidade, pois já tinham alçado algumas conquistas espirituais, graças a seus esforços e aceitação.

Logo depois foi mostrado a Flávio todo o seu trabalho futuro e toda a sua preparação para exercê-lo com segurança na Terra.

A tela foi desligada e Flávio olhou para Hilário. Ele percebendo o que lhe ia no íntimo disse:

— Pode perguntar, sei que tem uma dúvida.

— Isso mesmo. Se aqui no astral eles haviam aprendido muito, qual seria a necessidade de minha ajuda?

Noel ressaltou:

— Bem se vê como o esquecimento do mundo, apesar de benéfico pode nos paralisar!

Hilário explicou:

— Meu filho, nós os espíritos que estudamos a personalidade humana há séculos, conhecemos muito bem os pendores de cada um neste grupo; pelas leis das probabilidades sabíamos que o que eles tinham a oferecer numa nova encarnação era muito pouco. É comum espíritos tocados pelo remorso demonstrar arrependimento. Eles pareciam ter aprendido, porém o contato com o mundo carnal faz aparecer os problemas mal resolvidos de outrora, colocando-os à prova para saber o quanto haviam assimilado. Como Carlota disse há pouco, o tempo que passaram conosco em nossa cidade fez com que o solo de seus corações fossem abertos e você seria o encarregado de regá-lo em momento propício. E chegou esse momento. Você com poderosa mediunidade de desobsessão e de psicofonia será chamado a esse encargo, não pode e nem deve desanimar.

Olhando nos olhos de Flávio prosseguiu:

— Seus corpos físico e perispiritual foram programados para o trabalho de ajuda e nosso aviso é que as sensações pré-mediúnicas irão começar. Você já está com os 23 anos que foram permitidos para o entrosamento familiar, e os dissabores de uma *mediunidade de prova* o colocarão frente a frente com o que deve ser feito. Suas perturbações não virão por causa da mediunidade; é muito comum o médium sofrer e culpar a sua sensibilidade aguçada, isto é um erro. Nosso desequilíbrio emocional é que atrai para nós energias perturbadoras. Lembre-se de que você Flávio, apesar de não viver mais no mal, ainda tem muitos resquícios de pensamentos desarmoniosos e depressivos. Sua tarefa, assim como a de todos, é ajudar se ajudando. A conquista do nosso mundo interior é uma tarefa grande e é necessário não só deixar de fazer o mal aos outros como principalmente de fazer o mal a si mesmo. Estaremos sempre juntos e é importante avisar que Noel e Carlota serão seus mentores. Que Deus te abençoe e que o Universo possa conspirar a nosso favor.

Os três levantaram-se e já iam cruzando a porta quando Flávio voltou e perguntou:

— E Camila? Não vai cumprir sua parte?

Hilário olhou com olhos profundos ao responder:

— Só o tempo dirá!

1

Despertando do sonho

Você se lembrará parcialmente do que se passou aqui — disse Noel a Flávio. — O cérebro do corpo denso esquecerá quase que a totalidade dessas informações a nível consciente, porém haverá a infalível intuição que o orientará no que fazer.

De volta à praça onde ficava o prédio, Flávio pôde observar melhor toda a sua suntuosidade, o estilo moderno acompanhava as cidades terrenas e havia muita harmonia no ar.

— Sinto informá-lo Flávio — falou Carlota. — Senti o que você pensou e se me permite farei uma correção: não são as nossas cidades que acompanham as modas terrenas em sua arquitetura, é a Terra que acompanha o nosso ritmo. Tudo o que lá existe primeiro existiu aqui. Não é tão errado dizer que a Terra é uma cópia do mundo espiritual.

Os três seguiram animados e volitaram até a varanda do quarto de Flávio. Voltando ao corpo de carne ele acordou. Quanto tempo teria dormido? Olhou para o relógio e percebeu que havia dormido por uma hora e meia. Que sono estranho foi esse que o acometeu? Desceu e viu a mãe e a irmã acabando de jantar.

— Nossa, o príncipe acordou! — disse Marina num gracejo.

— Entrei em seu quarto e o vi dormindo tão profundamente que não quis acordá-lo. Sente-se, eu mandarei Sandra colocar a mesa pra você — falou Érica prestativa.

— Não precisa se preocupar mãe, eu como na cozinha mesmo. Aliás, estou sem fome. A propósito, papai já chegou?

— Não, hoje ele disse que haveria reunião extra na empresa, reunião de emergência, só chegaria mais tarde. Mas estou estranhando... Ele nunca chegou tão tarde.

Marina levantou-se da mesa e disse:

— Bom, isso não me importa, hoje às nove horas Dirce e Juliana vêm estudar comigo uma matéria importante e não quero ser interrompida, principalmente porque o Ricardo Valadares também vem e não é sempre que se pode contar com a ajuda dele.

Flávio olhou-a desconfiado e disse:

— Por acaso está interessada no herdeiro dos Valadares?

— Não seja bobo, ele é meu colega desde que ingressei na faculdade e muito inteligente, ele vem só dar uma ajuda. E se eu fosse você, além de continuar trabalhando, eu tratava de me interessar mais pelo colégio, vejo que seu futuro será uma porcaria, sem emprego e sem dinheiro.

Marina subiu para seu quarto e Érica concordando com o que ela disse, continuou:

— Sua irmã tem razão, pense bem antes de deixar esse trabalho e sair por aí vagando com aqueles seus amigos que só dão problemas para a família. Sabe o quanto seu pai e eu lhe amamos e não queremos nosso filho por aí em meio a bêbados e prostitutas.

Flávio ouvia calado, para que argumentar? Ele sabia que a mãe e a irmã eram assim mesmo e o melhor seria calar. Amanhã não iria mais trabalhar e ponto final. Érica foi para a sala de vídeo e Flávio foi para a cozinha. A empregada arrumava a prataria do jantar e solícita esquentou a comida para ele. De repente, Flávio sentiu vontade e perguntou:

— Sandra, você acredita em sonhos?

Ela, que não esperava uma pergunta dessas, disse sem pensar muito.

— Olha, seu Flávio, eu nunca parei pra acreditar em sonho. A gente que vive assim nessa vida agitada não tem muito tempo para pensar nessas coisas. Mas a Margarida, vizinha da minha mãe, sempre pára pra interpretar os sonhos de todo mundo do bairro. É muito engraçado, e o melhor é que na maioria das vezes ela acerta tudo. Mas por que esta pergunta?

Flávio parou de mastigar um instante e vendo a receptividade de Sandra resolveu se abrir:

— É que hoje tive o mais estranho sonho de minha vida. Quando terminei de tomar banho sentei-me na cadeira da varanda de meu quarto e um sono irresistível me invadiu. Lembro-me que eu me vi conversando com um senhor e mais duas pessoas numa sala; esse senhor me dizia que eu precisava ajudar minha família e que uma tarefa iria começar. Depois só me lembro de estar voando no céu da cidade e vendo as casas lá embaixo bem pequenininhas. Em seguida acordei. Porém, a sensação que mais me deixou confuso foi um nome que ficou em minha mente até agora.

Sandra que ouvia atenta perguntou:

— Qual nome, seu Flávio?

— Camila! Esse nome me soa muito familiar apesar de não conhecer ninguém com ele.

— Bem, disse ela sorrindo, só levando o senhor na casa de dona Margarida para ela adivinhar seu sonho, porque eu mesma não entendi nada.

— Muito pior eu. Logo agora que deixei o trabalho vem um velho e me diz que a tarefa vai começar, veja só.

— Olha, eu não gosto de me meter na vida de ninguém, muito pior de meus patrões, mas eu concordo com o senhor deixar esse emprego.

Flávio se surpreendeu, afinal uma pessoa lhe entendia. Curioso, ele quis saber o porquê desse pensamento dela.

— Eu via o senhor chegar desse emprego sempre chateado, quase não comia direito, até emagreceu! Olha seu Flávio, dinheiro assim não presta não. O dinheiro é energia espiritual e só o que é ganho com prazer é que rende. Olhe para mim, nunca tive estudo e sei que empregada doméstica ganha pouco, mas sou feliz com o que tenho e meu dinheiro dá pra tudo que preciso. Gorete, uma vizinha de minha mãe, é solteira e ganha o mesmo que eu, só que trabalha mal-humorada, vive se queixando e o dinheiro dela parece que é amaldiçoado, não rende, é todo gasto em problemas de saúde ou prejuízos. Parece até trabalho feito.

— Não fale besteiras Sandra, mas concordo em parte com o que você falou, não sinto nenhum prazer em trabalhar ali, e o pior é que penso que não vou gostar de trabalhar mais em lugar nenhum.

— Se acalme rapaz, um dia você descobre sua vocação.

A conversa foi interrompida pelo ar sério e grave de Ângelo que entrou na cozinha. Secamente ele disse:

— Flávio, termine esse jantar e vá para a sala, preciso conversar com você, sua mãe e sua irmã.

Pelo tom do pai, Flávio sentiu que alguma coisa negativa havia acontecido. Terminou a refeição e foi para a sala. Lá já estavam Érica e Marina juntamente com Ângelo.

— Posso saber o motivo dessa reunião doméstica? — disse Marina. — Há tempos não existe isso aqui. Por acaso alguém ganhou na loteria?

— Pare de gracinhas Marina, o assunto é sério. Hoje na empresa recebi um chamado do acionista majoritário para uma reunião onde fui notificado de que perdi o emprego.

O silêncio foi geral. Ele continuou:

— A empresa passa por uns problemas delicados... Desses em que se passa a vender supérfluos, coisa e tal... e foi preciso haver alguns cortes. Por azar eu fui um dos escolhidos para sair. A empresa pagou-me tudo que havia direito por demissão sem aviso prévio, alegando que seria melhor devolver minhas receitas do que manter-me empregado. Enfim, mais uma demissão sem explicações nesse imenso país.

Marina protestou:

— Aí tem coisa! O senhor é um dos mais velhos administradores daquela empresa que me parece ir muito bem. Tenho acompanhado pelos jornais e vejo que os produtos dela têm muita aceitação no mercado. Conte direito pai, o que o senhor tem a esconder?

Foi a vez de Érica tomar a palavra:

— O que é isso, sua atrevida? É assim que se fala com um pai? Pai é sempre pai e o que eles dizem os filhos não devem contestar.

Ângelo tentou contornar:

— Olha filha, tudo o que os donos da Limbol fizeram comigo está dentro dos trâmites legais. É assim mesmo, de quando em vez os diretores vêem que precisam reciclar o quadro de funcionários e fazem isso: demitem quem querem. Também há outros administradores da família que trabalham na empresa; entre eles e eu é lógico que iriam optar pelos familiares.

Flávio desde que entrara na sala sentira arrepios percorrer-lhe o corpo. De repente, sem que pudesse controlar, ele começou a se sentir dominado por uma força diferente. Quis gritar, mas a voz não saiu. Sentiu seu corpo sendo conduzido para o sofá da sala mecanicamente e a sentar impávido.

Enquanto seu pai falava, um nervosismo foi tomando conta de seu ser. Os presentes, atentos ao que Ângelo dizia, nem observaram o estado estático de Flávio.

O espírito de Carlota envolvera Flávio para iniciar o trabalho mediúnico conforme haviam combinado.

Na verdade "violentar" um médium era tarefa que ela não gostava de fazer, porém era necessário e mais necessário ainda era deixá-lo consciente. Sem treinar suas defesas, Flávio foi se deixando levar pela energia da entidade, que assim pôde iniciar o que já estava traçado.

Interrompendo o pai, ele disse com voz modificada:

— Cada um recebe de acordo com as suas atitudes. Cabe a você agora ver a parcela de sua responsabilidade no que lhe aconteceu e se reavaliar.

Ângelo olhou-o desconfiado e rebateu:

— Vai dizer agora que a culpa é minha? Meu filho que deveria desvelar-se por mim, agora me acusa?

— Não estou culpando ninguém, mas é hora de perceber que você atraiu tudo isso por causa de seus pensamentos e atitudes. O tempo para você será de desafios, haverá horas em que pensará em desistir, porém nós estaremos do seu lado. Lembre-se de que a culpa jamais resolveu nenhum problema, o que vale mesmo é a mudança de atitudes para outras mais positivas.

Era inacreditável, Flávio, seu filho, dando agora uma de profeta!

— Cale a boca e deixe de falar besteiras, o que você pode saber sobre o futuro?

Marina interrompeu:

— Ora papai, não vê que esse pirralho como sempre está querendo aparecer?

De repente, Érica percebeu que Flávio não se mexia e falou para os outros:

— Olhem o Flávio, está estranho, não se movimenta.

Nessa hora soa a campainha e entram na sala Dirce, Juliana e

Ricardo. Marina, envergonhada por ver seus colegas presenciarem aquela cena enrubesceu. Flávio continuou:

— Não posso saber muito sobre o futuro pois o destino não existe, porém o modo como encaramos a vida hoje é o que vai determinar as experiências de amanhã. Não há nada de errado com Flávio, ele é apenas um ajudante, aproveitem a chance para melhorar e reciclar valores. Até a próxima vez.

Carlota afastou-se de Flávio cansada pela resistência do rapaz que já se fazia sentir sobre ela. Flávio, por sua vez, livre do jugo de outra mente sentiu seu rosto cobrir-se de fino suor.

Ele ouviu claramente tudo o que falou, porém não conseguiu parar a boca. O medo por haver se deixado levar por uma sensação esquisita fez com que ele desesperado subisse imediatamente as escadas.

Vermelhos de vergonha por Flávio ter se passado por louco, Érica e Ângelo pedindo desculpas aos amigos de Marina foram atrás dele no quarto. Dirce, olhando para Marina que continuava rubra, não se conteve:

— Mas o que houve aqui? Seu irmão parecia fora de si, com outra voz e depois saiu correndo... Ele está doente?

Envergonhada ela mentiu:

— É que o Flávio sempre foi assim desde pequeno, adora chamar a atenção dos outros, deve estar querendo deixar papai e mamãe preocupados com sua saúde para amanhã não ir trabalhar.

Foi a vez de Ricardo falar:

— Deve ser por causa dos problemas bobos que todos nós temos de vez em quando com o trabalho.

— Ou preguiça mesmo! — falou Juliana.

Marina interrompendo a conversa disse:

— Não vamos perder tempo com as criancices do Flávio, vamos ao que interessa que é o nosso trabalho. Subam garotos — e fazendo a pose de bem equilibrada, Marina fingiu muito bem e foi sorridente estudar com os amigos.

Flávio não abriu a porta por mais que seus pais batessem e insistissem. Érica e Ângelo que agora tinham um duplo problema pela frente estavam esgotados.

— Agora mais essa! Além de você ter perdido o emprego temos um filho fazendo teatro dentro de casa.

— Cale a boca, mulher! — reclamou Ângelo. — Não vê que o caso é sério?

— Não acho que seja não. O Flávio à tardinha me confessou que vai deixar o emprego na empresa do dr. Otto e eu acho que ele está fazendo manha, fingindo um abalo nos nervos para não ser obrigado a trabalhar amanhã.

Ângelo ficou muito nervoso:

— Não é possível. Ele vai trabalhar amanhã nem que seja arrastado! O dinheiro que tenho em mãos só é suficiente por algum tempo. Se eu não arranjar outro emprego rápido, muito de suas despesas ele mesmo terá de custear.

— Quer me dizer que está pessimista?

— Não é isso. É que um excelente administrador como eu não deve aceitar tudo o que vem pela frente. Tenho que só optar pelo melhor.

Como Flávio não respondia de forma nenhuma aos chamados eles resolveram descer e dormir.

No seu quarto Flávio estava banhando seu travesseiro de lágrimas. Logo agora que o pai perdera o emprego, isso acontecia em sua vida. O certo é que uma força estranha tomara conta de sua voz e ele, mesmo percebendo, não conseguiu conter.

A sensação de conforto sentida nesta hora foi solapada pelo seu medo e sua sensação de impotência. Estaria ficando louco? Olhou para o céu e percebeu que ele já não estava mais estrelado. Ouvira as últimas palavras do pai que dizia que o forçaria a ir para o trabalho e sua depressão aumentou. Impaciente esperou a hora que Sandra foi dormir e desceu até a cozinha. Lembrou que sua mãe tomava uns calmantes de vez em quando e sabia onde eles ficavam. Abriu o frasco e tomou dois de vez, precisava relaxar e dormir. Foi para a cama e angustiado adormeceu.

Com o efeito dos calmantes, Ângelo também dormia, porém Érica não conseguia conciliar o sono. Por que seu marido com o emprego estável de uma hora para outra se viu no olho da rua? Ela não trabalhava e vivia às custas dele. Era uma perfeita matrona. Passava o dia a cuidar da casa, dos cabelos, da pele e da religião. Desde a mais tenra idade, Érica era ligada ao Catolicismo com um fanatismo intenso. Todos os dias ia à missa das seis na Catedral, nos fins de semana estudava a Bíblia com suas amigas e dava aulas de catecismo às crianças. Ela tinha certeza de que Deus não desampararia a sua família, afinal ela era uma mulher extremamente virtuosa e caridosa. Dava somas e mais somas de dinheiro que Ângelo lhe cedia para as pastorais e se punia por qualquer ato que julgasse indigno e impuro para uma senhora casada.

Tudo o que ela julgava errado nos outros condenava ferozmente e nessa postura não percebia que a cada dia tornava sua aura impregnada de energias negativas. Era o tipo de criatura que não queria enxergar a verdade: o que realmente era importante ficava de lado e tudo que levasse ao descumprimento das normas sociais e da igreja virava motivo de fúria.

Mas ela estava segura de que assim encontraria a felicidade. Iludida, achava que cumprir as regras exteriores mesmo em detrimento aos chamados do coração, daria à sua alma a elevação que o céu exigia. Apesar de pessimista no cotidiano, ela adormeceu na espera do auxílio divino.

Flávio começou a ter um sono agitado. Debatia-se na cama e suava muito. Ninguém na casa percebeu que três entidades movidas pelo ódio, com semblantes deformados entraram acompanhando Ângelo desde a hora que ele chegou do trabalho. Ficaram observando Carlota utilizar a mediunidade de Flávio e assim não desgrudaram mais dele. Viram quando ele desceu para tomar os calmantes e muito se alegraram. Com os remédios o assédio que eles planejavam fazer ficaria muito mais fácil.

Ester, Malaquias e Roque como eram chamados iniciaram seu plano de vingança e desta vez tudo daria certo. Eles começaram a sugar a vitalidade de Flávio e incutir no seu corpo astral semidesprendido imagens de aberrações espirituais. Os pesadelos iniciaram e Flávio acordou num susto. Olhou para o relógio, viu que não dormira nem meia hora e que estava com o corpo molhado de suor.

Começou a se sentir mal, um misto de tontura com angústia e uma sensação de morte iminente apoderou-se de seu corpo.

Dois fachos de luz chegaram no quarto e foram tomando corpo, eram Carlota e Noel, que pressentindo o que iria acontecer vieram prestar auxílio. Flávio, achando que estava sozinho no quarto tinha a companhia de cinco pessoas. Noel disse:

— Não sei se poderemos fazer muito por ele. É um médium de

prova em desenvolvimento que se deixa levar facilmente pelo medo. Se tivesse mais força para reagir, esses fatos não estariam acontecendo.

Carlota e Noel começaram a aplicar passes no coronário, acima da cabeça, mas foi em vão. Ester sem perceber a presença deles se lançou violentamente sobre o corpo de Flávio que estremeceu. De repente, Ester o envolveu tanto que parecia haver tomado o corpo inteiro dele. Carlota disse:

— O perispírito dele está semi-afastado e agora Ester assumiu o comando. Pouco temos a fazer senão orar a Deus para que nos ajude a cumprir nossa parte — e começaram a orar.

Enlouquecida, Ester abriu violentamente a porta do quarto e seguida por seus comparsas deu violento chute na porta do quarto de Ângelo. Flávio parecia ter força multiplicada e os olhos abertos e brilhantes expeliam chispas de raiva. Ângelo e Érica acordaram assustados e viram o filho ali, sorrindo diabolicamente e gritando:

— Você perdeu, seu ladrão! Solano mais uma vez foi descoberto. Você agora vai morrer! — e avançou no pai com fúria.

Érica começou a chorar e a gritar:

— Flávio! Pare com isso. Ó meu Deus do céu, nos ajude!

— Cale-se maldita! Esse aí teve a paga que merece e em breve será a sua.

Ângelo que estava assustado, tentava ainda concatenar os pensamentos:

— Do que me acusa, filho? Olhe, eu sou seu pai, seu pai.

Flávio rebelou-se:

— Cale-se ladrão. Eu sei de tudo, sou sua sombra, te acompanho desde aquele maldito dia que você roubou toda a minha família e nos deixou na miséria. Você passou um bom tempo fugido, mas te encontrei neste outro corpo bem diferente, eu sei que é você Solano! Não te deixarei em paz. Fui eu e meus filhos fiéis que colaboramos para que sua falcatrua na empresa fosse descoberta. Aquele papel não estava lá à toa, fizemos você esquecer ele e mais os outros e abrimos o caminho para você ser pego em flagrante.

Ângelo gelou. Mas o que era aquilo? Como Flávio sabia do que havia ocorrido na empresa? De repente uma onda de raiva o acometeu. Alguém contara ao filho o seu envolvimento com desvios de dinheiro e ele agora estava querendo rir de sua cara. Num ímpeto avançou para ele e deu violento soco em seu queixo:

— Cale-se moleque.

Érica, vendo a agressão, desmaiou.

Ester deixou o corpo de Flávio e sorriu vitoriosa. Livre dela, Flávio, queixo sangrando, saiu em disparada para a garagem, pegou a chave do carro de sua mãe e lançou-se pelas ruas de São Paulo em alta velocidade. Malaquias que havia influenciado Ângelo para bater no filho juntou-se com Roque e Ester que disseram:

— Por hoje já está bom! Vamos para o *Desterro* que Jorge ficará feliz com as notícias. — E os vultos escuros sumiram na noite.

Todos acordaram com a gritaria. Sandra e Marina pegaram o corpo de Érica e colocaram na cama. Ninguém entendeu o motivo da briga. Sandra estava estarrecida. Nunca em tantos anos de serviço vira Ângelo bater em ninguém, muito menos num filho, mas respeitando a privacidade dele nada perguntou. Marina disse:

— Parece que um furacão passou por aqui.

— Seu irmão, que aproveita-se para fingir-se de louco e me desrespeitar.

— O quê? O Flávio fez isso? Ah, então bem que mereceu o soco que levou.

Nisso Sandra percebeu que Érica despertava. Após lavar o rosto, Ângelo pediu para que Marina e Sandra se retirassem, pois estava tudo bem e o destino de Flávio nas ruas de São Paulo não o incomodava. Érica ouvindo isso enlouqueceu. Além de seu filho não saber guiar direito, a noite de São Paulo era muito violenta e o trânsito desenfreado. Não conseguiu dormir mais. Estava com raiva do marido porque ele lhe ocultava alguma coisa e preocupada com Flávio, pois sabia que ele realmente estava doente. Pior que isso era pensar nele sozinho em seu carro numa selva de pedra como esta cidade.

No quarto, Noel e Carlota não se cansavam de orar pela família. Eles não conseguiram agir a contento porque as mentes deles não permitiram. Pessoas que se deixam levar impulsivamente por idéias nefastas e perniciosas são presas fáceis dos espíritos levianos e vingadores que se aproveitam e fazem tudo o que querem com suas supostas vítimas.

Restava agora buscarem Flávio que, a esta altura, se deixava levar pelo sentimento de raiva e cometia o grave erro de dirigir em excesso de velocidade.

2
Camila

Flávio tentava conter as lágrimas que embaçavam sua visão. Nunca havia recebido uma surra do pai, no máximo algumas palavras ásperas, mas agora aquele soco foi a gota d'água. Ele queria esquecer e aumentava cada vez mais a velocidade. No banco traseiro Noel e Carlota observavam a situação ao mesmo tempo que em telepatia recebiam a mensagem do instrutor Hilário:

— Aguardem com serenidade. Seria perfeitamente dispensável essas dores porvindouras, porém a vida usa a ignorância de uns para fazer o aprendizado de outros ou para colocá-los frente a frente com algo que muito aguardam. Continuem seguindo o caminho sem desanimar, jamais esquecendo que Jesus está sempre próximo e nunca desampara.

Numa avenida movimentada um carro conversível vinha na contramão com uma pessoa distraída ao volante. Flávio tentou brecar mas foi tarde demais. Uma batida, uns gritos de horror e muita confusão. O carro de Flávio juntamente com o conversível foram parar a metros de distância. Rapidamente apareceram bombeiros que de dentro dos destroços retiraram o corpo de Flávio e de uma jovem loura, no outro carro, conduzindo-os para o pronto-socorro. Por coincidência os dois jovens foram atendidos na mesma hora e ficaram no mesmo quarto. Ela estava consciente e havia fraturado um braço e uma perna. Flávio com apenas alguns arranhões porém, talvez por força do desmaio continuava adormecido.

As enfermeiras procuraram os documentos dele mas não os encontraram. Na bolsa da moça havia sua identidade: Camila Assunção Ferguson. Após conseguir o seu número a equipe do hospital ligou para a família dela e os informou dos recentes acontecimentos.

Enquanto isso Flávio adormecido foi levado para o astral. Numa sala de um dos prédios da colônia *Campo da Redenção* ele foi despertando e mais uma vez estava com Hilário, Carlota e Noel. Ao abrir os olhos, disse:

— O que houve, onde estou?

Hilário adiantou-se:

— Mais uma vez conosco. Em menos de 24 horas duas viagens ao além, muita mudança e muita confusão. Como tem se saído?

Ele ainda atordoado pareceu recordar-se e disse:

— Já sabe que não estou fazendo o bem, peço desculpas.

— Não há o que desculpar, mas sim aprender a fazer melhor.

Ele, com um quê de revolta, perguntou:

— Por que tudo tinha de acontecer assim tão de repente? Ainda hoje pela tarde chegava do trabalho com a rotina de sempre. Tudo ia sem mais novidades e de uma hora para outra parece que o céu desaba sobre minha cabeça. Não lhe parece injusto?

Hilário, num terno sorriso, explicou:

— Não existem injustiças, a vida é uma equação perfeita. No que diz respeito à mediunidade não é de hoje que você vem sentindo seus efeitos. Desde a infância os constantes desmaios e as mudanças repentinas de humor já davam indícios do que viria mais tarde. Quando o trabalhador está pronto o trabalho aparece. Mandei trazê-lo aqui pelo rumo rápido que os acontecimentos vêm tomando. Os encarnados com o livre-arbítrio fazem mudanças muitas vezes tão céleres nos caminhos pelos quais trilham que aqui na espiritualidade a orientação "orai e vigiai" é seguida com o triplo de intensidade. Sua desorientação mental o levou àquele acidente e como não há acaso na obra divina, seu carro se chocou com outro guiado por uma alma muito necessitada de sua presença. Chegou a hora: você reencontrará Helena, que hoje se chama Camila. As afinidades de energias os colocaram frente a frente, aproveite.

Completamente desperto, Flávio mostrou-se feliz:

— Que maravilha, afinal são 23 anos de espera, desejo que ela não sofra quando eu reencontrar Anita. Mas, e minha família, por que tudo assim tão de repente?

Carlota retorquiu:

— Vejo que você já captou um vício humano: o de exagerar as coisas.

Hilário prosseguiu:

— Isso mesmo. O que eles estão passando e vão passar são reflexo dos pensamentos do passado que ainda insistem em manter. Como sabíamos que essa fase viria trabalhamos em você um desenvolvimento rápido de mediunidade. Mas você se deixou levar pelo desequilíbrio e atraiu as entidades perturbadoras. Um portador de mediunidade pode atrair tanto um espírito sofredor como um superior, e sua vinda aqui, é para que perceba que não deve mais deixar se levar tão profundamente por sentimentos negativos.

Noel interrompeu:

— A espiritualidade não cobra sua perfeição, apenas seu esforço em se conscientizar e dar o melhor de si. O resto nós aqui fazemos. Mas quando a pessoa deixa de fazer o seu melhor como você fez agora há pouco, a conexão com o superior é cortada e pouco ou nada podemos fazer, a não ser deixar a pessoa colher os próprios resultados.

Hilário prosseguiu:

— Pela urgência que você tem em melhorar para fazer um bom trabalho nós viemos lhe pedir que busque os meios da auto-ajuda. Felizmente, muitos dos nossos irmãos encarnados na Terra estão cumprindo perfeitamente seu papel palestrando, escrevendo e mostrando para todos os caminhos necessários para a felicidade, busque-os. Jesus disse: "batei e abri-se-vos-á". Se procurar esse auxílio, mais fácil irá conseguir o que pretende.

Flávio perguntou:

— Quer dizer que devo buscar os livros do Espiritismo?

— Também. Os nossos irmãos do astral esforçam-se para passar tudo o que aprendem aqui através da psicografia não só na linha do espiritismo como no espiritualismo em geral. A psicologia experimental vem inspirando pessoas que têm feito grandes obras. Na cidade que vivemos não temos rótulos e valorizamos tudo o que é capaz de levar o espírito a desenvolver seus potenciais inatos e eternos.

— Entendi — disse Flávio. — A febre dos livros de auto-ajuda, das palestras, dos lugares de refazimento já se faz sentir sobre o mundo e vem ganhando campo cada vez maior. Saberei procurar no momento oportuno; mas vim parar novamente aqui apenas para ser alertado sobre isso?

— É claro que não! — ponderou Hilário. — Viemos avisá-lo sobre o estado penoso em que se encontra Camila. Vocês vão se reencontrar e será imperioso que você a auxilie como irmão um pouco mais adiantado. Camila não conseguiu perdoar sua mãe e bebe desenfreadamente para se vingar da mesma. É uma atitude dolorosa que só a tem feito sofrer.

Flávio encheu os olhos de lágrimas e concluiu:

— Talvez não cumpra mesmo sua parte no trato, neste caso o que acontecerá com ela?

Hilário, olhos profundos, respondeu:

— Sofrerá muito. Assim como você, Camila é portadora de ostensiva mediunidade e na exata hora será chamada ao encargo que escolheu e aceitou antes de renascer na Terra. Por ter o corpo programado para o trabalho mediúnico sentirá a conseqüência danosa daqueles que desertam aos chamados do coração. Na vida que leva, facilmente será vítima de terrível obsessão dos espíritos principalmente os viciados em alcoolismo. Toda pessoa que bebe carrega consigo companhias espirituais viciadas e sugadoras que se aproveitam de seu desequilíbrio para sugar as libações do álcool às quais tanto se habituaram.

— Bom, é chegada a hora de retornar ao corpo. Cuide de Camila fazendo o seu melhor. Não caia na vaidade de salvá-la, pois isso não lhe compete; siga apenas seu coração dando o que ele tem de melhor.

Jamais se esqueça de buscar o contato espiritual e a literatura confortante da auto-ajuda. Vá em paz!

No quarto do hospital Flávio despertou. Apesar do machucado, uma doce sensação de paz invadiu o seu ser. A assistente que o observava pegou seus dados pessoais e saiu.

Numa cama ao lado, uma moça de cabelos encaracolados, louros, na altura dos ombros, tez clara, olhos amendoados se mexia inquieta. Flávio vislumbrou seu semblante meio revoltado e pensou: "Que mulher linda! Quem dera uma aproximação". Ele não se lembrava de quase nada que ouviu na colônia espiritual, apenas a última frase ecoava em seu cérebro: "Nunca deixe de procurar o auxílio espiritual". Meio atordoado ele virou-se para a moça e disse:

— Não dá nem para saber que horas são, não é mesmo?

Ela irritada respondeu:

— Essa droga de hospital nem relógio tem. Se eu não estivesse com a perna e o braço quebrados já teria fugido daqui. Só queria saber quem foi o bobo que atravessou na minha frente.

Flávio suspirou:

— Você também foi acidentada num automóvel?

Ela, meio sarcástica, disse:

— Dá para perceber! E você teve sorte, pois não está muito mal. É sempre assim, até nesses casos a vida sempre privilegia os homens em detrimento das mulheres.

— Oh! Não diga isso, talvez tenha sido a sorte sei lá, mas logo você também vai se recuperar. O conversível no qual bati teve menos sorte que eu, acredito que quem o dirigia deve estar bem mal, mas eu não guardo culpa, pois foi a outra pessoa quem vinha na contramão.

Ela empalideceu:

— Não me diga que seu acidente foi na Paulista!

— Isso mesmo, por quê?

Ela fez um ar de raiva e bradou:

— Seu irresponsável, foi você que bateu no meu conversível. Quando o meu pai chegar darei um jeito de lhe processar e você vai pagar caro, afinal eu vinha distraída isso sei, mas a minha velocidade era a mínima possível, você é que parecia estar fugindo da polícia.

— Mas você vinha na contramão, por acaso estava bêbada?

Nesse instante, a moça enrubeceu, falando com raiva:

— Quem é você para me chamar de bêbada? Olha, que se eu não estivesse imobilizada, me levantava daqui e te dava um tabefe no rosto. E vamos acabar com essa conversa mole que não é com qualquer um que eu falo.— E começou a gritar: — enfermeiraaaa! Incompetentes! Quero meu pai!

Flávio não se ofendeu e achando-a até divertida disse:

— Acalme-se, senão vai acordar toda São Paulo!

Ela continuou a berrar e a atirar os objetos do criado-mudo no chão.

Uma enfermeira surgiu e vendo a cena perguntou:

— Mas o que é isso aqui? Tenha modos menina, olhe o que você fez, contenha-se!

Ela não deu ouvidos:

— Cale a boca sua enfermeirazinha de nada, saiba que meu pai com o dinheiro que tem pode colocar essa espelunca abaixo!

Nessa hora entrou no quarto um casal de meia-idade acompanhado de uma moça. Eles olharam para Camila e o homem disse:

— Camila, o que foi que te aconteceu?

Ela chorando agarrou-se ao pai. Ele percebeu que a filha ainda estava alcoolizada e preferiu não falar sobre o acidente.

Camila fitando a mãe falou rancorosa:

— O que quer aqui? Ver minha derrota, meu corpo estragado só para rir de mim? Vá embora, não preciso de sua presença aqui.

Élida, mulher acostumada ao convívio social, contemporizou:

— Que é isso filhinha, veja como fala, todos nós aqui só queremos o seu bem.

Camila ainda mais alterada vociferou:

— Não precisa fingir dona Élida Assunção Ferguson, estamos

sozinhos aqui, exceto por esse desconhecido aí, portanto pode dizer que veio tripudiar sobre mim juntamente com essa aí. — E olhou para Isabela sua irmã. — Eu já avisei que só quero meu pai aqui, vão embora antes que eu perca minha paciência!

Élida virou-se para Flávio e disse:

— Não se assuste garotinho com o que ela diz, sabe como são os jovens, vão em festas com amigos e acabam passando um pouco da conta na bebida, mas depois tudo volta ao normal.

Fernando virou-se para a mulher e disse:

— Vá com Isabela providenciar a cadeira de rodas para Camila.

Elas obedeceram e saíram. Outra enfermeira entrou no quarto e avisou:

— Finalmente localizamos seus pais Flávio, eles estão a caminho, porém avisaram que o trânsito pode atrasá-los, não fique impaciente, logo eles estarão aqui.

Isabela e Élida entraram com a cadeira de rodas e auxiliadas pelo médico e duas enfermeiras colocaram Camila nela para ser levada à outra sala para fazer exames. Antes de sair Camila olhou para Flávio e disse:

— Voltaremos a conversar rapaz! — E saiu.

Flávio estava impressionado. Que mulher! Apesar das cenas desagradáveis que ela havia aprontado, ele pensou que sóbria ela poderia ser uma linda mulher. Que olhos! Onde os teria visto?

O espírito de Carlota o envolveu dizendo:

— Não se deixe levar pelas aparências. Ela é a Helena de sempre, apenas estacionou um pouco na ilusão, porém a luz que tem ainda continua lá, é só ter paciência e esperar que ela venha para fora.

Flávio pensou:

— Ela é linda, apenas se esconde na aparência da revolta e estupidez, no fundo tem uma luz especial que me encantou.

Flávio sentiu que aquele acidente não fora de todo ruim. Apesar dos dissabores, ele havia conhecido uma linda garota que o encantou. Mas que sensação esquisita foi aquela? Por que de uma hora para outra ele havia perdido o controle de seu corpo e de sua voz? E por que duas vezes no mesmo dia?

Ele estava com vergonha por haver agredido o pai, jamais se perdoaria por isso. Por que mesmo fazendo força para se calar acabou chamando seu pai de ladrão? Logo ele um homem tão trabalhador e honesto.

Flávio começou a chorar. A conexão com Carlota foi rompida pela energia depressiva. Noel que também estava a seu lado comentou:

— Ele não consegue compreender por que fez aquilo com o pai. Ele ainda não percebeu que mediunidade tem tudo a ver com personalidade. Quando Flávio ouviu o pai dizer que o forçaria a trabalhar novamente, ficou com raiva e sentiu vontade de esmurrá-lo. No entanto, engoliu a raiva e a calcou dentro de si. Bastou esse pensamento para seu padrão energético baixar, o que permitiu a Ester manejá-lo como queria.

Carlota considerou:

— É por isso que o portador de mediunidade deve estar alerta com o nível de seus pensamentos, quando entra no negativo abre a porta para a interferência dos espíritos perturbadores. É necessário fazer a parte que lhe cabe mantendo pensamentos positivos, ficando no seu melhor. Flávio se deixa invadir constantemente por opressões e ainda não aprendeu a tomar conta do seu próprio campo vibratório. Um pouquinho mais de esforço e Ester não teria conseguido o seu intento.

Noel, olhos perdidos no tempo, ponderou:

— O ódio que ela sente é muito grande, mas já teria se desfeito se não tivesse se embrenhado com o pessoal do *Desterro*. Jorge consegue manejá-la facilmente explorando seu lado vingativo.

Carlota, suspirando profundamente, disse:

— Mas, como nos diz Hilário, a natureza não dá saltos e vai chegar a hora em que ela recolhendo os resultados de suas atitudes acabará mudando e buscando outros caminhos.

— Isso mesmo querida, só ela pode fazer isso. Agora como e quando isso vai acontecer, só o tempo dirá.

E continuaram ali a velar por Flávio.

3

O mal produzindo seus efeitos

A saída de Flávio do hospital foi rápida e sua recuperação foi em casa. As famílias envolvidas conversaram bastante e resolveram não dividir as despesas do carro de Camila.

Os Assunção Ferguson eram bastante orgulhosos para aceitarem a oferta que Ângelo lhes propôs, e após os formais pedidos de desculpas, ambas as famílias levaram seus filhos de volta aos lares.

Durante sua recuperação Camila estava mais nervosa que o habitual.

Seu caso fora mais grave e exigiria muitos dias de repouso absoluto. Sentada em sua cadeira de rodas num quarto ricamente mobiliado ela pensava em tudo que aconteceu em sua vida. Recordou-se do juramento que havia feito: que jamais deixaria a mãe viver em paz.

Tudo começou quando ela completou 15 anos. Élida abriu os portões de sua mansão no Bairro dos Jardins para uma luxuosa festa em comemoração ao seu aniversário e toda a mais fina sociedade paulistana compareceu. Após o baile, Vera chamou Camila num canto do jardim e disse:

— Preciso mostrar uns amigos do Cambuci que conheci e tive a liberdade de trazer à sua festa. Dona Élida os tratou mal e por isso eles nem chegaram a entrar na casa, preferiram o jardim.

Camila, com personalidade forte, respondeu:

— Mamãe é assim mesmo, para ela só vale a etiqueta do social, do mais rico, do nome melhor, eu já estou acostumada.

Aproximaram-se de um banco onde os jovens estavam reunidos e Vera iniciou:

— Jorge, Maurílio, Rafael, eis aqui nossa aniversariante, agora já podem cumprimentá-la sem que a dona Élida faça nenhuma cena.

Os três parabenizaram Camila e continuaram a conversar no ar puro do jardim. A orquestra que tocava no salão iniciou um jazz ao que Jorge falou:

— Que dona Élida me perdoe, mas não vou perder esse jazz por nada deste mundo.

Maurílio aquiesceu:

— Também vou e quero dançar com Vera. Dá-me a honra?

— É claro querido! Vamos também Rafael?

— Eu prefiro continuar aqui com Camila, ao que parece ela prefere as baladas românticas e não está interessada no jazz!

Camila aquiesceu:

— Isso mesmo, prefiro a brisa aqui de fora. Se aceitar gostaria que ficássemos conversando aqui.

Eles entraram e Rafael falou admirado:

— Puxa, Camila, pelos poucos minutos que conversamos percebi que você é muito amadurecida para sua idade, discorre facilmente sobre os vários assuntos.

Ela retorquiu:

— Sou o que sou, gosto de ser eu mesma, sem ilusões de grandeza ou de ser melhor. Pelo que percebi você parece pensar como eu.

— Isso mesmo, o problema é que minha condição não me permite crescer e fazer tudo o que eu quero.

Só naquele instante Camila percebeu o óbvio: Ele sofria com o preconceito de cor, ele era negro! Talvez por isso sua mãe os repelira tanto. Élida tinha horror aos negros. Camila não conseguia entender como uma pessoa tão religiosa era assim tão arrogante e preconceituosa. Tentou contemporizar:

— Não diga isso, hoje em dia o mundo tem mudado, já não se vê tanto preconceito contra negros.

Ele abriu terno sorriso e Camila apaixonou-se pelo seu espírito que julgou sincero e nobre.

— Sabe Camila, sonho em ser artista, trabalhar em TV, teatro, mas o que vejo é o preconceito terrivel. Os papéis dos negros são apenas para serem empregados, humilhados em cena, ninguém dá valor ao nosso trabalho. O mocinho é sempre o branco, e o bandido, o marginal que assalta, mata e rouba é sempre o negro. Infelizmente não terei fama com papéis como estes.

Triste, mas querendo ajudar, Camila disse:

— E você pensa que a única forma de ser feliz é através da fama? A vida é muito rica e se nos tira uma oportunidade nos oferece sempre outra equivalente, sempre há um novo caminho para encontrarmos a felicidade.

De repente eles se assustaram, Isabela a irmã mais velha de Camila estava na frente de ambos. Sarcástica ela disse a Camila:

— O Ricardo Valadares e o Guilherme Brandão querem cumprimentar a aniversariante e não a encontra. E eu venho encontrá-la conversando aqui sem dar atenção aos verdadeiros amigos.

Camila percebeu que ela havia dito isso se referindo à cor de Rafael. Não estava a fim de discutir, contemporizou:

— Vim tomar ar e encontrei a companhia maravilhosa de Rafael, a propósito quero convidá-lo para entrar comigo agora e dançarmos a valsa.

Isabela corou:

— O quê? Mamãe não vai gostar nada de lhe ver dançando com quem não é de nossas relações, vai lhe passar um sermão quando a festa acabar.

Rafael interrompeu:

— Não vim aqui causar confusão, aliás, não era nem para ter vindo, a Vera que insistiu. Olha, Camila, se houver algum inconveniente não precisa se expor.

Camila insistiu:

— Nada disso, vou mostrar a todos que quem manda na minha vida sou eu. Danço com quem quiser e achar melhor. Vamos Rafael.

Puxando Rafael pelo braço, Camila sentiu algo se rebelar dentro dela, estava cansada de ver os desmandos de sua mãe, seus preconceitos, sua arrogância. Ela ia ver quem era melhor.

A valsa começou e Camila entrou no grande salão majestosamente de mãos dadas com Rafael. Iniciaram a dança. Instantes depois os amigos de Camila perguntaram quem era o desconhecido que dançava com ela. Todos pararam para ver.

Élida envergonhada desculpava-se com as amigas dizendo que se tratava de coisas da adolescência, que Camila sempre tivera personalidade forte e que ela não estranhava essa atitude. Mesmo assim as matronas teceram comentários descaridosos a respeito da cor do rapaz, bem como sua origem.

Passava das quatro horas da manhã quando todos os convidados foram embora. Élida não conseguia esconder sua indignação; além de dançar com o negro mais de uma hora, Camila deixou seus principais amigos de lado para conversar apenas com o intruso. No dia seguinte falaria com ela.

Em sua banheira, Camila não conseguia esquecer Rafael, fora paixão à primeira vista. Encantou-se com seu jeito firme, suas palavras sinceras e encantadoras, seu modo de pensar e sua inteligência. Trocaram telefones e prometeram se ver.

Os garotos de sua turma eram por demais exibidos e ostentadores, "Mauricinhos", como se costuma dizer e esses não a interessavam nem um pouco.

Pela manhã depois do café, Élida lhe passou um sermão falando do ridículo que foi sua atuação em plena festa de 15 anos, discorreu sobre os valores sociais e exigiu que eles fossem respeitados.

Fernando, seu pai, era médico e não merecia aquela gafe. Mesmo assim Camila não a ouviu e continuou se encontrando com Rafael.

A cada dia estavam mais unidos. A partir daquela festa um ódio surdo brotou em seu peito contra a mãe, pelo egoísmo que ela representava e pela falsidade em que vivia.

Estava disposta a levar sua relação adiante custasse o que custasse e acabou se entregando a Rafael.

Um ano e meio após seu aniversário e depois de encontros furtivos sem que ninguém desconfiasse, Camila engravidou. O casal resolveu esconder a relação de todos temendo que Élida os atrapalhasse, porém com o passar do tempo não dava mais.

Após uma longa conversa decidiram participar o assunto à família dela. Uma bomba teria dado menor impacto. Élida expulsou Rafael de sua casa dizendo-lhe impropérios e bateu três vezes no rosto da filha.

Fernando tentava contemporizar, mas a esposa estava irredutível: esse filho jamais viria ao mundo. Tentando fugir, Camila foi presa pelos seguranças e trancada em um quarto, sem ver ninguém, sem nenhum contato com o mundo exterior. O ódio crescia ainda mais em seu peito e nem Fernando pôde ajudá-la como gostaria, uma vez que era dominado pela esposa.

Uma tarde soube pela empregada que Rafael saltou um dos muros da mansão e foi ferido pelos cachorros da casa. A mãe dele lá esteve e foi humilhada por Élida. Com o tempo Rafael seguindo os conselhos da mãe procurava esquecer Camila, mas a imagem de seu filhinho que estava por nascer vinha forte em seu pensamento e ele começou a beber.

Depois de três meses com Camila presa, Élida pediu a Jacira, a empregada, que a deixasse preparar o almoço da filha. Seu plano tinha que dar certo. Colocou alta dose de sonífero no prato e ela mesma foi levá-lo à filha. Não a via desde que fora presa, pois Camila a xingava e atirava-lhe objetos. Porém, nesse dia, entrou no quarto falando:

— Você pode me odiar, mas tudo o que faço é para o seu bem, coma.

— Saia daqui, não quero vê-la. Jamais a perdoarei!

— Pode me xingar à vontade, entendo que está louca e como tal tenho pena e não ódio de você.

— O que pretende em pleno século XX fazer com um neto negro? Afinal, ele tem o seu sangue!

— Jamais o reconhecerei, fique sabendo que não vou deixar você estragar sua vida inteira por causa de um negro sem eira nem beira. Coma!

Camila sentiu vontade de atirar-lhe o prato no rosto, mas a fome era maior, ela também tinha que alimentar seu filhinho que já se mexia e precisava ser nutrido. Começou a comer.

Ela não viu, mas pelos olhos de Élida passou estranho brilho de vitória. Sua filha caíra nas suas garras. Em poucos minutos Camila estava desacordada. Élida, acompanhada por espíritos abismais colocou a filha adormecida dentro do carro dando ordens aos empregados para nada dizer a Fernando.

Em sua mente um único pensamento: "Este negrinho não manchará a honra de minha família com sua cor nojenta". Um vulto exultou de alegria e soprou-lhe aos ouvidos:

— Está certa amiga, vamos acabar com essa raça infeliz e é hoje.

Élida sentia aumentar seu ódio e repetia para si mesma:

— Hoje acabarei através de um aborto com essa raça que ousou invadir minha família.

Mal sabia que com essa atitude estava criando compromissos terríveis de reajuste que certamente iriam encontrá-la no futuro. Ninguém pode dispor da vida pois só Deus tem esse poder. Pobre do homem ou da mulher que se achando dono da vida pratica semelhante crime, achando que seja a solução para seus problemas.

Numa casa malcheirosa num subúrbio da Zona Sul o aborto foi realizado. Camila inconsciente não perdeu muito sangue e sua recuperação foi rápida.

Ao abrir os olhos e constatar a realidade Camila e a mãe travaram uma luta corporal. No auge da raiva ela jurou:

— Malditas sejam você e sua alma, enquanto viver farei de tudo para tornar um inferno a sua mesquinha vida. Vou desmoralizá-la perante a sociedade, me tornarei a pior das criaturas até que ao vê-la destruída eu possa novamente viver em paz.

4

Objetivos da vida

Camila saiu de casa com muito ódio à procura de Rafael. Ainda estava fraca, mesmo assim seguiu para o Cambuci.

Quando chegou na rua onde ele residia percebeu um movimento inusitado. Ela precisou ter todo o controle quando viu na porta da humilde casa uma coroa de flores. Atônita ela entrou no velório e viu Rafael no caixão.

Ele estava morto e ela não teve forças para chorar, sua vida estava acabada. Saiu da casa e sentou-se numa pedra próxima onde podia divisar uma nesga do horizonte. Por que tudo teve de ser assim? Fatalidade?

Porém, a verdade é que Camila estava muito chocada. Para ela a maldade e o ódio eram os sentimentos que dominavam o mundo, sua mãe triunfara através do ódio e ela, a partir daquele dia usaria o ódio e o rancor para destruir tudo o que passasse na sua frente. Daquela hora em diante ela jamais teria piedade ou dó de ninguém.

Maurílio e Vera aproximaram-se. Vera alisou-lhe os cabelos e Maurílio comentou:

— Não tivemos como avisá-la, sua mãe proibia-nos de entrar em sua casa. Soubemos que está grávida, mas infelizmente ele se foi.

Vera continuou:

— Desde que foram proibidos de se ver, Rafael começou a beber sem parar, só falava no filho que ia nascer e em você, o grande amor da vida dele. Ontem à noite pegou o carro do Maurílio emprestado e acidentou-se gravemente. Foi morte cerebral instantânea. Infelizmente seu filhinho não conhecerá o pai.

Sem conseguir chorar, Camila contou tudo o que a mãe fizera, explicou o aborto e o seu juramento final. Seus amigos revoltados a ajudariam naquela empreitada.

O enterro foi pobre e humilde. Camila foi olhada de soslaio pela mãe de Rafael que intimamente a culpava pela morte de seu único filho. Na sepultura humilde, Camila apanhou um punhado de terra e mais uma vez proferiu outro juramento:

— Hei de vingar sua morte! Pela luz que irradia deste pôr-do-sol, hei de me vingar.

Os dias foram passando, Camila não saiu de casa, pois permanecer no lar fazia parte de seu nefasto plano. A partir daquele dia espíritos do umbral passaram a segui-la constantemente, alimentando seus planos, dando-lhe detalhes para conseguir o intento macabro.

Influenciada pelos espíritos das trevas ela iniciou uma draconiana mudança em seu visual, colocou tatuagens manchando assim o templo sagrado que é o corpo físico, piercigns por todos os lugares possíveis, agredindo o templo do espírito e entregando-se completamente ao vício do álcool. Assim, seus escândalos passaram a figurar em todos os jornais da cidade, inclusive nas páginas policiais.

Élida começou a perder o equilíbrio emocional, passou a tomar remédios controlados e a sair muito pouco. A gota d'água foi ela ter surpreendido a filha e seus amigos da "pesada" numa orgia em plena sala de sua casa.

A partir daquele dia Élida começou a definhar até que um padre seu amigo a aconselhou a não se desfazer de sua vida por uma filha que havia se ligado com o demônio.

Então Élida reagiu, foi a cabeleireiros, lugares da moda, enfim, praticamente voltou a levar a vida de antes. Porém Camila não mudou, continuava provocando escândalos e mais escândalos.

Como exalava uma energia especial, pois era médium sensitiva, rapidamente atraiu mais presenças espirituais inferiores que sugavam toda a sua energia. Ela passou então a apresentar uma aparência pálida e debilitada.

Essas lembranças incomodavam Camila e, para distrair a mente, invariavelmente usava o computador navegando por sites pesados da Internet.

No panorama espiritual os mentores faziam de tudo para amenizar o estado caótico daquela família, porém eles não tinham liberdade para interferir no livre-arbítrio dos envolvidos.

A obsessão que está presente na maioria dos lares terrenos, naquela casa se encontrava em estado mais grave. Além dos espíritos sugadores do dia-a-dia, havia uma tenebrosa equipe espiritual treinada e disciplinada por Teófilo para pôr fim à vida de Camila.

Pela forma como ela agia, Teófilo, chefe de uma cidade astral inferior, foi informado que ela seria uma preciosa sugadora e magnetizadora do astral inferior, seria perfeita para a realização dos planos de vingança que ele e seus súditos tinham em mente e que não podiam ser postergados.

Teófilo decidiu no tribunal da cidade de Larvosa que Camila deveria desencarnar, uma vez que encarnada de nada valia. O plano foi traçado: dezesseis espíritos iriam afundá-la no vício do álcool, revezando-se continuamente para que ela fosse manipulada 24 horas por dia.

Teófilo designou oito espíritos para ficar com ela da meia-noite ao meio-dia e mais oito para continuarem do meio-dia até a próxima meia-noite. Tudo na mais perfeita disciplina.

Sabendo o que se passava, Carlota marcou urgente reunião com Hilário para que juntamente com Noel e outros benfeitores do além pudessem intervir no caso.

Em sua habitual sala de trabalho no edifício central da colônia *Campo da Redenção*, Hilário, sorridente e amável os recebeu:

— Sejam bem-vindos. O que desejam?

Carlota iniciou:

— Acreditamos que pela sua experiência já sabe do que se trata. Somos encarregados da evolução de um grupo espiritual e estamos observando um de seus membros se perder no vício e na degradação. Trata-se de Camila.

Noel e Carlota narraram em detalhes os acontecimentos e Hilário observou:

— O que me contam não é novidade. Camila necessita de amadurecimento e está escolhendo o caminho da dor para evoluir. Sei do interesse de vocês em auxiliá-la, mas nada ou quase nada há para se fazer, a não ser rezar para que Deus nos conforte e alivie o sofrimento dela.

Carlota indignou-se:

— O quê? Vemos a destruição de um ser querido e não podemos fazer nada? O Teófilo vai conseguir levá-la para Larvosa... Onde está o Criador?

Impávido Hilário respondeu:

— Está no leme de tudo! Deus sempre está à frente de qualquer acontecimento e não cai uma folha da árvore sem seu consentimento. À medida que crescemos vamos adquirindo maior liberdade e se foi Deus quem no-la deu certamente Ele não irá interferir no seu uso. Na Terra as pessoas embrenham-se nos vícios de todas as espécies. Como não têm visão espiritual acham que estão fazendo tudo sozinhas e que vão ficar sempre como estão, gozando deles sem limites. Em verdade estão em sua maioria sendo usadas pelos chefes das falanges inferiores. Quando morrem, nem bem termina o desligamento dos laços fluídicos já estão quais vampiros à espera da presa. Quando finalmente libertos do invólucro carnal os espíritos viciados são capturados pelos chefes do umbral e passam a viver como prisioneiros destes.

Carlota não se conteve:

— Esse será o destino de Camila?

Hilário explicou:

— Tudo pode ser mudado, porém eu diria que no caso dela talvez seja um pouco tarde. Vamos ver se o reencontro com Flávio lhe será positivo. Em breve a mediunidade dela se tornará mais ostensiva e bebendo como está não será nada fácil. Esse rapaz terá muito o que fazer para que ela desperte.

Noel ficou em dúvida:

— Em minha inexperiência acho que apenas os espíritos equilibrados merecem a mediunidade, pois saberão fazer bom uso dela. Até hoje não consigo aceitar que pessoas como Camila ganhem essa preciosa ferramenta.

Hilário sorriu:

— Disse-nos Jesus: "Não são os sãos que precisam de médicos e sim os doentes". Sábias palavras do Nazareno. Como a mediunidade é uma bênção, um espírito necessitado, se bem orientado por pessoas experientes pode vir a equilibrar-se, conhecer outras dimensões do Universo, praticar o bem, aprender, ser feliz. A mediunidade é um presente para que o homem viva melhor. Não critique, pois se Deus os favoreceu com esse dom é porque em sua misericórdia sabia que era para um bem maior.

Carlota ansiosa perguntou:

— O que efetivamente podemos fazer para salvar Camila?

— Vejo que você ainda cultiva um grave vício humano: o de querer salvar as pessoas. Quanta ilusão! Ninguém salva ninguém, ninguém ensina nada a ninguém. Apenas favorecemos para que as pessoas retirem de si mesmas as lições que precisam. Estamos acostumados a subestimar o poder do ser humano e o mimamos excessivamente. Se Deus nos colocou num planeta de experiências como a Terra Ele também nos deu todos os elementos para sairmos dela vitoriosos. Mas nós, orgulhosos que somos, achamos que estamos "ajudando", "salvando" os outros quando estamos apenas exercitando o nosso orgulho.

Ele fez ligeira pausa e vendo que os dois ouviam atentos, continuou:

— Carlota, raros são os que ajudam verdadeiramente. Enquanto mantivermos a ilusão de que estamos ajudando alguém, evidenciamos apenas nossa vaidade. Devemos ter a humildade de perceber que quando a vida coloca algum necessitado em nosso caminho é para treinarmos a doação, o dar de coração e principalmente para termos ocasião para fazermos o nosso melhor. Quem ajuda de coração recebe muito mais do que deu. A sabedoria divina aproxima e separa as pessoas para que trocando experiências aprendam a viver melhor.

— Então deixaremos Camila à mercê desse grupo monstruoso? — indagou Noel.

— Não foi isso que quis dizer. Contamos com vocês para praticarmos a verdadeira ajuda, que só pode ser feita quando a pessoa estiver madura para recebê-la. Não se atiram pérolas aos porcos. Nunca se perguntaram por que no umbral e na crosta há tanto sofrimento? Nunca se perguntaram onde está Deus que vê tudo isso e aparentemente nada faz?

— Quando cheguei aqui há 35 anos tinha esse questionamento — expôs Carlota. — Com você e espíritos de regiões mais elevadas tenho entendido muita coisa, mas a cruel dúvida para muitos casos ainda permanece. Sei que há muito sofrimento nessas zonas, o irmão André Luiz que reside em Nosso Lar, levou oito anos para ser socorrido e retirado do umbral.

Hilário exultou:

— Belo exemplo. Deus é suprema justiça, bondade e sabedoria, nada acontece sem seu consentimento. O exemplo de André Luiz ilustra bem o caso em questão. De que adiantaria ele ter sido socorrido sem ter aprendido tudo quanto deveria aprender para sair dali? Nem de Deus ele se lembrava. Porém quando orou, meditou e aprendeu o significado de sua estada lá, imediatamente a equipe de Clarêncio foi buscá-lo. Deus não tem pena e nem mima ninguém; olhando casos como este do André, analisando os hospitais da Terra principalmente os infantis, podemos perceber que o conceito de ajuda para Deus é um, mas para nós é outro. E quem ousaria dizer que Deus fez alguma coisa errada? Dizer isso é afirmar que Ele é falível, o que jamais podemos conceber. Se Ele é a causa primeira de tudo, seu objetivo maior é a evolução. Enquanto nós queremos ser a "muleta" para que os outros se pendurem, Ele deseja ser o professor que ensina a andar direito e com as próprias pernas. Quer pai melhor?

Noel e Carlota estavam mudos com a sabedoria de Hilário. Porém, Carlota insistiu:

— Você ainda não respondeu à minha pergunta: Camila ficará sem auxílio somente porque com o livre-arbítrio escolheu o vício?

— Ninguém está sozinho porque a vida é misericordiosa. Ela terá não só de vocês, mas de outro grupo espiritual toda a assistência que por *mérito* conseguir. No que for possível aliviar aliviaremos, porém se continuar agindo como está atrairá experiências que não poderemos evitar, afinal a vida é feita de escolhas. Recebi informação de plano mais alto que a convivência com Flávio será uma oportunidade de crescimento para ela. Se aproveitar será feliz, se não sofrerá as conseqüências. Vão em paz e que Deus e Jesus os acompanhem.

Noel e Carlota saíram conformados com as palavras de Hilário. Eles fariam de tudo para colocar em prática as coisas que ouviram.

5

O drama de Flávio

A tarde ia em meio quando Flávio resolveu sair da cama. Desde o acidente não havia mais saído de casa e seu pai não conseguira esquecer as palavras acusadoras que ouvira dele.

Havia uma semana que tudo tinha acontecido, porém ninguém na casa comentou mais nada, nem Marina que gostava de dar alfinetadas esboçou qualquer gracejo.

Flávio tentava concatenar as idéias sem entender o que acontecia com ele. Lembrava-se claramente do ódio que sentira do pai e de tê-lo acusado de ladrão. Por que dissera aquilo? A partir daquele acontecimento o pai estava cada vez mais sisudo com ele, falava apenas o necessário e não havia lhe pedido desculpas pelo soco.

Descendo as escadas encontrou Érica folheando uma revista de moda, que ao ver o filho falou:

— Ainda bem que resolveu descer, precisamos conversar.

Acomodado no sofá, Flávio esperava.

— Seu pai perdeu o emprego, eu não tenho profissão, sua irmã estuda, por tanto resta apenas você. Na próxima segunda-feira voltará ao trabalho quer queira quer não queira. Você precisa auxiliar, pois o dinheiro de seu pai vai durar muito pouco para mantermos o padrão de vida ao qual estamos habituados.

Corado pela surpresa Flávio retrucou:

— Isso não poderei fazer, de jeito nenhum! Aquela empresa é para mim o verdadeiro inferno, você não pode me obrigar.

— Mas obedecerá! Seu pai já está muito magoado com suas palavras e caso não colabore será pior para você.

— Por que ele não tenta outro emprego? Afinal, não dizem em sociedade que são os pais que devem sustentar os filhos?

— Ele está procurando, mas você acha que é fácil encontrar emprego depois dos 50 anos? Vocês jovens nada sabem da vida. Não estamos em condições de dar importância ao que a sociedade diz ou não.

— Mas há o Cristiano, ele não está lá na Inglaterra levando vida boa? Por que não recorrem a ele?

— O seu irmão sempre quis nos ajudar, mas o Ângelo é muito orgulhoso e jamais aceitou, muito pior agora.

A porta abriu-se e Ângelo com expressão séria entrou. Beijou o rosto da esposa mas não cumprimentou Flávio. Sentando-se anunciou:

— Temos que viajar. A empresa do Farias, a única que me restava acaba de me negar emprego, precisamos aceitar a sugestão de Cristiano.

Mudos, Flávio e Érica não sabiam o que dizer. Ele continuou:

— Nem a você Érica eu revelei que tenho mantido contato com nosso filho. Como ele está muito bem na Inglaterra e é dono de uma empresa de porte médio nos chamou para residir lá com ele, me ofereceu emprego em sua empresa e ainda garantiu-me serviços extras. Diz que na Inglaterra as idéias são outras e por isso o país é próspero. Lá tudo que se toca vira ouro.

Assustada, Érica perguntou:

— Mas ir embora assim, de repente? E nossa propriedade, nossa filha que falta muito para se formar?

— Já pensei em tudo, mas tem um problema: não podemos levar o Flávio.

Um susto fez estremecer todo o corpo de Flávio que, instintivamente, disse:

— Como pode ser isso? Onde eu vou ficar?

Ângelo revelou:

— Telefonarei para sua tia Francisca e ela de bom grado o acolherá. É solteirona e ficará muito feliz com a companhia de alguém mais jovem.

Flávio ficou sem chão. Já não tinha amigos, estava com problemas que ele supunha serem mentais e agora perdia o apoio da família. Foi tomado de uma tontura e seu corpo cobriu-se de suor. Sua fisionomia mudou e uma vontade irresistível fez com que se levantasse e andasse pela sala, inquieto. Súbito, virou-se para o pai e disse:

— Como sempre egoísta, além de ladrão é egoísta! Agora por causa de um ódio quer abandonar o filho e por que vai levar Marina?

Flávio sentiu-se enlouquecer, num átimo foi jogado em espírito a um canto da sala e de lá pôde observar uma mulher loura tomar conta de seu corpo físico. Ela estava muito próxima dele e o manuseava como um boneco. Malaquias se aproximou do espírito dele que estava encolhido em um canto e apavorado falou com chispas de ódio nos olhos:

— Não tente fazer nada garotinho ou vai se arrepender, fique só observando, na hora certa Ester lhe devolverá o corpo.

Flávio estava atordoado, que loucura era aquela? Por que se via longe do corpo? Agoniado, agitado e nervoso, ele perdeu os sentidos. Malaquias e Roque sorriram e um disse para o outro:

— Bem que Teófilo nos avisou, esse é presa fácil. A tarefa será mais rápida do que pensamos.

Enquanto isso, o clima era cada vez pior. Ester através do corpo de Flávio dizia:

— É isso mesmo, quem mandou você fazer o Adolfo assinar aquelas promissórias? Você sabia que ele não tinha como pagar. Só para depois tomar nossas terras e nos deixar morrer na miséria. Você pagará caro.

Com os gritos, Marina e Sandra apareceram na sala e a cena era patética. Érica chorava implorando para que parassem e Ângelo bradava:

— Você está louco, não quero um louco me acompanhando a Londres, vou dar autorização à sua tia para interná-lo num hospício!

— Faça isso e levará mais um crime na consciência, é isso que nós queremos! Por hora vou me retirar mas estou lhe avisando: onde você for eu o estarei perseguindo, como uma sombra e farei justiça com as próprias mãos.

Flávio desmaiou e seu corpo cobriu-se de suor gelado. Sandra e Marina colocaram-no sobre o sofá e Ângelo subiu as escadarias revoltado, Érica o acompanhou. Sandra trêmula confessou a Marina:

— Dona Marina se não estou enganada, o que aconteceu com Flávio é coisa de espírito.

— O quê? Era só o que faltava, isso não existe, é coisa de gente ignorante!

— Não é não. Lá no meu bairro o Luís, filho de minha cunhada, era tomado por um espírito vingativo que queria sua morte, e só melhorou quando dona Isaltina foi lá, conversou com o espírito e o convenceu a ir embora. Falou do perdão, do amor ao próximo e como seria bom ele viver num mundo de paz e refazimento. Depois disso o Luizinho nunca mais teve nada, sarou de verdade.

Marina muito impressionada com o que presenciou deu um pouco de crédito àquela história. As horas passavam e Flávio não despertava do desmaio. Seu espírito em estado de choque pairava alguns centímetros acima do seu físico. Ao chegar a hora de deixar o serviço, Sandra teve uma idéia:

— Quem sabe se a dona Isaltina vier aqui rezar e falar com o espírito ele não desperte?

— Está louca de chamar uma curandeira aqui? Minha religião jamais permitiria! — disse Érica a Sandra. — Está na Bíblia que não se pode falar com os mortos e eu não acredito nessas coisas.

Marina interrompeu:

— Mas é bom começar a pensar no assunto.

Em rápidas palavras Marina contou à sua mãe a história de Sandra e por fim disse:

— Mamãe, vamos trazê-la aqui, olhe o estado do Flávio, já são sete horas e ele continua gelado e não acorda. Papai não quer saber dele, precisamos fazer alguma coisa.

— Nessa hora dona Isaltina está em casa, se formos rápido ela poderá vir.

— Não quero. Essa curandeira aqui não entra jamais — bradou Érica.

— Eu não vou deixar você com seu preconceito acabar com a saúde do Flávio, ele é meu irmão e não estou gostando de vê-lo nesse estado.

Marina e Sandra saíram e Érica ao se ver sozinha com o filho estendido no sofá da sala sentiu um arrepio percorrer seu corpo. Ela não podia ver, porém Malaquias estava ali atento e com medo de que alguma coisa desse errado com a presença de Isaltina, aproximou-se de Érica.

Érica sentia as energias de medo de Malaquias e achava que eram suas, arrepios de quando em vez percorriam seu corpo. É claro que como mãe ela também temia, mas boa parte do que sentia vinha de Malaquias.

Roque surgiu na sala assustado, chamando Malaquias a um canto:

— O clima aqui não será bom para nós. Teófilo mandou que retornássemos urgentemente, pois cidadãos da luz vão invadir esta casa. Eles podem até nos prender e levar para lugares de onde não mais retornaremos.

Apavorados, seus vultos negros desapareceram da sala. No mesmo instante uma senhora de meia-idade adentrava o recinto com Marina e Sandra. Com simpatia ela falou:

— Boa-noite, suponho que o rapaz seja este.

— É sim, e seu estado se mantém desde as cinco da tarde, não acha que ele precisa de um médico? — perguntou Marina.

— Olha filha — tornou Isaltina. — O médico que ele realmente precisa é Jesus. Vamos dar as mãos, fechar os olhos e fazer uma prece pedindo auxílio aos amigos espirituais:

"Senhor Deus Criador do Universo, sua força é sublime e sua misericórdia é infinita, concede-nos a presença de amigos espirituais benfeitores para ajudarmos esse irmão necessitado. Que sua luz possa brilhar por entre as trevas da ignorância e que sua bondade permita que este espírito possa novamente encontrar a paz. Que assim seja!".

Flávio estremeceu e sua testa se cobriu de fino suor.

Dona Isaltina colocou a mão sobre sua testa e falou com convicção:

— Volte ao corpo Flávio, assuma o comando de sua vida, é hora de começar a tarefa que Deus lhe confiou.

Todos estavam impressionados. Flávio abriu os olhos e deu-se conta do que se passara. Inspirada por Carlota, Isaltina dizia:

— Você foi afastado temporariamente do corpo, mas tudo voltou ao normal. Você precisa dedicar-se à espiritualidade o quanto antes. Alguns fatos vão acontecer na sua vida e só poderá contar com o conforto espiritual. Um amigo espiritual está dizendo que chegou a hora de assumir sua tarefa e que contará com o auxílio da mediunidade. Por isso precisa estudar o assunto e aprender a lidar com sua sensibilidade.

Flávio já completamente acordado perguntou:

— Quem é esse amigo espiritual que está me mandando este recado?

— Um homem de cabelos grisalhos, estatura mediana, com óculos quadrados e se diz chamar Hilário. Diz que é seu amigo há muito tempo, mas que você agora não se recorda dele. Deixa-lhe a mensagem para que use sua mediunidade para o bem, com amor e dedicação. Há aqui mesmo em São Paulo um grupo que está esperando sua chegada e em breve estará com eles, sentirá sua sensibilidade aumentar, sairá do corpo e conversará conscientemente com os espíritos desencarnados.

— Posso saber o que vai acontecer em minha vida?

— Ele diz que é cedo para falar nisso. Admite porém que você terá toda assistência necessária. Agora ele precisa ir, pede que se ligue com a espiritualidade através da prece e mantenha pensamentos positivos que o ajudarão a viver melhor.

O ambiente da casa havia se transformado. O tumulto desaparecera e em seu lugar havia uma atmosfera agradável de paz.

Isaltina deu um beijo em Flávio e disse:

— Você é muito bonito. A beleza pode ser a perdição ou a salvação de uma pessoa, utilizando-a para o caminho do bem só terá a ganhar. Adeus filho, se precisar, me procure neste endereço.

Érica impressionada com tudo o que vira não conseguia articular palavra, apenas agradeceu a benfeitora com admiração. Nunca vira um padre da sua igreja fazer semelhante coisa.

Marina foi à sacada de seu quarto e olhou o céu cheio de nuvens. Será que realmente existia um ser que a tudo comandava? Em sua vida mundana nunca havia pensado em Deus.

Passara a vida inteira vestindo-se à última moda, valorizando o status, mas não se sentia importante nem feliz. Por causa disso todos a achavam esnobe, metida. Ela porém sabia que não era nada disso. Tudo quanto fazia era para encobrir seu complexo de inferioridade. Ela não gostava de si mesma.

Como seria Deus? Se Ele existisse mesmo, gostaria dela?

O que presenciara naquele dia a fizera compreender que havia muitas coisas além do mundo material. O que seria tudo aquilo?

Ela não percebeu, mas uma luz muito forte a abraçou e sussurrou-lhe ao ouvido:

— Deus também ama muito você!

6

A *tragédia*

Sentado na sala de estar Flávio não conseguia esquecer os últimos acontecimentos. Certa vez ouvira falar em centro espírita, mediunidade e contato com os mortos, mas nunca parou para pensar na veracidade do fato. Agora estava acontecendo com ele, por quê?

Logo após a saída de dona Isaltina, sua mãe e Marina foram para os quartos e praticamente ignoraram sua presença. O que seria de sua vida dali em diante?

Érica entrou na suíte e percebeu que Ângelo dormia profundamente. Graças à Virgem ele não presenciou aquela cena desagradável da curandeira conversando coisas estranhas em plena sala, onde os maiores figurões de São Paulo já transitaram. Deitou e tentou dormir, mas o sono não vinha.

Era-lhe penoso deixar o Brasil, havia suas amigas, a igreja que ela tanto amava e se dedicava, e o pior: deixar Flávio com a insuportável da Francisca. Ela tinha certeza de que Ângelo sempre duro e rigoroso tomou partido contra o filho e só não o levaria junto por capricho.

Ela nada poderia fazer. Estava habituada a aceitar todas as ordens do marido sem contradição e se ficasse a favor do filho era capaz de ele a deixar também no Brasil.

Rolou mais meia hora na cama e caiu em sono profundo.

Naquela noite todos dormiram muito bem. Noel e Carlota trouxeram amigos espirituais para velar por aquele lar tão conturbado e por isso Teófilo não conseguiu entrar lá com Ester.

Pela manhã, na hora do café, Ângelo comentou:

— Escuta Flávio, estou disposto a perdoá-lo em consideração à sua loucura, pois você está muito doente. Deixarei ordens a Francisca para que ela procure o melhor psiquiatra de São Paulo para ver o que ele fará com você.

— Pai, eu posso garantir que não estou doente, ontem dona Isaltina conversou comigo e quando ela partiu eu voltei ao normal. Tenho quase certeza de que meu caso é interferência de espíritos.

Érica corou e Ângelo não acreditou no que estava ouvindo.

— O quê? Coisas estranhas se passam dentro de meu lar e não fico sabendo? O que ocorreu aqui ontem Érica? Que história é essa de espíritos?

— A Marina e a Sandra trouxeram aqui uma senhora que rezou e o Flávio voltou ao normal. Coincidência ou não tudo melhorou e nosso filho ficou bem, por favor, vamos acabar com esse clima, eu não agüento mais.

Marina explicou:

— Isso mesmo pai. Também não acredito nessas besteiras de espiritismo, mas o Flávio saiu do estado em que estava, é isso que importa.

— Mais uma razão para deixá-lo no Brasil. Não desejo que me acompanhe com essas histórias da Carochinha. Depois do café conversaremos no escritório. Não se atrase.

Flávio tremeu. O que o pai queria com ele? Não conseguiu mais se alimentar, demorou alguns instantes e foi procurar o pai.

Entrou no escritório bem mobiliado e arrumado modernamente e percebeu seu pai com olhar grave soltando baforadas de cigarro.

— Entre Flávio e sente-se, pois nossa conversa vai ser longa. Já adiei muito esse momento devido ao seu acidente, porém não dá mais. Ontem você repetiu o mesmo erro e hoje você irá me confessar: por que chamou-me de ladrão? Quem lhe passou calúnias tão injuriosas a respeito do seu próprio pai?

Naquele instante Flávio admirou-se. Em vez de sentir medo e receio, uma força grande surgiu de dentro dele. Afinal, ele tinha dignidade e não queria ofender o pai.

— Desculpe-me pai, eu não tinha e nem tenho motivos para lhe chamar de ladrão, pois você para mim sempre foi o orientador que dizia que só o trabalho duro e honesto tinha valor.

Ângelo remexeu-se na cadeira. Na realidade ele sempre tinha dito isso à família, mas de alguns anos para cá tinha mudado um pouco de idéia. Só conseguiria enriquecer se tirasse dinheiro na empresa onde trabalhava.

E foi isso o que ele fez, criou contas no exterior onde tinha razoável quantia. Um comprovante esquecido no seu escritório foi o passaporte para a descoberta. Ele nunca havia passado tanta vergonha, porém procurou esquecer.

— Não minta filho, se alguém lhe disse alguma coisa, cabe a você como filho me defender e me contar e não acobertar caluniadores.

— Falo a verdade pai, não sei o que ocorre comigo, de repente sinto uma tontura, um calor insuportável, vontade de andar sem parar e de falar muito, quando vejo já estou dizendo coisas que não desejo e que não vêm de mim.

— Não venha com essas histórias que a igreja condena, os mortos não voltam e nem falam com os vivos. Sei que está querendo me enganar, porém vou perdoá-lo se prometer jamais lançar injúrias a quem te deu a vida.

Flávio ia protestar, mas de que adiantaria?

— Sim, prometo. Mas... Por que não me leva junto para Londres? Até a Marina vai, menos eu que ficarei aqui com tia Francisca com a qual não tenho afinidade nenhuma.

Ângelo não podia contar o verdadeiro motivo que o fazia não o levar a Londres. Ele temia e estava certo de que Flávio sabia a realidade da Limbol. Lá com esses surtos de loucura certamente ele abriria o jogo com Cristiano e o pior: na frente das pessoas importantes que passavam na casa do filho. Com certeza ele seria desmascarado e mais uma vez perderia o emprego.

Tinha absoluta certeza de que Flávio estava enlouquecendo e durante os surtos falava o que não devia. Só não conseguia entender como o filho descobriu tudo. Hermes, o acionista majoritário, num ato caridoso resolveu mascarar o fato e poucas pessoas sabiam da verdade. Resolveu contemporizar:

— Flávio, aqui você tem um emprego e lá além de ser mais uma pessoa tomando o tempo do seu irmão, talvez não encontre tarefas fáceis já que não gosta de estudar. Aqui com tia Francisca nós poderemos mantê-lo e até custear um tratamento psiquiátrico mais em conta.

Flávio corou:

— Quantas vezes quero dizer que não estou louco? E por acaso a mamãe lhe disse que vou deixar o emprego? Que não vou voltar mais lá?

Desta vez Ângelo levantou-se da cadeira:

— É claro que já sei dessa loucura, porém pensei que seria mais uma das suas alucinações. Quer dizer que vai sair mesmo, vai cometer essa insanidade?

Flávio encarou-o nos olhos, respondendo com firmeza:

— Irei, pois não gosto de trabalhar só pelo dinheiro. Se o senhor quiser continuar me ajudando até eu encontrar algo que me dê prazer, tudo bem. Se não, posso pedir que tia Francisca me sustente até conseguir. Sei que é rica e fará isso por mim sem queixas.

Ângelo ficou mudo com tanta determinação:

— É assim que diz? Então assim será. Hoje mesmo você vai partir para a casa de sua tia e não vai levar nem um centavo meu. Partiremos daqui a duas semanas e é melhor que você já fique adaptado à sua nova realidade. Suba e faça suas malas.

Com nó na garganta Flávio subiu e arrumou tudo numa mochila de viagem. Com o tempo ele buscaria o resto das coisas. Despediu-se de seu quarto e da janela onde costumava ver o céu estrelado e se perguntar o que existiria naqueles astros bonitos e misteriosos.

A despedida foi de emoção. Érica chorou bastante e naquele instante ela sentiu que jamais voltaria ao Brasil. Era ilógico esse pensamento, mas uma força estranha a avisava que jamais voltaria para aquele que durante 26 anos fora seu lar.

— Venha visitar sua mãe, afinal só iremos daqui a 15 dias.

— É claro que venho mamãe, pode esperar.

Marina quase não o abraçou pois não gostava de demonstrar o que sentia. Todas as vezes que tinha um sentimento de amor, gratidão, amizade por alguém, ela não conseguia demonstrar por medo de parecer ridícula. Apenas desejou sorte ao irmão que também desejou que Deus a amparasse na continuação de seus estudos fora do país.

Noel e Carlota em espíritos estavam lá observando tudo.

— Infelizmente tem que ser assim — comentou Carlota.

— Tudo poderia ser diferente mas já não há mais tempo, os elementos astrais estão em ebulição e criaram o destino dessa família — respondeu Noel.

— O que me conforta é saber que tudo está sempre certo e que a sabedoria divina a tudo comanda, trabalhando na evolução de todos.

— Isso mesmo Carlota, vejo que tem crescido muito, mas é hora de irmos, pois na operosa cidade astral que vivemos tem sempre muito trabalho a fazer e Hilário conta conosco.

Seus espíritos radiosos saíram da sala.

Poucos minutos depois Flávio chegou na casa da tia. Era uma casa grande e antiga circundada por lindo jardim. No hall havia cadeiras, plantas ornamentais, estátuas e à frente da casa uma fonte luminosa dava um ar agradável ao ambiente. Flávio poucas vezes tinha ido lá.

Sua tia era considerada excêntrica por sua família, pois só fazia o que queria e dizia somente o que pensava. Não freqüentava a igreja e até mesmo discutia com Érica por conta de assuntos religiosos. Ambas viam Deus de forma muito diferente.

Tocou a campainha e uma criada atendeu. Logo, uma senhora gorda, risonha e simpática, veio recebê-lo abraçando-o com ar de muita felicidade:

— Seja bem-vindo meu filho. Seu pai já me deixou a par de tudo, até já arrumei seu quarto, espero que esteja de seu gosto.

Flávio era moço simples e estava encantado com aquela casa imensa, cheia de janelas por todos os lados, o que dava uma ventilação agradável ao ambiente. Quando entrou em seu quarto gostou do que viu: além de tudo muito simples e arrumado havia uma televisão, um som e um videocassete.

Abanando-se com colorido leque, Francisca veio em seguida.

— Gostou do quarto?

— Ora, tia, está bom demais, aqui posso fazer meu mundinho, é muito arejado e claro.

— Ah, eu sou assim, só gosto de tudo muito bonito, colorido, claro. A vida só tem valor se for vivida em plenitude e com alegria do interno ao externo.

Flávio começou a gostar daquela senhora alegre e elegante, com cativante sorriso. Ela não parecia ser nada do que sua mãe costumava dizer.

— Venha filho, vou lhe apresentar aos criados e aos outros moradores da casa.

Flávio começou a perguntar-se:

— Sua tia não era solteirona? Não morava sozinha com os criados? Havia mais alguém ali que ele desconhecia?

Foram andando por longo corredor que os levavam à cozinha. Lá ela apresentou Clara, Gaudêncio e João, o jardineiro.

— Agora filho vou lhe mostrar os outros moradores deste lar.

Eles seguiram por outro pequeno corredor e se depararam com pequena porta. Ao abrir Flávio sorriu: três gatos siameses gordos e grandes dormiam confortavelmente numa cama. Francisca explicou:

— Esses são os três moradores deste lar, são minha vida, eu os amo.

Começou a pegar um por um que acordaram ronronando.

— Estes são o Titi, o Inácio e o Cadu, razão do meu viver. — E como que esquecida de tudo começou a falar com eles:

— Filhinhos lindos, querem a merendinha das quatro não é isso? Mamãe vai buscar.

Flávio sorriu e percebeu o quão simples era aquela mulher que transferiu sua energia afetiva para três animaizinhos.

Sua adaptação àquele lar foi muito fácil. O clima era gostoso, principalmente pela pontualidade que reinava absoluta.

Sua tia havia morado durante 16 anos na Inglaterra e trouxe de lá muitos costumes gostosos, principalmente o chá das cinco. Flávio ia todos os dias visitar a família, mas o pai não o tratava bem. Acabou concluindo que ele o mandara para a casa da tia antes para não ver mais seu rosto e lembrar-se das acusações. No dia da viagem as despedidas foram poucas, só havia muita tristeza nos olhos da mãe.

— Se eu pudesse não viajaria, juro. Sinto que nunca mais verei o Brasil.

— O que é isso mamãe, o papai disse que na primeira oportunidade voltaremos aqui para uma visita. Até disse que se as coisas por lá se ajeitarem bem, poderá mandar buscar o Flávio. O Cristiano não se conforma por que ele não vai conosco, não é papai? — perguntou Marina.

— Isso mesmo, não há motivos para choros. Breve estaremos de volta.Vamos logo que o vôo 140 nos espera.

E foram para o aeroporto, Flávio não os acompanhou. Chegando à casa da tia a encontrou assistindo TV e comendo deliciosa pipoca de forno com guaraná.

— Sente aqui meu filho, está passando um maravilhoso filme de Carlitos que nos dá preciosa lição de vida.

Ele concordou e em meio ao ronronar dos gatos começou a prestar atenção no filme. Uma hora depois o programa foi interrompido pelo plantão da emissora para avisar que uma tragédia ocorrera com o avião do vôo 140 de famosa companhia. Infelizmente ninguém sobreviveu.

Flávio imediatamente perdeu os sentidos.

7

Os resultados do orgulho

Logo após o acidente de avião, o espírito de cada membro da família de Flávio foi para seu lugar de afinidade. Eles não permaneceram juntos depois da morte.

Ângelo acordou num charco onde vários espíritos como ele gemiam e gritavam. Aos poucos foi recuperando os sentidos e a cada minuto se horrorizava com o que via. Aqueles seres não pareciam pessoas e sim retalhos humanos.

Como fora parar ali? Nunca havia visto semelhante lugar. Quem o salvou na hora da queda do avião? Onde estavam Marina e Érica? Essas perguntas fervilhavam a sua mente quando de repente uma horda gritando e correndo se aproximou. Uma mulher com a perna direita ulcerada disse olhando para ele:

— Você terá coragem de ficar aqui? Olhe só o estado de minha perna.

Ângelo observou e viu uma grande ferida abaixo do joelho sangrando e expelindo uma espécie de líquido branco; estava muito profunda também.

— Por que você não procura um médico? Isso pode ser câncer.

A mulher desesperada gritou:

— Não vê que estou querendo salvar sua pele? Eles, os terríveis pássaros das furnas estão chegando. Não ouve seus gritos?

De repente, gritos como de abutres selvagens cruzaram o céu. Quanto mais alto ficavam mais as hordas tentavam correr. Ângelo olhou para a frente e a mulher havia desaparecido, talvez tivesse seguido o bando. Algumas pessoas feridas mais gravemente caíam no meio do caminho e gemiam desesperadas.

Foi aí que o pior aconteceu. Um grupo de 12 aves três vezes maior que os urubus terrenos e muito mais negro surgiu. Seus bicos eram finos como a ponta de um alicate, seus gritos eram ensurdecedores e logo começaram a beliscar as feridas dos perispíritos dilacerados.

Ângelo ficou desesperado quando viu uma delas faminta aproximar-se dele. Seus olhos pareciam ser iluminados com uma lâmpada vermelha, pois faiscavam tenazmente. Ele caiu e ficou imóvel, sua respiração ofegante paralisava todo o seu corpo. De repente, a estranha ave que mais parecia uma mistura do abutre com o urubu, começou a bicar as mãos de Ângelo. Ele tentava se livrar, mas seu corpo parecia estar irremediavelmente preso ao chão. Uma dor aguda o acometeu.

A ave bicava sem parar e ele começou a gemer fortemente. O sangue jorrou e a ave bebia com prazer. Perdeu um dos dedos, cada vez mais a respiração aumentava e o coração acelerava. Ele perdeu os sentidos.

Horas mais tarde quando acordou, havia um silêncio macabro no ar. Desesperado ele percebeu que estava sem as duas mãos. Levantou e começou a andar, mas escorregava no próprio sangue.

Num lago da colônia *Campo da Redenção* que servia de tela, Hilário, Carlota e Noel observavam toda a cena. Carlota disse:

— Fico penalizada com um caso como este!

Noel aquiesceu:

— Isso mesmo! Apesar de saber que é necessário que o escândalo venha, ainda perco o equilíbrio com cenas deste tipo.

Hilário muito sereno explicou:

— A morte é simples mudança de faixa energética e depois dela cada um encontra a sua realidade. O inferno e o céu encontram-se dentro de cada um. É preciso entender que a desonestidade tem um retorno doloroso para quem a pratica. Se quem faz essa espécie de mal soubesse o que vai receber como conseqüência, acredito que jamais o faria.

— Ele está pagando o que fez, por isso perdeu as mãos?

Sorrindo, Hilário disse ternamente:

— A vida não cobra nem castiga ninguém. Ele está apenas colhendo o resultado de suas atitudes. É assim que ele vai amadurecer. Deus é infinitamente superior e está acima de castigos e punições. Porém ele criou leis perfeitas que levam o indivíduo a experimentar as conseqüências das suas escolhas. Não existe punição, apenas aprendizagem.

— Difícil acreditar que ele não está sendo punido. Ao ver uma cena como esta acredito sim que este é o preço de seus erros — tornou Noel.

Hilário amável replicou:

— É que sua visão ainda não saiu dos acanhados limites da percepção terrena, lá eles inventaram um Deus que pune e um Deus que premia. Aqui descobrimos que cada um apenas passa pelo que lhe é necessário para aprender a viver melhor. Creia Noel, é o homem que escolhe ir pela lei do "faz e paga". Ele é um ser inteligente que precisa aprender a fazer o melhor. Deus jamais se compraz com o sofrimento humano. Porém é a dor que desperta, ensina o homem a compreender que só a prática do amor o levará à conquista da felicidade.

Eles continuaram discorrendo sobre os vários aspectos da evolução espiritual quando o entardecer os surpreendeu com o convite para a hora da prece. Reunidos, se dirigiram para o grande salão.

Longe dali Érica sofria muito e não percebeu que havia deixado a vida na Terra. Atordoada começou a andar sem rumo, mas não encontrava ninguém.

Imaginou que se salvara do acidente de avião e estava perdida em uma espécie de mata sem fim. Sentia muita fome, sede e calor, porém o que mais a machucava era saber qual o destino do marido e da filha. Chorava de tristeza, saudade e preocupação, se perguntando se eles teriam se salvado.

Tentando descobrir onde estavam, ela andava sem parar. Estava numa espécie de caatinga e nem mesmo poderia saber se era dia ou noite. Olhava para o céu, mas relutava em acreditar que aquele disco alaranjado e quase sem luz fosse o sol. Descalça, os pés ficaram em chagas.

"Se ao menos encontrasse alguém por aqui, alguma casa..." — pensava aflita.

Mas isso não acontecia. Pela sua dedução estava há mais de um mês andando sem rumo. Por várias vezes desmaiara de fome e seu corpo magro e ossudo já nem lembravam a Érica de antes.

Foi de repente que começou a ouvir o choro de uma criança que cada vez mais forte pressionava seus ouvidos. Ela procurou o bebê por entre os galhos retorcidos das árvores, mas não o encontrou. O choro estava cada vez mais alto e ensurdecedor.

Tão incomodada se sentiu que passou a correr para evitar ouvi-lo, mas o choro a perseguia implacável.

— Meu Deus, estou ficando louca? Tanto tempo sem comer e ainda não morri? O que acontece comigo? E esse choro que tanto me angustia?

Durante dois meses ela continuou assim até que ao fim de uma estrada poeirenta encontrou uma mulher loura, cabelos à altura dos ombros, vestido preto, com um bastão de mais ou menos meio metro nas mãos. Vinha acompanhada de uma moça de uns 20 anos. Ao vê-la esboçou um sorriso de satisfação:

— Ainda bem que te encontrei. Você estava certa Mina, é aqui mesmo que ela estava. Érica olhe para mim, está lembrada? Sou Ester!

Érica, que ficou feliz por ter finalmente encontrado um ser vivente, ao mesmo tempo sentiu medo, pois aquela expressão maquiavélica lhe dava uma desagradável sensação de mal-estar.

— Quem é você? Pode me ajudar a sair daqui? Há meses que ando sem rumo, sem saber o que fazer, veja como estou magra.

A outra pareceu não se importar:

— Como sempre fingindo-se de vítima, mas aqui não existe isso não. Se não se lembra de mim será forçada a lembrar-se mais tarde. Venha, me acompanhe!

Suas palavras soavam como uma terrível sentença. Érica não viu outra solução a não ser obedecer. Estava perdida mesmo, depois tentaria saber onde estava e pensaria numa forma de voltar para casa.

Com o bastão, Ester lançou uma energia alaranjada que começou a circular pelos pulsos de Érica. A energia foi se condensando e uma espécie de algema apareceu. Ela estava prisioneira, começou a chorar desesperada:

— O que está fazendo comigo? Preciso voltar para casa, rever meus filhos, meu marido e você me prende, seja bondosa, me solte!

— Cale-se — bradou Ester. — Aqui quem dá as ordens é Jorge. Você aprontou demais, fez muita besteira desde a última encarnação, agora chegou a hora de pagar o que nos deve.

Érica não acreditou no que ouviu, certamente Ester era uma desequilibrada que trabalhava para um grupo de seqüestradores. Tentou argumentar:

— Se é dinheiro que quer, tenho um filho que mora na Inglaterra que é muito rico. Tenho o telefone dele e posso passar-lhe para conversarem.

Ester sorriu sarcasticamente:

— Bem se vê que chegou agora. Terá muito que sofrer e aprender. Só Jorge poderá saber o seu destino, enquanto isso me siga sem falatórios ou não responderei por mim.

Elas caminharam por uma trilha cheia de pedregulhos e vegetação rasteira. Depois de alguns minutos chegaram em frente a um sobradão antigo e malconservado. Pararam. Dois cachorros negros da raça pastor alemão vieram festejar a chegada. De seus olhos saíam chispas vermelhas.

Ester deu um sinal e a porta central se abriu. Passaram por um corredor com inúmeras portas até que entraram em uma sala enorme onde um homem de rosto fino e cavanhaque os aguardava. Vestia uma capa preta e tinha olhar penetrante e amedrontador.

Olhou enigmaticamente para Ester e falou:

— Finalmente frente a frente. A partir de agora será minha escrava. Ester lhe providenciará a roupa específica. Porém é necessário você saber do seu real estado antes de qualquer coisa.

— Quem é o senhor? Em que lugar estou? Onde está minha família? É tudo o que quero saber.

— Sente-se.

Ela sentou numa cadeira estilo século XVIII preta e esperou ansiosa.

— Calma! Aqui quem pergunta sou eu. Cada resposta virá a seu tempo. Primeiro lugar: seu marido e sua filha morreram instantaneamente na hora em que o avião caiu. Assim como você, todos estão mortos.

Pelo semblante de Érica passou um misto de susto e zombaria.

— Ora, que brincadeira é essa? Não lhe conheço, mas me deve respeito. Sou uma mulher bem casada e quando sair daqui meu marido virá pedir-lhe contas do que está fazendo comigo.

Um brilho de ódio surgiu nos olhos de Jorge:

— Estou perdendo a paciência com você. Quanto mais for resistente à verdade mais sofrerá. Trabalhará para mim de qualquer jeito, acreditando ou não que está morta.

Um arrepio passou pelo corpo de Érica, e se fosse verdade? Mas não, ela estava muito viva, afinal seu coração batia, podia sentir sua pele e seus ossos, só poderia ser mentira. Tentou contemporizar:

— Quando sairei daqui?

— Depende muito de você. Se for boazinha poderei permitir que vá ver o seu filho, ele é o único sobrevivente da família.

Érica concluiu que estava lidando com loucos e o melhor era aceitar tudo quanto eles diziam. Certamente iria fugir dali e encontraria sua casa.

— Não adianta pensar que somos loucos — falou Jorge, lendo seus pensamentos. — Sei muito bem que pensa em fugir, mas saiba que temos condições de encontrá-la seja onde for e se a pegarmos de volta o castigo será maior. Você se comprometeu muito quando fez aquele aborto, por isso ganhei sua alma, ficará aqui até quando eu desejar.

Érica sentiu que iria desmaiar, aquele homem amedrontador sabia muito sobre a sua vida. O que mais poderia saber sobre sua família? Resolveu arriscar:

— O Flávio já sabe que aconteceu a tragédia com o avião?

— Sabe e já está melhorando. Cristiano, seu filho mais velho, virá ao Brasil ampará-lo. Quanto ao seu marido foi levado às furnas e assim como você nem suspeita ainda que desencarnou. Marina, a melhorzinha, foi socorrida num pronto-socorro ligado ao *Campo da Redenção* e recupera-se lentamente.

Érica sentiu uma tontura e desmaiou.

— O susto foi demais para ela. Seu espírito sentiu que era verdade o que falávamos e não resistiu, preferiu fugir. Leve-a para a cela 356 e a mantenha vigiada, não quero perder mais ninguém.

Ester apertou um botão vermelho que havia na parede e rapidamente Malaquias surgiu com Roque trazendo uma maca. Partiram com Ester.

Sozinho na sala Jorge estava feliz. Conseguiria através da imposição e do medo conquistar mais uma trabalhadora do mal. Orgulhosa como era seria de fácil manejo. Durante suas cinco décadas no comando do *Desterro*, uma região do umbral localizada acima da cidade de São Paulo já havia conseguido um grande número de servidores, que por cultivarem o orgulho e o egoísmo, eram mandados para zonas inferiores.

Satisfeito ele percebeu que esses vermes estavam grassando no planeta, e sabia que o processo de regeneração do orbe estava lento, principalmente por causa desses sentimentos. Satisfeito, ele saiu para dar uma palestra sobre a obsessão e os pontos fracos dos seres humanos. Não poderia se atrasar, pois Teófilo, seu ajudante na palestra, já havia chegado.

8

O reencontro

Voltando à Terra, retomamos a história do ponto em que Flávio viu pela TV a notícia da morte de sua família.

Francisca chamou os empregados que rapidamente levaram Flávio desmaiado para o quarto. Providenciou atendimento médico e o acordou com sais. Enquanto o médico não chegava todos estavam desolados com o estado do garoto. Chorando sem parar, ele se mostrava inconsolável.

Francisca também muito abalada pelo trágico acontecimento tentava se manter firme, mas estava em seu limite. Finalmente o dr. Roberto Cavalcanti chegou e medicou Flávio com fortes calmantes.

Ela não sabia o que fazer. A casa onde a família residia estava fechada e ninguém tinha a chave. Não tinha como se comunicar com Cristiano, o jeito era esperar de uma forma ou de outra ele saber do ocorrido, que aconteceu rapidamente.

Em Londres os telejornais divulgaram a notícia de que o vôo 140 com destino ao país havia tido destino trágico. Chocado, Cristiano providenciou imediata viagem ao Brasil, pois só restara Flávio de sua família e ele deveria saber como ficariam as coisas.

O reconhecimento dos corpos foi feito por Francisca. No IML, ao vislumbrar o corpo de Marina tão jovem não conseguiu entender por que aquilo tinha acontecido. Afinal, eles eram uma boa família e Marina uma jovem com tudo pela frente.

Por que Deus não havia impedido essa tragédia? Ela sempre foi avessa a qualquer tipo de religião porque elas não respondiam às suas indagações a contento e confundiam-se umas com as outras. Na religião o que ela via era apenas abuso de poder. Algumas amigas evangélicas diziam:

— Como você pode viver assim sem freios? Sem nenhum tipo de suporte religioso? Você é uma pessoa do mundo!

Ao que ela respondia:

— Do mundo todas nós somos queridas, afinal ninguém aqui nasceu no outro planeta. Quanto aos freios? O que vejo são pessoas hipócritas criando regras fora da realidade que no fundo ninguém cumpre porque estão fora da natureza. Ademais nunca precisei de religião para saber o que é ético. Pauto minha vida pela ética e não me importo com o que os outros pensam ou deixam de pensar. Não as vejo sendo mais felizes do que eu!

Elas retrucavam dizendo que o fim do mundo estava próximo e só quem fosse de determinada igreja iria se salvar. Mas Francisca, dotada de uma intuição fortíssima, não discutia e logo depois elas estavam falando de outros assuntos.

Na hora do reconhecimento dos corpos ela chegou a duvidar de Deus, porém algo lhe dizia que tudo tinha sua razão de ser. Um dia ela ainda desvendaria os mistérios daqueles acontecimentos.

O velório foi no Araçá. Cristiano chegou algumas horas antes, abraçou o irmão, a tia e cumprimentou os conhecidos. Era um jovem de rara beleza e porte atlético, muito diferente de Flávio, que apesar de não ser feio não cultuava o corpo como o irmão fazia.

Um padre conhecido falou sobre a morte e que era preciso aceitar o que Deus fez. Chamou as pessoas ao perdão, à vida regrada, para que num instante como aquele não se vissem em maus lençóis com o Criador.

Os corpos foram entregues à mãe-terra e os irmãos abraçados seguiram para a casa de tia Francisca.

Lá chegando tomaram banho e lancharam os deliciosos bolinhos de milho que Clara havia feito para o chá.

— Apesar da tristeza, é reconfortante chegar ao Brasil e ver esse costume maravilhoso reproduzido aqui — disse Cristiano.

— Tem razão. Todas as vezes que participo dele com a tia sinto uma sensação deliciosa de paz!

Cristiano com olhar profundo disse:

— Esta casa tem muitas energias boas, muitos espíritos bons vêm visitá-la. Já percebeu a presença de um deles, tia?

Surpreendida, Francisca respondeu:

— Sinto-me em profunda paz neste recanto simples que é minha casa, mas... Você fala de espíritos, eles existem realmente?

Cristiano esclareceu:

— Claro que sim! Nunca parou para imaginar onde estão as pessoas que morreram? Se analisar a vida, verá que Deus jamais nos criaria dando sabedoria, amor, liberdade, inteligência só para morrermos um dia e deixarmos tudo para trás. Além de ilógico, concluiríamos que a vida na Terra não teria nenhum sentido. Quem morre passa a viver em outras dimensões do Universo, levando apenas seu mundo interior, seus medos, suas ilusões e suas crenças. Se progrediu levará consigo tudo de bom para ser usado numa próxima encarnação.

Nessa hora Flávio não agüentou e perguntou:

— O que é ser médium?

— Um médium é uma pessoa capaz de perceber além dos cinco sentidos físicos. Enquanto as pessoas comuns só percebem o lado material da vida, os médiuns vão além. Onde a visão de um homem comum pára, a do médium continua decifrando o que para nós é apenas considerado sobrenatural.

— Todos podem ser médiuns?

— A resposta certa é: todos nós somos espíritos e o sexto sentido faz parte da nossa natureza. Alguns são mais ostensivos do que outros, mas a mediunidade é um fenômeno natural do ser humano.

Francisca quis saber:

— Você é espírita?

Cristiano esclareceu:

— Se você chama de espírita a pessoa que acredita na reencarnação, na comunicação dos espíritos e na diversidade dos mundos habitados então sou sim um espírita. Porém, fui orientado pelo meu mentor espiritual a utilizar o termo espiritualista independentemente, pois ele além de não me pôr rótulos permite que eu trabalhe em um campo mais livre e tenha uma ação mais proveitosa no âmbito espiritual. Sou em realidade um universalista.

Todos gostaram dos conceitos de Cristiano, porém Flávio por medo de ouvir algumas verdades que julgava não estar preparado omitiu suas manifestações mediúnicas.

Depois do jantar, com ar grave Cristiano chamou Francisca e Flávio para uma reunião. Ele começou:

— Eu sei que não é hora de conversarmos sobre certos assuntos, porém não tenho muito tempo no Brasil e antes de partir gostaria de esclarecer alguns pontos.

Nessa hora a campainha tocou e Clara foi atender. Com surpresa, Francisca percebeu que a família Assunção Ferguson estava em sua casa. Delicadamente perguntou:

— O que desejam?

Fernando tomou a dianteira:

— Boa-noite. Por gosto de minha mulher viemos prestar solidariedade à família tão enlutada.

Era mentira. Élida ficou sabendo pelos jornais que o filho rico e mais velho de Érica e Ângelo estava de volta por conta da morte dos pais e pretendia apresentá-lo a Isabela sua filha, na esperança de um rico casamento. Porém Camila decidiu ir junto, o que frustrou os planos de Élida.

Camila acompanhava os pais de vez em quando na tentativa de envergonhá-los com seus modos e suas roupas. Antes de sair, mãe e filha haviam travado violenta discussão, porém Fernando acabou convencendo Élida a levá-la para evitar problemas.

Francisca, como boa anfitriã, convidou-os a sentar e pediu que Clara servisse chá a todos. Não era bem a merenda que Élida estava habituada, porém aceitou de bom grado.

Os olhos de Flávio e Camila não paravam de se cruzar. Ela imediatamente o reconheceu. Sonhou todos os dias em reencontrá-lo mas não via como. Por isso quando soube da visita à família Menezes insistiu para ir. Agora com a troca de olhares ela tinha certeza de que ele a havia reconhecido.

Élida, demonstrando preocupação, dirigiu-se a Flávio:

— Sei que não é hora nem dia de visitas deste tipo, porém soubemos que o Cristiano em breve voltará a Londres e não podíamos deixar de cumprimentá-lo, já que tarefas inadiáveis nos impediram de ir ao enterro. Esse aqui eu já conheço, é o Flávio. Está melhor?

Flávio não conseguiu conter o pranto e foi correndo para o seu quarto. Todos na sala ficaram constrangidos e Cristiano apaziguou o clima:

— São coisas comuns para quem perde uma família inteira, por favor, entendam e desculpem.

Élida continuou:

— Entendemos perfeitamente, a propósito, já conhece minha filha Isabela?

Quando Cristiano a encarou, sentiu terrível mal-estar. Ele viu três vultos de mulheres deformadas próximos a Isabela. Pediu proteção a Cândido, seu mentor espiritual, ao estender a mão para cumprimentá-la.

— Muito prazer.

Depois de algum tempo conversando banalidades, Camila fingiu que ia ao banheiro, mas pé-ante-pé entrou no quarto de Flávio. O encontrou banhando seu travesseiro em lágrimas. Ela o surpreendeu:

— Não disse que ainda conversaríamos? Aqui estou eu, vamos aproveitar e falar sobre outros assuntos que não seja a morte?

Ele profundamente tocado pela atitude dela naquele instante de fragilidade sentiu-se confortado e atraído por ela. Perfumada, loura, bem maquiada, teve o condão de mexer profundamente com seu lado afetivo.

— Vamos sim, em meu egoísmo não agradeci por ter vindo nos visitar.

— Você é sempre assim tão sensível?

Ele retrucou:

— E você é sempre assim tão ousada?

— Sou sim, a vida obrigou-me a ser assim. O mundo em que vivemos onde só os maus sobrevivem nesta selva chamada Terra, é cruel e duro. Enfrento tudo isso a meu modo.

— Não diga isso. Veja meu estado, não tenho mais nem pai nem mãe, mas mesmo assim consigo olhar as belezas do mundo. Não quer aprender a olhar junto comigo?

Um calor forte cobriu o corpo de ambos. A forte atração que um sentia pelo outro os aproximou e eles se beijaram nos lábios repetidas vezes. Flávio disse:

— Você salvou minha vida com esses beijos.

— E você a minha.

Meia hora depois, quando eles chegaram na sala de mãos dadas, todos ficaram estupefatos.

Élida corou de vergonha:

— Mas o que significa isso?

— Desde o nosso acidente nos sentimos atraídos um pelo outro. Hoje conversamos e começamos a namorar.

Todos ficaram mudos. Isabela, com receio que Cristiano a julgasse uma leviana como a irmã, disse:

— Isso só pode ser brincadeira da Camila com a mamãe. Papai, faça alguma coisa!

Fernando separou as mãos dos dois e disse:

— Camila, que brincadeira é essa? Quer mais uma vez nos importunar?

Ela se defendeu:

— Por quê? Em sua época não existia amor à primeira vista?

Pois foi o que aconteceu comigo e Flávio. Somos almas destinadas a viverem juntas.

Fernando corou:

— Mas isso só pode se tratar de mais uma das suas. Eu a conheço muito bem, porém agora foi longe demais, usar esse rapaz no estado em que está é um pecado.

— Mas por que ninguém acredita em mim? Flávio diga a eles.

Flávio assentiu:

— Desculpe tia Francisca, mas foi isso mesmo que aconteceu, tudo foi inesperado, mas aconteceu. Camila foi me consolar e lá conversamos, nos entendemos.

Élida exultou. Ela havia pensado em Isabela, mas aconteceu algo melhor. Certamente Flávio não era tão rico quanto o irmão, mas se se casasse com Camila seria uma dádiva. Além de ficar livre da filha doidivanas, sua família voltaria a ter o status que tinha antes. Tentou contornar:

— Devemos entender que são coisas de jovens, perfeitamente compreensíveis. Porém a hora já é adiantada. Precisamos ir.

A visita terminou no clima do namoro entre Flávio e Camila. Quando iam se recolher, Cristiano avisou:

— Por conta desta visita não pudemos conversar um assunto sério e que não pode mais ser postergado. Amanhã cedo após o café conversaremos. Sigo agora para o hotel, este é o número. Se precisarem de mim é só ligar.

— Pensei que quisesse ficar aqui. Preparei seu quarto e ficaria muito feliz se acompanhasse seu irmão no estado em que está — falou Francisca.

— Tia, agradeço sua hospitalidade, mas já me instalei no hotel e não desejo sair de lá. Flávio está melhor do que eu. Basta olhar seu rosto. A visita de Camila lhe fez bem.

Era verdade, aquela noite para Flávio tinha sido mágica, apesar do enterro de seus pais o encontro com Camila o fazia prever dias melhores. Desde que vira Camila no hospital pela primeira vez se sentiu profundamente tocado. Notando os olhares interrogativos da tia e do irmão considerou:

— Também não exagerem, estou sim muito interessado nela, mas neste momento não posso me envolver profundamente com Camila, porque não sei como será minha vida daqui para a frente sem meus pais.

Cristiano respondeu:

— A vida ensina independência, auto-suficiência, liberdade e embora não pareça a nossos olhos, sempre faz o melhor. Se levou nossos pais foi porque o tempo que tinham para viver havia terminado. Certamente eles foram chamados não só para rever suas atitudes de até então, como para em novas experiências continuar aprendendo os valores eternos do espírito. Acredite, o que aconteceu, embora nos cause sofrimento, foi o melhor para todos. A morte nos convida a refletir sobre os objetivos da vida, a reciclar valores, crescer, progredir. Depois, é bom lembrar que ela não é o fim, pois quem morre passa a viver em outras dimensões deste Universo infinito.

— Onde estão nossos pais agora? E Marina?

— Só Deus sabe! Entretanto, penso que se foram atendidos pelos espíritos superiores devem estar adormecidos em algum lugar. Pessoas relativamente jovens arrancadas assim de forma brutal do corpo físico podem levar mais tempo para desprenderem-se dos laços fluídicos que os ligam ao corpo. Quando têm mérito esse desligamento ocorre no próprio velório ou no próprio túmulo, dependendo de quanto aquele espírito está ligado ao materialismo. Ele só se libera espiritualmente quando absorver em seu corpo astral todos os elementos de ligação com a matéria. Durante esse tempo é assessorado pelos espíritos superiores que o protegem através de um sono reparador. Os amigos espirituais esclarecem que os espíritos sofrem muito mais pela doença do que pela hora da morte, porque a vida é muito misericordiosa.

Flávio inquietou-se:

— O que ocorrerá a quem não tem mérito?

— Todo espírito após a morte ao acordar no astral recebe a

orientação dos espíritos de luz. Os que afundaram nos vícios, no sexo desenfreado, na maldade e na corrupção, não se arrependem nem desejam aceitar o caminho da regeneração que lhes é oferecido. Envolvidos com os espíritos perturbados com os quais se ligaram, são deixados à mercê de suas escolhas. Então são atraídos a lugares de sofrimento que lhes são afins. Lá, através do choque com sua realidade, encontrarão o arrependimento e a necessidade de buscar a ajuda espiritual. Aceitarão as normas e disciplinas necessárias, serão recolhidos e auxiliados.

Francisca estava enlevada com as lições, havia ido a alguns centros espíritas, mas por não ter encontrado afinidade acabou deixando de freqüentá-los. Hoje após essa conversa voltaria a estudar o assunto. Precisava aprender mais sobre as lições que a espiritualidade ofertava.

Cansados pelo dia estafante que tiveram, cada um foi para seus aposentos e mergulharam num sono reparador.

9

Revelações

Pela manhã após o café, Cristiano chamou todos à sala contígua.

— Nossa conversa foi interrompida ontem, porém hoje não poderá ser adiada.

Francisca preocupou-se:

— É necessário mesmo que eu fique? Se for um assunto muito particular posso sair e deixá-los à vontade.

— Não tia — disse Cristiano. — Prefiro que fique. O que vou dizer também vai lhe interessar.

Flávio inquieto persistiu:

— Comece logo, já estou ficando nervoso.

Com ar grave, Cristiano começou:

— Talvez não seja do seu conhecimento irmão, mas nosso pai mantinha contas milionárias no exterior. Quando ele perdeu o emprego aqui no Brasil e falou que tinha poucos recursos, estava mentindo. Na realidade há muito dinheiro dele nos Estados Unidos e... — pensou um pouco. — Ele agora é nosso!

Flávio admirou-se:

— Mas como o papai pôde ter assim tanto dinheiro? Com o trabalho que tinha não dava para tudo isso.

— Não pode ser desvio de dinheiro da empresa onde trabalhava? — arriscou Francisca.

Cristiano atalhou:

— Não apenas de uma empresa, mas de todas as outras a quem ele prestava serviço e trabalhou anteriormente. Papai também mantinha negócios ilícitos, os quais não desejo nem mencionar. No entanto, se foi realmente roubo, ele o fez muito bem-feito pois não há como provar. Apenas as últimas receitas da empresa Limbol foram comprovadas. Quanto a essas já as devolvi e está tudo regularizado.

Flávio demonstrou curiosidade:

— Qual o valor dessas contas?

— Algo em torno de sete milhões de dólares.

Francisca não conteve o grito de horror e Flávio aumentou o nervosismo:

— De onde veio tanto dinheiro?

— Não sabemos e acho que jamais saberemos a fonte, porém garanto que nosso pai não estava indo a Londres para nada. Pretendia montar empresa própria com esse dinheiro e eu já tinha aberto firma em meu nome.

— Por que no seu nome?

— Acredito que por questão de precaução. Quem move negócios escusos como os dele sempre tem medo de que algo venha à tona, então o melhor é encontrar um bom testa-de-ferro.

Flávio interrogou:

— Por que você aceitou uma coisa dessas?

— Se eu não aceitasse ele teria feito com outro. Essa foi a maneira que encontrei para influenciá-lo e evitar um mal maior. Protegê-lo de alguma forma.

Flávio não se conteve:

— E o que vamos fazer com tanto dinheiro? Por que papai não nos proporcionou uma vida melhor? Vivíamos como classe média.

— Certamente ele não queria ostentar para não dar na vista. Nem nossa própria mãe sabia desses negócios, apenas eu estava a par de tudo.

— Por que você? Era cúmplice dele? — perguntou Francisca já abanando-se com enorme leque.

Cristiano remexeu-se no sofá inquieto:

— Essa pra mim é a pior parte da história, mas que não devo omitir. A princípio eu participava dos negócios escusos de meu pai. Sabia que ele transferia dinheiro ilícito para contas no exterior e o incentivava. A primeira conta foi aberta em meu nome e nós dividíamos o dinheiro. Porém, quando conheci a espiritualidade desisti de tudo. Fechei essa conta que tinha em Nova York e nunca mais deixei-me levar por esse tipo de coisa.

— Qual foi a atitude do papai ao perder seu aliado?

— Tentou me arrastar a todo custo com ele novamente. Porém fui firme, falei do meu encontro com uma médium e de um lugar que eu freqüentei na Inglaterra. Ele me chamou de louco e irresponsável, disse que eu estava jogando fora toda a minha chance de enriquecer e passou a me evitar, certamente pelos sermões que lhe passava.

Francisca, curiosa que estava sobre temas ligados ao espiritismo, perguntou:

— Que história de médium é essa?

— Ah, essa história foi a mudança radical que aconteceu em minha vida. O Cristiano de antes morreu no dia chuvoso em que encontrei dona Margareth. Eu estava acabando de sair do meu trabalho quando vagando sem rumo vi uma porta aberta. Um desejo muito forte de penetrar naquele recinto me invadiu e quando dei por mim já estava lá. Uma senhora de meia-idade me atendeu e disse chamar-se Margareth. Convidou-me a sentar e percebi que se tratava de uma espécie de lugar de orações. Mais tarde ela me explicou ser um lugar de orientação espiritual. Continuei participando da mentalização e ao final ela aproximou-se de mim dizendo:

— Há uma senhorita ao seu lado e quer lhe passar uma mensagem.

Assustado perguntei:

— Trata-se de um espírito?

— Sim. Mas não precisa se assustar, os espíritos são seres iguais a nós, apenas não estão revestidos de um corpo de carne. Ela diz se chamar Carlota e gostaria de dizer-lhe para não recair em erros antigos.

Fiquei surpreso, mas arrisquei:

— No que posso estar errado?

— Provavelmente você chegou em determinado momento de sua evolução que não permite mais que aja com irresponsabilidade. Pessoas que agem assim sofrem sérias conseqüências. Carlota diz que você é uma pessoa que renasceu trazendo no espírito uma grave tendência de repetir erros passados. Em sua última encarnação utilizou práticas ilícitas para conseguir dinheiro, jóias e ainda hoje continua a fazê-lo. Porém seu espírito já possui conhecimento espiritual para agir de outra forma. Em seu nível de evolução se você cometer o mesmo erro de antes, sofrerá todas as conseqüências.

— Nessa hora gelei e fino suor cobriu minha testa. Só podia ser verdade o que aquela simpática senhora me dizia. Ela não me conhecia, não sabia nada da minha vida, como adivinhou que eu estava cometendo atos ilícitos junto com meu pai? Para me deixar ainda mais crédulo ela disse:

— Carlota manda lhe dizer que seu pai está na prorrogação, afirma que para ele não haverá mudança, tão imbuído está nas crenças do que faz. Mesmo assim ela pede que você o alerte, que faça a sua parte.

Respondi amável:

— Senhora, muito obrigado, não sabe o quanto me ajudou!

Ao que ela humildemente respondeu:

— Não me iludo, não é a mim que deve agradecer, mas a Deus. Todo o bem que ocorre na Terra provém dele, pai amoroso e justo que é. Eu sou simplesmente um instrumento.

Sorrimos e me despedi agradecendo a Deus todo o bem que adquiri naquele fim de tarde chuvoso e melancólico. Aquele instante serviu para modificar o meu destino. Aprendi a lição que a vida me mandou e passei a agir diferente.

Voltei a procurar dona Margareth que me levou a um grupo de iniciação espiritual, estudei todas as obras do professor Rivail e agora me encontro à disposição do serviço divino. Então minha sensibilidade se abriu e comecei a ver alguns espíritos e perceber além das aparências.

— Nossa, que história! Agora percebo porque essa religião tem crescido tanto aqui no Brasil e em boa parte do mundo — comentou Francisca.

Flávio, surpreso também com a história, estava mudo, mas o dinheiro do pai em contas no exterior ainda fervilhava em sua mente.

— Para onde irá esse dinheiro?

Cristiano hesitou um pouco e respondeu:

— Nós é que decidiremos! Hoje não dá mais para devolvê-lo ao lugar de origem, minha idéia é fazermos algo de útil com ele.

— O quê, por exemplo?

Cristiano mediu o que ia dizer, nessa hora viu o vulto de seu mentor espiritual e começou a repetir o que ele dizia-lhe ao ouvido:

— Flávio, você tem um compromisso com o seu grupo de evolução neste planeta. Reencarnou pra ajudá-lo na transição para um mundo melhor e deve imbuir-se desse objetivo o quanto antes. O tempo corre célere e você não pode mais esperar. Venha comigo a Inglaterra para iniciarmos seu curso de aprimoramento espiritual, seu destino é ser professor de auto-ajuda.

Flávio soltou uma gargalhada sonora:

— Mano, você enlouqueceu, logo eu professor? De auto-ajuda? Não sei ajudar nem a mim mesmo!

— Não subestime seu poder, não entre no turbilhão do mundo. Lá na Inglaterra terá tudo o que precisa para desenvolver e equilibrar sua mediunidade. Quando estiver pronto regressará ao Brasil para fundar um espaço onde as pessoas recebam auxílio espiritual, conheçam as leis cósmicas que regem a vida, aprendam a lidar com suas emoções e possam viver melhor.

Flávio surpreendeu-se. Como o irmão sabia dos seus problemas com mediunidade?

Cristiano continuou:

— Como professor deverá cobrar pelo seu trabalho e esse será o seu sustento.

— Cris, deixe de brincar comigo. Nunca farei essas coisas.

— O mundo dá muitas voltas e a vida é surpreendente, verá que o que digo ocorrerá exatamente assim!

Afastando-se de Cristiano, Cândido deu por encerrada sua missão ali e partiu deixando o resto por conta de seu tutelado.

— Flávio, sei que você está um pouco chocado com as revelações, mas é assim que tinha que se dar.

Francisca observou:

— Nossa, enquanto você falava tive a impressão que era outra pessoa, sua voz estava mais grave, seu semblante mudou.

— Também senti. Houve interferência espiritual?

— Sim. Cândido meu mentor estava comigo. Sei que deverá pensar em tudo quanto ouviu. Não acho justo gastar um dinheiro que não nos pertence e que veio por meios ilícitos. Aplicando num espaço para ajudar as pessoas, ele será muito útil. Quanto ao restante, podemos aplicá-lo em obras sociais de reconhecido mérito que aliviam o sofrimento humano. Em Londres, os necessitados quase são ignorados, os viciados em drogas, os maltrapilhos precisam de atendimento em suas urgências. Acredito que lá poderemos desenvolver muitos trabalhos como esse.

Flávio sentia intimamente que tudo o que estava sendo falado iria realizar-se. Ele não poderia fugir a esse destino.

Aproveitando o tempo, ele narrou seus processos mediúnicos ao irmão, que logo os identificou:

— Você é um médium de desobsessão. O que isto significa? É um tipo de mediunidade muito específica, que quando bem orientada é de grande valia nos trabalhos de captação e cura de pessoas perturbadas, podendo às vezes libertá-las numa só sessão.

— Em união com os espíritos superiores você é capaz de desmagnetizar a aura dos assistidos, sair do corpo para buscar os espíritos que estão atacando as pessoas ou atraí-los, prendendo-os em seu magnetismo. Isso faz com que eles tomem consciência dos seus atos. Caso isto não aconteça, você poderá segurá-los até que concordem em desistir de seus intentos, eliminando depois as energias negativas acumuladas.

— À medida que ela vai se tornando mais ostensiva você passará a ver os espíritos e se tornará muito sensível às energias, identificando-as prontamente. Quando você olhar uma pessoa saberá imediatamente se ela está sendo manipulada por um espírito perturbador.

Flávio estava estupefato. Nunca poderia imaginar uma coisa desse tipo. Resolveu perguntar:

— E se eu me recusar a aceitar tudo isso? O que poderá acontecer comigo?

Cristiano impávido explicou:

— Esse tipo de médium capta energias com muita facilidade e quando não conhece o processo ou foge dele, sua vida acaba se tornando desequilibrada e confusa. Infelizmente, esse tipo de mediunidade ainda é pouco conhecida pela maioria dos estudiosos nos Centros Espíritas e geralmente eles não gostam de trabalhar com esses médiuns.

Foi a vez de Francisca indagar:

— Por quê? O Centro Espírita não existe justamente para isso? Para apoiar os médiuns?

Cristiano, auxiliado por espírito de elevada hierarquia, falava com segurança:

— É que as sessões de desobsessão são ruidosas e cheias de ação. Quem não conhece se impressiona, pois os espíritos perturbados que são atraídos para esclarecimento gritam e fazem de tudo para impressionar pelo pavor, tentando desviar a atenção das pessoas que estão presentes, na esperança de ludibriá-las.

— Todavia, os espíritos superiores têm ação irresistível sobre os perturbadores e os contêm com muita facilidade. Se permitem que se expressem é porque preferem que eles próprios percebam que atacando os outros estão prejudicando a eles mesmos.

Flávio perguntou um pouco assustado com tudo:

— Qual a necessidade de um médium para que esses espíritos tomem consciência de seus erros?

— São espíritos muito ligados ao materialismo. O contato com as energias físicas do médium favorece a tomada de consciência, facilitando que percebam melhor seus enganos e possam mudar suas atitudes. A ajuda espiritual é utilizada sempre visando o bem de todos os envolvidos. Conseguir que espíritos deixem de atacarem-se mutuamente é a melhor forma de ajudar a ambos.

Flávio e Francisca, impressionados com o que ouviram, deixaram escapar longo suspiro.

A espiritualidade está sempre presente em nosso dia-a-dia. Quem deseja progredir precisa estar atento com os sinais que ela nos manda com a finalidade de nos ajudar. Infelizmente, no cotidiano muitos se deixam envolver pela maledicência, pelas tentações do mundo, de tal forma que nem percebem o que a vida lhes deseja ensinar. Raros fazem como Francisca e Flávio, que atentos às orientações recebidas, começaram a perceber os verdadeiros valores espirituais.

10

O início dos planos

Na cela 356, Érica continuava presa. Uma forte tristeza a invadia e ela chorava sem parar. O que foi feito da sua vida? Tudo estava caminhando bem até aquele maldito dia em que Flávio chegara em casa revelando que ia deixar o emprego. Por que tudo teve que ser assim? Por que ela morrera naquele acidente?

Essas perguntas desfilavam na sua mente quando, de repente, viu Ester:

— Coma! Acho melhor obedecer e se alimentar, pois hoje o Jorge quer vê-la. Tem uma missão especial para você.

— Além de querer que eu coma este pão imundo, ainda quer me obrigar a fazer coisas para ele? Isso é que não!

Ester sorriu:

— Pela minha experiência sugiro-lhe que não contrarie o Jorge, ele é instável e quando contrariado se torna perigoso. Apesar de tudo não quero que você sofra, foi quem menos teve culpa da minha desgraça.

Segurando o pão que foi colocado por debaixo da cela, ela afirmou:

— Você sempre culpa meu marido e minha família pela sua infelicidade, no entanto nunca me contou o que fizemos, se bem que nunca a vi antes.

— É que o Jorge disse que não é hora ainda de você lembrar-se do passado. Aqui na *Cidade do Desterro* não temos aquelas máquinas que fazem o retorno ao passado, por isso as reminiscências devem ser espontâneas.

Érica começou a comer um pão mofado e sem gosto, porém sua fome era maior que seu refinado paladar.

— Às vezes penso que não estou morta e que tudo não passa de uma ilusão. Acho que vocês são um grupo de loucos seqüestradores e que a qualquer hora fugirei para minha casa.

Ester retorquiu:

— Você já sabe que está morta, não precisa se enganar. Quanto a fugir, jamais conseguirá. Sua forma de ser e aquele aborto que praticou a conduziram até aqui. Jorge tem o seu comando porque sabe que você não é protegida dos filhos do Cordeiro.

— Gostaria de saber que missão é esta a que o Jorge se referiu.

— Só na hora ele dirá. Aliás, a reunião hoje será longa, ele mandou convocar todos os chefes dos magnetizadores e todos os diretores dos núcleos da cidade. Se mandou chamar você é porque tem algo de muito importante a fazer.

As horas passaram rápidas e logo Ester apareceu toda maquiada e vestida com roupas de cores berrantes. Abriu o cadeado e saiu com Érica em direção ao pavilhão.

Desceram por uma rua poeirenta e malcheirosa, pouco se via o sol e o dia estava nublado. Próximo ao pavilhão se encontrava enorme fila. Ester lhe entregou um ficha e pediu que ficasse atrás dela. Pouco a pouco a fila bem organizada foi acabando e elas entraram no recinto. Nele havia muitas cadeiras enfileiradas, cada uma com um número. O de Érica era 278.

Havia mais de 300 espíritos naquele lugar. Os semblantes e as vestes eram os mais variados: pessoas de preto, vermelho-fogo, azul-escuro cintilante eram as que mais se destacavam. Érica estava surpresa, pois nunca vira contar na Bíblia que além do túmulo existisse um local como aquele.

— Está curiosa? Pois você ainda não viu nada. Veja como os

piercings tão em moda na Terra estão por aqui, mais sofisticados e em lugares que os humanos nunca usaram — explicou Ester.

Érica percebeu que além dos piercings que alguns colocavam até na garganta, havia muitas pessoas tatuadas.

— Aqui existem tatuadores?

— Não. Esses espíritos que você vê vêm do *Vale dos Tatuados*. Lá existem muitos tatuadores que usam os recursos daqui para fazerem desenhos mais irados. — Ester sorriu de forma macabra.

De repente um silêncio total invadiu o recinto, todos prestaram atenção ao palco que tinha uma cortina carmim. A cortina se abriu e a figura pálida de Jorge apareceu. Trajava um terno preto e tinha na cabeça uma espécie de cartola. Seus olhos metálicos paralisavam qualquer ser humano. Num átimo ele começou o discurso:

— Estamos aqui hoje mais uma vez para reforçarmos nossos planos. Sinto que a cada dia a Terra torna-se mais nossa escrava. Quero falar aos chefes de cada uma das nossas zonas exclusivas e com algumas pessoas em particular que logo saberão de quem se trata. Primeiro para os magnetizadores da *Zona do Sexo*, vocês precisam explorar mais a sensualidade perversa, precisamos fazer acontecer mais e mais estupros. Colem-se em quem tem a tendência ao descontrole sexual e levem-os a cometerem crimes neste setor. É necessário também aumentar o índice de pedofilia, vocês não podem desistir de invadir os templos religiosos que só têm fachada, pois é lá que mais se encontra tendência ao desvario da pedofilia.

Os religiosos terrenos ignoram que proibir rigorosamente o sexo é a porta aberta para sérias obsessões. O homem vulgar se vê pressionado e essa pressão explode no que nós gostamos: a obsessão.

— Agora falo aos servidores da *Zona da Violência* da qual a droga é nossa maior aliada. Laércio, Vitor e Mathias devem se colar mais àquelas pessoas que estão descobrindo as drogas novas e fazê-las explodir, principalmente na nossa cidade de ação, a metrópole São Paulo. Estamos certos de que a violência jamais será vencida, pois os próprios policiais movidos pelas nossas sugestões estão no mundo do crime. Continuem assediando-os. Quanto aos crimes particulares nós conversaremos depois. Não sei se Deus castiga ou não, não sei se o

Cordeiro castiga ou não, mas eu, Jorge, estou aqui para punir severamente todos aqueles que estão prejudicando nossos planos.

— Quero a atenção dos *produtores das doenças*. O egoísmo e o orgulho que nós tanto veneramos estão dominando o orbe. Teófilo conseguiu permissão para irmos ao abismo buscar as formas degeneradas e colocá-las próximas dos encarnados. Sabemos de antemão que se uma dessas formas ficar próxima de um encarnado, ele fatalmente enlouquecerá. Tomará fortes remédios, mas não conseguirá curar-se. Mais tarde chamarei em particular essas pessoas.

Jorge continuou a palestra falando sobre os frutos das paixões e dos vícios, depois falou dos trabalhos de magia negra e de outros aspectos mórbidos que não convêm relatar aqui.

Quando tudo terminou ele avisou que gostaria de falar em especial com algumas pessoas, esclareceu que não seria necessário falar seus nomes, pois as próprias pessoas saberiam quem eram.

Ester disse a Érica que ela era uma dessas pessoas. O recinto ia ficando vazio, mas algumas pessoas aterrorizadas perceberam que não conseguiam se levantar das cadeiras. Elas estavam presas por uma força estranha. Érica concluiu que as pessoas agarradas a elas eram as mesmas que Jorge queria falar.

Após entabular conversa com algumas pessoas chegou a vez de Érica. Para essas conversações Jorge utilizava uma espécie de confessionário instalado em um dos recintos daquele pavoroso pavilhão. Tímida, Érica se dirigiu a ele:

— O que deseja de mim? Antes de qualquer coisa quero ver minha família, nada faço se não ver o estado em que ela se encontra.

Ele foi ríspido como de costume:

— Já não lhe avisaram que aqui quem dá as ordens sou eu? Cale-se e ouça o que tenho a dizer ou então será pior pra você. Sei que você não engravidou apenas três vezes. Sua última gestação foi interrompida por você, que utilizou um draconiano aborto naquela clínica da periferia. Ninguém ficou sabendo, nem o seu marido. Você não queria mais criar outro filho, então resolveu dispor da vida como se fosse a dona dela. Dava seu dia na igreja, estudando a Bíblia, mas no íntimo não havia se modificado. Se engravidasse novamente não titubearia em fazer outro aborto. Onde está sua religiosidade?

Érica ficou pálida feito cera, tudo o que ele dizia era verdade. Jorge continuou:

— Quando você morreu e foi levada ao lugar ideal ao seu padrão mental, esse espírito que foi abortado começou a persegui-la, ele está deformado: da cintura pra cima é criança e da cintura pra baixo é adulto. Eu estava interessado em seu espírito e consegui afastar aquele ser de você. Foi aí que Ester e Mina a encontraram. Aqui tudo é feito à base da troca, se quiser ver sua família terá que trabalhar duro.

— Faço o que for preciso para conseguir isso, diga logo.

Jorge esboçou um sorriso de satisfação:

— Há uma amiga sua na Terra que fez muita coisa errada e existe aqui no Desterro um espírito interessado em vingar-se dela. Essa amiga chama-se Élida Assunção Ferguson. Agiu com preconceito, fez um aborto ignominioso na filha, separou-a de Rafael, que acabou desencarnando. Ele não aceitou a morte, rebelou-se contra os assistentes espirituais e assim saiu da colônia na qual foi abrigado. Após andar durante dias encontrou nossa cidade e achou guarida aqui. Desde que chegou demonstrou um desejo intenso de ajudar e já nos prestou grande serviço, agora é a hora de retribuirmos.

Érica replicou:

— Não sou tão amiga assim da Élida, nossos filhos se encontraram num acidente de carro, e a partir daí nos visitávamos regularmente. Às vezes também a via na igreja, mas só. O que devo fazer contra ela?

Jorge explicou:

— Teófilo conseguiu permissão para descer ao abismo e buscar de lá uma forma degenerada.

— O que vem a ser isto?

— Damos esse nome aos seres que perderam a forma perispiritual humana e encontram-se em formas de animais. Muitos se dividem: metade do corpo é humano e metade é animal. Suas paixões, seus ódios e rancores os conduzem a perder a forma do perispírito pouco a pouco. Esses seres degenerados trazem consigo uma energia negativa muito grande. Não é sempre que vão à crosta, só em casos especiais como esse que faremos agora.

— Estou assustada, nunca pensei que poderia existir isso por aqui.

— Mas existe e você descerá ao abismo para buscar uma dessas formas.

— Com qual objetivo?

— Estamos sabendo que a família de Élida em breve sofrerá penoso golpe do destino. Ela vai se desequilibrar e nessa hora de fraqueza colocaremos próximo ao seu perispírito um ser do abismo. Se uma dessas formas abismais permanecer próxima a um encarnado certamente ele enlouquecerá. O objetivo de Rafael é levá-la à loucura, para que no hospício ela acabe dando fim à própria vida, deu para entender?

Érica estava horrorizada, nunca pensava que existia no mundo tanta maldade. De repente sentiu louca vontade de fugir dali, de não praticar nada do que aquele homem horrendo estava falando, mas o que ela podia fazer?

— Vejo que ainda pensa em fugir, não faça isso. Em nossa cidade temos prisões tenebrosas das quais ninguém sai. Se quiser rever a família e ficar como está deverá obedecer.

Calada, ela curvou-se ao peso de sua dor e seguiu o caminho de volta à prisão e acompanhada por um guarda ela era vigiada a todo instante. Tinha que descer ao abismo no dia seguinte. Ester a acompanharia.

Na Terra o clima estava agradável. Cristiano continuava no Brasil e sua presença enchia de mais alegria o lar de tia Francisca. Ele avisara que necessitava rever alguns sócios e ainda demoraria um mês para retornar levando Flávio consigo.

O namoro de Flávio e Camila estava indo muito bem não fosse o ciúme doentio que ela tinha dele. Eles passavam o dia juntos, iam a festas, barzinhos e clubes, porém sempre Camila exagerava na bebida.

Ele sempre compreensivo acreditava que essa fase era passageira e que com a chegada dele ela mudaria, porém isso não aconteceu. Camila bebia mais a cada dia e qualquer olhar de uma garota para Flávio era motivo para escândalos. Ele não interferiu em sua forma gótica de se vestir, mas já andava chateado com a cor negra das suas vestes.

Flávio a amava mais e mais e desejava ficar com ela. Pretendia levá-la a Inglaterra com ele para sua iniciação, porém isso dependeria muito do dinheiro dos pais dela.

Élida não facilitava a vida da filha, passou a criticar Flávio e com isso as discussões no lar aumentaram. Isabela, com inveja do namoro, criava calúnias e inventava pretextos para estar com Camila na casa de tia Francisca só para ver Cristiano.

O ciúme de Camila estendia-se para todos. Estava apaixonada pela segunda vez e talvez por isso estivesse agindo de forma tão infantil. Para ela, Flávio deveria ser exclusivo, só pensar nela, só olhar para ela, viver para ela. Influenciada por entidade das trevas ela dizia:

— Não vá fazer esse curso. De que adiantará? As pessoas são preconceituosas com relação ao espiritismo e esse seu trabalho fracassará.

Ao que ele dizia:

— Confio muito no meu irmão e sei que ele falou a verdade. Há muito tempo não conseguia me encontrar, não sabia qual era minha vocação, agora acredito que com esse trabalho estarei realizado.

Camila, influenciada, falava sobre os preconceitos que os espíritas passavam e que certamente esse trabalho iria fracassar. Flávio não se deixava envolver e continuava em seu irredutível intento de trabalhar para a espiritualidade.

Assim é que deve ser, os trabalhadores do bem devem vencer acima de qualquer coisa o desânimo, a falta de empreendimento e o negativismo, pois agindo dessa forma, com certeza estarão sempre ligados com os amigos espirituais da luz.

11

O destino tem suas leis

A casa de Francisca se transformou no local onde os namorados Flávio e Camila gostavam de ficar quando queriam paz e sossego.

A viagem de Cristiano que se daria logo, teve que ser adiada, pois os compromissos com os sócios do Brasil não foram rapidamente resolvidos.

Havia três meses que ele estava no país e esse era o tempo do namoro de Camila e Flávio.

Ela continuava exagerando no ciúme, tanto que Flávio evitava estar com ela em locais públicos. Aos poucos Camila foi modificando a forma de se vestir e já se via algum colorido em algumas peças de roupas.

Élida mostrava-se feliz, aquele namoro estava modificando gradativamente a vida de Camila. Não estava preocupada com a filha e sim com a sua reputação na sociedade. Não agüentava mais ver suas amigas ladys criticando-a, chamando-a de mãe omissa, permissiva. Agora elas não poderiam mais falar como antes.

Camila se revelou extremamente apaixonada por Flávio. Naquela tarde eles estavam na rede da casa da tia Francisca com um dos gatos siameses no colo. A certa altura ela disse:

— Sabe, acho que se um dia eu te perder, serei capaz de cometer uma loucura. Não agüentaria essa vida sem você.

Flávio sentiu uma sensação desagradável ao ouvir essas palavras e reagiu:

— Cristiano diz que a vida ensina independência e auto-suficiência, dessa forma você está exagerando, apegando-se a mim com muita posse!

— Você não gostou? Essa é minha forma de amar. Talvez pelo que aconteceu comigo no passado, não quero mais perder ninguém que amo. Acho que se minha mãe fizesse hoje comigo o que fez antes... Eu a mataria!

Flávio gelou, sentiu que Camila falou aquilo com sinceridade.

— Camila, você me surpreende! Como pode falar uma coisa dessas? Peça perdão a Deus pelo que disse.

— Não peço de jeito nenhum, pois é isso mesmo que eu faria. Ela me dopou, me levou a uma clínica de abortos e tirou de mim a coisa mais preciosa que a vida tinha me dado. Hoje aprendi que o mal só pode ser vencido com o mal. Jurei que seria uma pessoa dura e inflexível e cumprirei isso em memória de Rafael.

Flávio discordou:

— O Cristiano sempre diz que um dos piores erros que o ser humano comete é o assassinato. Diz que a vida humana é muito importante, pois se o espírito reencarnou é porque tem um programa a cumprir na Terra. Quem mata, corta essa programação, e sofrerá muito por isso.

— Bobagens de seu irmão que quer vir com essa onda de santo.

— Olha, vejo em você uma luz muito forte — disse Flávio com paixão. — Por trás desse corpo gostoso, desses cabelos louros e encaracolados há um espírito em amadurecimento. Amo muito você e não desejo mais conversar com o lado negativo da sua personalidade. Prefiro a Camila linda, alegre, empreendedora e voluntariosa que conheci lá naquele hospital e não esta que fica falando bobagens.

Ela, embevecida, o beijou repetidas vezes nos lábios. Em seu íntimo algo lhe dizia que se um dia perdesse Flávio não conseguiria sobreviver. Sua vida antes dele se resumia apenas a boates, festas, orgias e escândalos. Tudo ela fazia na intenção de magoar Élida. Mas depois de Flávio, um brilho novo apareceu em seu viver. Agora se sentia feliz e completa. Cometeria uma loucura, mas Flávio jamais se separaria dela.

Eles continuaram se beijando até que foram para o quarto onde se entregaram mais uma vez ao amor que sentiam.

Na cidade astral *Campo da Redenção* Noel, Carlota e Hilário estavam em uma séria reunião. Hilário dizia com semblante preocupado.

— Camila não se modificou e infelizmente receberá um ataque espiritual. Rafael no Desterro está enciumado e programa um ataque a Camila em breve.

Carlota indagou:

— Nada poderemos fazer?

Hilário olhou-a sério:

— Você sabe que não se pode interferir no livre-arbítrio. Ela continua cultivando vícios materiais e sentimentos perversos. Certamente Rafael conseguirá atingi-la. Jorge já o avisou que Flávio tem proteção e que não deve mexer com ele. Só ela será atingida.

Noel questionou:

— E se ela mudar os padrões de pensamento que tem, conseguirá evitar o ataque?

— Sim, ela terá como evitar. Porém, estudando o caso pelas leis das probabilidades, posso garantir que ela não vai querer mudar. É um espírito ainda ignorante das leis divinas e mesmo Flávio, que ela julga amar, não conseguiu melhorá-la. Lembrem-se sempre que o destino tem suas leis, hoje ela está escrevendo o que lhe ocorrerá amanhã, ainda que inconscientemente.

Carlota ficou séria:

— E o caso de Élida? Pelo visto ela será atingida pelos homens do Jorge. Por que Deus permite que uma forma degenerada se aproxime de um encarnado?

O instrutor explicou:

— Tudo o que acontece a uma pessoa encarnada só é permitido para seu amadurecimento e evolução. É muito raro casos como este acontecer, mas infelizmente ocorrem. Élida cultiva sentimentos tão negativos que fará jus a uma companhia do abismo. Certamente enlouquecerá. A princípio os psiquiatras terrenos não irão encontrar nenhuma lesão no seu cérebro. Porém, com o tempo essas lesões vão aparecer. Só um grupo muito estruturado de desobsessão poderá livrá-la dessa prova.

— A evolução é gradativa e para que ela ocorra é utilizado o livre-arbítrio. Quando uma pessoa comete atos preconceituosos, cruéis, ela se liga aos espíritos do astral inferior. Ignorando esse fato, muitos na Terra enveredam pelos caminhos do mal. Quando sofrem perdas, adoecem e não conseguem a cura, culpam o destino, Deus e o mundo. Aí entra o livre-arbítrio. Eles escolheram livremente o próprio caminho e estão colhendo os resultados. Há pessoas para quem tudo dá certo. Dizem que foi sorte, mas isso não existe. Elas escolheram melhor. Quem tem atitudes positivas, pensa sempre no bem e acredita que terá dias de felicidade. Já as pessoas amargas, que vêem o mal em tudo vão ter dias tumultuados, onde tudo dará errado. É assim que a vida funciona. Ela responde de acordo com as nossas atitudes. Os fatos que estão para acontecer com Flávio brevemente, pedirão de nós muita dedicação e persistência. Agora precisamos ir à Terra. Vamos. Abraçados, eles volitaram juntos rumo à crosta terrestre.

Na casa de tia Francisca era hora do chá das cinco. Camila, Cristiano e Flávio faziam-lhe companhia. Eles não perceberam, porém cinco vultos escuros penetraram o recinto. Rafael e mais alguns companheiros de expressões maquiavélicas começaram a circular em torno de Camila.

Cristiano percebeu, mas nada falou, calou-se e intimamente começou a rezar. De repente, Camila soltou um grito assustador e começou a se debater no chão. Todos ficaram assustados e tentavam ajudá-la, porém suas convulsões eram muito fortes e ninguém conseguia segurá-la. Francisca gritou:

— Socorram! Ela está tendo uma crise de epilepsia!

Flávio não sabia o que fazer. Os espíritos atacaram a zona do córtex cerebral de Camila e ela consciente sentia que se debatia, mas nada podia fazer. Uma baba amarelada começou a surgir de sua boca. Flávio começou a chorar:

— Tia, ela vai morrer!

Cristiano tentava acalmar a todos:

— Calma, esses ataques assim passam rápido e por si próprios. Não se deixem levar pela situação, vamos orar com fé e pedir ajuda dos espíritos da luz.

Cada um à sua maneira fez uma prece, enquanto Camila continuava a debater-se e a babar fortemente.

Pouco depois das orações três fachos de luz entraram na casa, eram Hilário, Noel e Carlota. Imediatamente os espíritos afastaram-se de Camila. A luz que eles emanavam ofuscaram os espíritos que estavam dominando o cérebro dela.

Rafael falou colérico:

— Sujou pessoal, vamos sair daqui. Se algum deles nos pegar estaremos em maus lençóis.

Em seguida seus vultos escuros desapareceram indo em direção ao umbral.

Cristiano e Francisca levaram Camila até o quarto e colocaram-na na cama. Flávio muito assustado tremia muito. Ela havia parado de se debater, mas estava muito pálida e com respiração ofegante.

Clara ligou para a família de Camila e avisou do ocorrido. Élida para demonstrar preocupação foi até lá com Isabela.

Todos estavam muito preocupados. Francisca dizia:

— Se ela sofre de epilepsia deve ter tido outros ataques durante a infância. Foi horrível. Sei que pessoas assim tomam fortes remédios e freqüentam psiquiatras pelo resto da vida.

Cristiano esclareceu:

— Tia, toda crise epilética na realidade é um ataque espiritual das trevas. Havia aqui nesta casa um grupo de espíritos querendo algum tipo de vingança, por isso atacaram Camila.

Flávio vociferou:

— Então é nisso que quer me meter? Com espíritos do mal, ataque das trevas e coisas do tipo? Realmente eu preferia a vida que levava como oficce-boy do que esta que está me oferecendo. Você é fanático Cristiano, tudo para você é espírito!

— Não diga isso. Conhecer a espiritualidade só nos ajuda. Precisamos estudar e conhecer essa realidade para podermos nos defender. No caso de Camila, se ela estivesse em outro lugar e com pessoas materialistas, seria fatalmente levada a um hospital onde diagnosticariam epilepsia e lhe dariam remédios fortíssimos. Os espíritos que a atacaram poderiam continuar perto dela fazendo-a ter novas crises. Graças a Deus ela estava conosco que oramos e o grupo de obsessores se afastou.

O argumento foi forte e Flávio calou-se. Um carro parou na calçada e Cristiano ordenou:

— Os pais de Camila chegaram juntamente com Isabela. Nós não vamos contar na íntegra o aconteceu. Vamos omitir as convulsões, diremos apenas que ela teve uma vertigem e desmaiou.

— Por que vamos mentir? — quis saber Francisca.

— Porque se os pais dela souberem da "epilepsia" irão levá-la ao médico e ela ficará dependente de remédios fortíssimos.

A campainha tocou e Clara foi atender. Élida entrou com semblante preocupado:

— Como está minha filhinha? O que houve com ela?

Fernando e Isabela também perguntaram a mesma coisa. Foi Cristiano quem esclareceu:

— Ela agora está bem. A Clara foi um pouco exagerada ao telefone. Ela conversava conosco quando de repente sentiu-se tonta e desmaiou. Talvez seja o calor imenso que faz aqui neste país.

Élida não se deu por satisfeita:

— Ela nunca teve esses problemas de desmaios quando vai à praia e nunca sentiu nada, por mais forte que fosse o calor.

Fernando preocupou-se:

— Ela só pode estar com um problema sério, vamos levá-la ao médico. Mas antes queremos vê-la, onde se encontra?

Cristiano indicou o quarto onde ela estava. Clara havia cuidado dela, trocado sua roupa e feito a higiene necessária. Camila já estava acordando e chamava por Flávio.

— Estou aqui meu amor, do seu lado — respondeu ele.

Ao ver os pais, Camila começou a chorar. Abraçou Fernando, dizendo:

— Ah, pai, foi horrível. De repente tudo girou ao meu redor e caí no chão me retorcendo, parecia que ia morrer.

Cristiano tentou contornar:

— Ela está exagerando, certamente porque está nervosa. Ela apenas desmaiou. O dr. Eduardo Medeiros veio vê-la e constatou que foi um desmaio passageiro garantindo que não vai mais acontecer.

— O dr. Eduardo veio aqui? Quem pagou a consulta? — indagou Élida.

— Eu! — mentiu ainda mais Cristiano.

Élida alegrou-se:

— Se ela já foi examinada não há o que temer. Foi um mau súbito como se diz por aí.

Camila continuava chorando sem parar:

— Pai, eu vi! Eu vi! Aqueles homens horríveis em cima de mim. Um me segurava pela cabeça e os outros apertavam minha garganta!

Francisca contornou:

— Não tinha homem nenhum aqui Camila, pergunte a Flávio que não me deixa mentir.

— Foi isso mesmo amor, estávamos sozinhos aqui.

Ela parecia não acreditar e continuava com os olhos esbugalhados e muito assustada:

— Não sei porque eles estão mentindo, mas com certeza há um grupo de pessoas querendo me matar e eu irei à polícia.

Fernando percebeu que sua filha estava muito nervosa e resolveu levá-la para casa:

— Querida, vamos embora descansar, amanhã você verá o que vai fazer.

Ela concordou rapidamente e nesse instante Cristiano chamou Isabela à outra sala:

— Sinto que você não gosta muito da sua irmã, mas vou lhe pedir um favor: não deixe seus pais levarem-na ao médico, pois realmente não é necessário.

Ela, interessada que estava em tê-lo como marido, concordou prontamente:

— Farei como me pede, mas desejo dizer-lhe que amo muito minha irmã e seu pensamento sobre mim é errado. Sei que ela não está doente, é mais uma cena teatral que inventa para chamar a atenção de meus pais.

— Não diga isso, ela sofreu um desmaio, mas já passou. Não queremos que ela vá ao médico porque lá irão passar remédios desnecessários, afinal o dr. Eduardo garantiu que ela está bem.

Isabela aquiesceu e aproveitou para convidá-lo:

— Não sei se em Londres as mulheres são tão atiradas quanto aqui, mas se me permite gostaria de convidá-lo para sairmos qualquer dia desses. Por favor, não vá me negar.

Ele retorquiu:

— Pode ser. Não nego que você me atrai, mas casamento não está em meus planos, pelo menos por enquanto.

— Nossa! Como você é sério! Não se preocupe, sairemos apenas como bons amigos.

Ele concordou e ela foi chamada pelos pais que já iam se retirar. Camila não queria deixar Flávio por nada, mas, sentindo que precisava descansar, resolveu ir para casa com os pais.

No carro, Élida se contentava ainda mais com os comentários de Isabela a respeito de sua futura união com Cristiano. Agora sim suas filhas seguiam um rumo certo. Jamais permitiria que um negro ou um pobre viesse a desposar uma delas. Nessa hora ela não viu mas o vulto de Rafael a espreitava de cima do veículo. Ele dizia:

— Breve você terá o que merece!

Alguns dias depois quando novamente reunidos na casa de tia

Francisca no chá das cinco, Cristiano resolveu contar a Camila as informações espirituais que recebeu sobre seu caso:

— Camila... — começou meio sem jeito. — Naquele dia quando você desmaiou não estava errada. Havia vários homens enforcando-a. Eles não eram seres encarnados e sim espíritos inferiores.

Ela sorriu:

— Você está querendo justificar uma tentativa de assassinato com essa historiazinha de espíritos. Francamente, Cristiano, pensei que você fosse mais inteligente. Até agora não entendo por que querem negar que fui atacada por bandidos e por que os protegem. Por acaso foram ameaçados também?

Flávio chegou mais perto:

— Acredite amor, foram espíritos mesmo. Ou você acha que estaríamos acobertando os assassinos?

Ela, que confiava muito no namorado, olhou seriamente para Cristiano e indagou:

— Como assim... Espíritos?

Cristiano explicou:

— Isso mesmo. Vivemos rodeados por uma população de espíritos que já viveu neste mundo, porém apegados às ilusões materiais que deixaram por aqui, se recusam a seguir adiante e viver no mundo que realmente lhes pertence.

Camila ouvia atenta, sabia que Cristiano era um homem honesto e sério, por isso confiava no que ele dizia. É nessas horas que se vê como é importante a boa conduta das pessoas que trabalham com a espiritualidade. Se Cristiano fosse uma pessoa mentirosa, trapaceira e orgulhosa, ela jamais iria lhe dar crédito. Chegamos à conclusão que o exemplo é tudo e vale mais que mil palavras.

Ele continuou:

— Há um grupo espiritual das trevas querendo persegui-la. Não sei o motivo, porém Cândido, meu mentor espiritual, disse se tratar de uma falange muito bem organizada que vive no astral inferior. Você é portadora de valiosa mediunidade de vidência. Sua crise de epilepsia demonstra que tem uma mediunidade que necessita ser estudada e educada.

Ela pensou um pouco e disse:

— Não quero saber nada sobre mediunidade, espíritos e essas coisas. O que quero é me livrar desses perseguidores odientos que estão próximos de mim e você irá me ajudar. Faça um trabalho, um despacho, alguma coisa e me livre deles o quanto antes. Se fossem vivos eu saberia muito bem como agir.

Cristiano empalideceu:

— Procure não pensar assim ou estará atraindo-os ainda mais para si. Se quiser estar bem, deve mudar seus pensamentos, procurando viver numa faixa mental superior à deles.

Ela parecia estar distante. De repente, levantou-se e disse:

— Tenho dentista marcado para as 18 horas e não posso me atrasar.

Ninguém entendeu essa súbita decisão, mas Cristiano viu que um vulto escuro a abraçava. Camila e Flávio trocaram um longo beijo e ela saiu.

Cristiano muito intuitivo falou:

— Essa aí vai dar trabalho. Está resistente ao bem e disposta a fugir da espiritualidade. Não sei onde isso vai dar.

Todos se recolheram para fazer uma prece àquela alma conturbada.

Dirigindo seu conversível, Camila ia pensando:

— Se esse grupo de espíritos idiotas pensa que vai me derrotar, está enganado. Saberei como me livrar dele num só instante.

Rafael e mais dois estavam no carro quando Jorge os surpreendeu:

— Não procurem agir agora. Vamos embora daqui e deixemos que os fatos aconteçam.

Pelo jeito sério de Jorge eles viram que algo grave estava para ocorrer e logo seus vultos desapareceram em direção ao Desterro.

Camila andava de carro tentando procurar a casa de um pai-de-santo que ela conhecia e que já havia ido lá uma vez com uma amiga. De repente, lembrou-se que era para os lados do Cambuci. Lá chegando percebeu que o bairro crescera bastante e só perguntando conseguiria chegar até ele.

Numa rua sem calçamento ela parou o carro e desceu. Trajava-se de preto e usava botas, além de óculos escuros, e sua postura altiva impressionava as pessoas que a viam ali. Ela parou um meninote de seus 13 anos e perguntou:

— Garoto, você pode me informar onde é a casa de pai Gildo? Sei que é por aqui.

O menino disse que não sabia e ela continuou rodando e fazendo a mesma pergunta a várias pessoas. Até que uma mulher magra e desdentada disse que ela estava próxima do local:

— Mas só mostro a casa se a senhora me der uns trocados. Estou passando fome e preciso comprar uns pães — disse mostrando a boca sem dentes que se abria num sorriso. Camila deu o dinheiro e a senhora levou-a até a casa de pai Gildo.

Lá chegando percebeu que havia muitas pessoas à sua frente esperando para serem atendidas.

Conversou com a moça que servia de secretária:

— Olha, preciso urgente conversar com o pai Gildo e não estou disposta a esperar. Pago o triplo pela consulta se me deixar ser a próxima.

Gislene entrou por uma porta, demorou alguns minutos e saiu dizendo que ela já poderia ser atendida.

Pai Gildo era um senhor de meia-idade magro, careca e com os dentes amarelecidos pelo fumo. Trabalhava num local impregnado de incenso onde ao fundo havia uma mesa com a imagem de Iemanjá e vários outros santos. Havia muitas velas acesas, um varal com várias penas pretas penduradas, muitas cruzes e o clima era um tanto opressivo. Abrindo um sorriso amarelo ele indagou:

— Por que a mocinha está com tanta pressa em me ver?

Ela foi direta:

— Eu vim porque quero que me livre de um grupo infernal de espíritos que resolveu me prejudicar. Tive um ataque com convulsões e um amigo me disse que eram perseguidores espirituais. Quero me ver livre deles já, custe o que custar!

Ele sorriu novamente e com paciência começou a enrolar um cigarro de fumo, deu umas baforadas e disse:

— As coisas não são bem assim como pensa. Tenho que consultar meus guias e ver o que eles me sugerem.

Ele começou a acender um castiçal com seis velas vermelhas e virou-se de costas. Murmurou algumas palavras em língua estranha e ficou em silêncio durante dez minutos. Depois voltou-se para Camila com olhos enigmáticos:

— Os meus guias estão me dizendo que o trabalho não será fácil. O grupo que quer lhe prejudicar conta com um forte líder, que é muito disciplinado.

Camila se encheu de raiva:

— Quer dizer que você não pode com eles? Que tipo de feiticeiro você é?

— Cale-se garota! Não foi isso o que quis dizer. Apenas falei que o trabalho não é tão fácil quanto pensei a princípio, mas, meus guias dizem que podem vencê-los. — Ele lançou um olhar malicioso e continuou:

— O meu guia maior disse que você está namorando um rapaz, mas afirma que ele não ficará com você, a não ser que encomende outro trabalho.

Camila corou, o feiticeiro mexeu no seu ponto mais fraco: a paixão por Flávio. Desvairada ela disse:

— Faço o que for possível e impossível. O senhor está vendo outra mulher na parada?

— Por enquanto não, mas vejo que se você não agir logo certamente o perderá.

Camila não podia acreditar no que ouvia. De repente, falou:

— Quero então encomendar esses dois trabalhos. Qual o valor?

Ele demorou um pouco e respondeu:

— Três mil reais.

— Tudo isso? Sinto muito, mas o senhor terá que baixar o preço. Não tenho condições para...

Ele a interrompeu bruscamente:

— Ou isso ou nada, a mocinha é quem vai escolher.

— Está bem, pode iniciar os trabalhos, vou em casa conseguir a metade da quantia com o meu pai, o restante darei quando o trabalho surtir efeito. Mas de uma coisa eu quero ter certeza: Flávio será para sempre meu? Eu me livrarei para sempre desses vermes malditos que vocês chamam de espíritos?

Ele sorriu com ar de superioridade e respondeu:

— O que o pai Gildo não consegue?

Ela saiu dali com uma terrível dor de cabeça. O odor desagradável daquele ambiente estava insuportável. Já no carro ela ia pensando em como iria convencer o pai a lhe dar esse dinheiro.

Ela queria ardentemente fazer esses trabalhos. Pai Gildo era poderoso e Flávio seria todo seu.

Na Via Dutra o trânsito estava engarrafado. Os carros estavam parados e Camila cada vez mais impaciente. Olhou no relógio, eram sete e meia da noite. De repente, ela ouviu um burburinho e percebeu que estavam assaltando o carro que estava à sua frente. Olhou em volta, procurando um jeito de se proteger, mas não tinha por onde sair. Em seguida foi abordada por três homens encapuzados:

— Passa a grana loura, agora!

Ela muito nervosa disse:

— Não tenho nada agora! Por favor, me deixem em paz!

Eles pareciam não ouvir e continuavam:

— Passa essa bolsa, bem devagar. Levante-se para eu ver se está armada.

Ela abriu a porta do carro e resolveu agir. Deu com a bolsa no rosto do bandido mais próximo e tentando abrir o porta-luvas recebeu três tiros: um no pulmão esquerdo, outro no pescoço e outro na nuca. Ela teve morte cerebral instantânea.

Realmente, o destino tem suas leis.

12

E a vida continua

No crematório todos tinham no rosto a tristeza e a dor. Principalmente Flávio que em tão pouco tempo sofreu duas grandes perdas. Para o sentimento afetivo, o tempo não tem a mínima importância, ele nasce e se intensifica de forma espontânea no coração, e nem todas as pessoas aceitam a perda do ser amado. Flávio se sentia desolado. Para ele o mundo havia acabado. Nunca em tão pouco tempo sentira tanto afeto e amor por alguém.

Mas, no panorama espiritual a situação de Flávio era ainda mais profunda. A dor da perda era intensificada pela sua memória de vidas passadas que aflorava em forma de intuição. Seu espírito recordava inconscientemente da união que ambos tiveram no passado e do plano que fizeram de juntos auxiliar a espiritualidade na implantação da Nova Era.

Quando alguém que amamos morre, nossa aura fica cheia de buracos e assim o vazio interior e a depressão aumentam consideravelmente.

O padre orava de forma habitual e as pessoas quase não prestavam atenção ao que ele dizia. Da família dela todos estavam chocados, principalmente Élida, talvez pelo remorso de consciência pelos atos de maldade cometidos com a filha.

Dentro do crematório havia um espetáculo de dar horror a

qualquer criatura. O corpo de Camila destruía-se em meio ao fogo e ao calor mas, ao seu redor, um grupo de cinco espíritos estava esperando a sua saída do corpo.

Eles festejavam ao redor do serviçal, que triste, tinha de acompanhar cotidianamente os corpos serem cremados. Jorge, o chefe do grupo, deu um sinal para que eles parassem a comemoração:

— Atenção todos! Os filhos do Cordeiro já desligaram os laços que prendiam Camila ao corpo. Toda atenção agora é pouco. Camila foi libertada, mas não consegue sair do corpo que derrete, vejam só a agonia dela!

Realmente, Camila estava sofrendo muito. As chamas que queimavam seu corpo de carne davam-lhe a impressão que invadiam seu corpo perispiritual que estava psicologicamente muito ligado à matéria. Ela sentia o fogo queimando-a ainda como se estivesse viva.

Porém, algo de incrível acontecia, sentia-se queimar, mas seu segundo corpo não se destruía. O duplo estava a alguns centímetros do corpo físico, já em estado de cinzas.

Ester perguntava a Jorge:

— Não vamos aliviá-la? Ela está sofrendo demais!

Jorge soltou uma gargalhada:

— Se os servidores da luz não aliviaram, não somos nós que vamos fazer essa tarefa. Aguardaremos esse homem pegar as cinzas e depois veremos o que fazer com essa macabra criatura.

Assim foi. Quando do corpo de Camila restava apenas cinzas, o senhor responsável pelo crematório recolheu com cuidado o que sobrou da jovem moça e colocou numa urna prateada.

Camila sentia-se aliviada, embora não entendesse o que estava acontecendo. Nunca sentiu tanta dor em sua vida. O crematório ficou aparentemente vazio, todavia, o grupo de Jorge continuava lá à espera de Camila.

Ao vê-los ela esboçou um sorriso:

— Alguém veio me salvar do fogo! Por favor, tirem-me daqui!

Jorge encarou-a profundamente:

— Levante-se! Você já pode andar!

Ela obedeceu e saiu do forno indo para a sala contígua. Perguntou:

— Por que me olham assim? Sou alguma assombração?

— Quase isso! — Exclamou Jorge.

De repente, Camila sentiu uma tontura e quase desmaiou quando reconheceu à sua frente Rafael, antigo amor da adolescência:

— Saia de perto de mim, alma do outro mundo, me deixe em paz!

Jorge deu um sinal para que ele se afastasse e falou:

— É melhor acalmar-se. Lá fora está um carro à nossa disposição. A partir de hoje irá morar na *Cidade do Desterro*. Já temos uma casa pronta que servirá como seu lar. Acompanhe-nos.

Camila ia protestar, mas os olhos metálicos de Jorge fizeram com que ela tremesse de medo. O melhor era seguir. Certamente ela encontraria um jeito de voltar para casa.

Camila estava achando que o que havia passado no crematório fora um sonho. Relutava em crer no que lhe ocorria, apenas pensava em fugir dali.

Esquecera-se do assassinato do qual fora vítima e ignorava que seus últimos atos sobre a Terra escreveram o seu destino, do qual só com hercúleo esforço conseguiria se safar.

Na Terra, Flávio estava sendo consolado pelo irmão. Parecia que tudo era uma irrealidade, que a qualquer momento iria acordar e ter, não só sua família de volta, mas também sua amada Camila.

Sentia que a vida tinha sido perversa, que estava lhe tirando tudo o que tinha de bom. Apresentou esse pensamento a Cristiano, que o consolou:

— Sei que as palavras são insuficientes nessa hora, mas posso lhe garantir que tudo que ocorre tem por trás a bondade divina. Talvez Camila tenha se comprometido com a própria consciência, por isso desencarnou. Mas a morte é uma ilusão, em algum lugar deste Universo ela está tão viva quanto nós.

Flávio não sabia o que dizer. Caminhava por entre as árvores do parque Ibirapuera tentando extravasar sua tristeza, sua dor.

Francisca e Cristiano o deixaram sozinho para que refletisse. Sentados em um banco, Francisca perguntou:

— Cristiano, qual o motivo de uma pessoa morrer violentamente? Você sempre diz que Deus faz tudo certo, mas em minha visão um crime é muito errado. Gostaria de entender...

— Olha tia, Deus é infinitamente sábio e age em toda parte. Lógico está que se Ele quisesse evitar um crime certamente o faria, pois tem maior poder do que qualquer assassino. Porém, a inteligência Divina não interfere no livre-arbítrio que nos deu. Um assassino é um espírito ignorante que acredita na violência para se defender e resolver seus desafios, já o assassinado é uma pessoa que possui mais conhecimento, já pode agir de forma melhor, mas está se violentando intimamente, agindo fora do seu nível de evolução espiritual. "Muito será pedido a quem muito foi dado." As leis cósmicas retardam durante certo tempo as conseqüências das atitudes do ignorante, esperando que ele amadureça e possa aproveitar melhor os resultados. Porém, quando temos mais consciência do bem e escolhemos o mal, a vida deixa de nos proteger e os resultados são imediatos.

— Você acha que foi isso o que aconteceu com Camila?

— Sim. Ela deve ter tido uma atitude infeliz quando por seu nível espiritual poderia escolher melhor e assim atraiu o que lhe aconteceu. Não existe vítima. A vida faz tudo certo..

Francisca ouvia atentamente, refletindo sobre aqueles ensinamentos. Flávio aproximou-se:

— Vamos embora, estou cansado!

Eles seguiram para casa, enquanto Noel e Carlota mais atrás comentavam:

— Graças a Deus existem ainda muitos "Cristianos" nessa vida, não é mesmo, Noel?

— Sim, a bondade de Deus distribui espíritos bons em todos os recantos da Terra, para garantir harmonia, fraternidade, explicação e paz!

A vida continuava com seu pulsar e precisava ser levada adiante. O Universo reage com equilíbrio, indiferentemente aos acontecimentos humanos. Por mais que soframos, choremos ou sorrimos, todos os dias o sol nasce e a noite chega. Por mais que pessoas sofram nos hospitais ou com a violência, a vida continua cobrindo de pássaros e flores nosso planeta, na tentativa de mostrar que todos os dias a misericórdia divina se renova.

Imbuído nesses pensamentos, Cristiano chegou naquela manhã na casa de tia Francisca. Encontrou-a com Flávio na mesa do café. Os gatos siameses foram alisar seus pêlos na calça de Cristiano.

— Sente-se e sirva-se — falou Francisca, com doçura.

— Podem terminar a refeição com calma. Hoje temos muito o que conversar.

Francisca pediu:

— Cris, dê uns conselhos a seu irmão, olhe, ele não está comendo nada. E isto ocorre há quinze dias, desde que a Camila desencarnou.

Cristiano não falou nada, mas percebeu que Flávio estava mais magro e abatido.

O café continuou apenas com o barulho dos miados dos gatos. Após o término todos foram para a sala de estar. Cristiano comentou:

— Vim para dizer que no próximo fim de semana partirei para Londres. Meus negócios aqui estão resolvidos e não posso mais postergar minha viagem de volta. Gostaria que você, Flávio, se preparasse para ir comigo. Tia, de uma só vez a senhora perderá dois sobrinhos.

Francisca sorriu:

— Oh! Não pense que fico triste, pois jamais me sinto sozinha. É claro que vocês me farão falta, mas sei que no futuro, quando Flávio voltar, já será outro homem. Talvez traga filhos e assim encherá muito mais meu lar de alegria.

Flávio não parecia contente com a viagem, mas Cristiano percebendo o fez reagir:

— Olha, não adianta ficar com esse rosto triste e de vítima.

Vejo do seu lado espíritos negativos lhe sugerindo que fique no Brasil. Eles querem que mais um trabalho do bem seja derrotado. Você não vai fazer isso porque eu não vou deixar. Liguei para a médium Margareth e a avisei que estou levando comigo uma pessoa que precisa estudar a espiritualidade. Tenho certeza de que esse é o caminho que lhe dará forças para superar esta crise.

Ele começou a lamentar-se:

— É que sinto um desânimo, uma fraqueza...

— Isso é próprio das pessoas que estão sendo sugadas espiritualmente, reaja, você pode. Nada que faça trará a Camila de volta, ela precisa seguir outro rumo e a vida os afastou temporariamente.

Essas palavras tiveram o dom de animar Flávio.

A viagem se realizou num domingo à noite. Francisca e alguns poucos amigos de Flávio foram se despedir. O clima era de saudade e angústia. Quando finalmente o avião decolou, Francisca fez uma prece de agradecimento a Deus por tudo o que havia aprendido com Cristiano e pediu que Ele desse uma boa viagem aos sobrinhos.

Em Londres, Flávio se adaptou com extrema facilidade. Dona Margareth o recebeu com carinho e o introduziu no estudo das leis das afinidades espirituais. Esse curso com trinta alunos durou um ano. Logo após ele estudou durante dois anos os processos da mediunidade e pesquisou tudo o que pôde sobre seu mediunismo específico. Aproveitou a boa vontade do irmão e conheceu todos os pontos turísticos da cidade e do país em que estava. Em três anos já falava o inglês fluentemente.

O quarto ano de sua estada em Londres foi dedicado ao processo de educação da mediunidade. Nesse ano ele sentiu seu campo vibratório tornar-se mais ostensivo. Começou a sair do corpo com muita facilidade e sem perder a consciência.

Conversava com os espíritos como se estivesse conversando com pessoas amigas do dia-a-dia. Ia a palestras no mundo espiritual e retornava ao corpo lembrando-se nitidamente de tudo.

Uma tarde, durante seu treinamento, saiu do corpo e viu aproximar-se dele um senhor de meia-idade, cabelos grisalhos e olhar muito profundo, que disse:

— Finalmente amigo, vou conversar com você em estado de consciência. Está lembrado do velho Hilário?

Ele hesitou um pouco:

— Eu já o conheço?

— Muito! De muitas eras. Talvez agora não se lembre, mas o importante é a mensagem que venho lhe trazer.

Flávio olhou-o nos olhos e percebeu que realmente o conhecia, mas não sabia de onde.

Eles sentaram num jardim, na frente de um prédio, e Hilário começou:

— Você é portador de mediunidade de desobsessão.

— Disso já fui informado, mas até o presente momento não fiz nenhum trabalho desta espécie.

— É que sua missão é no Brasil e não aqui. Com Margareth você aprenderá todo o processo da desobsessão e um método para aplicar no seu campo de serviço. Há outra coisa que preciso lhe lembrar: você nasceu também para lançar a semente da espiritualidade na sua família e esta é a hora.

Ele retrucou:

— Não dará mais tempo, minha família desencarnou há quase quatro anos, não há mais nada a ser feito.

Hilário sorriu:

— Você está enganado, a missão com sua família começou justamente depois que ela desencarnou. Você irá comigo visitar os lugares onde ela se encontra na espiritualidade. Usaremos o seu ectoplasma para torná-lo visível a seu pai, sua mãe e sua irmã. Prepare seu coração, nenhum dos três está em bom lugar. É preciso que você converse com cada um em particular e os ajude a sair de onde se encontram. A essa altura todos já sabem que desencarnaram. A visão de seu pai está a pior possível: sem as duas mãos ele luta para fugir das aves do umbral que teimam em beliscar suas feridas.

Flávio assustou-se:

— Quer dizer que ele foi atacado pelas aves das furnas?

— Isso mesmo!

— E por que perdeu as mãos?

Hilário ponderado explicou:

— Essas aves são quais urubus terrenos. Elas farejam os locais de putrefação do corpo espiritual, assim como o urubu terreno fareja a putrefação da carne. Ambos têm a mesma função: sanear o ambiente. O corpo astral absorve as energias das atitudes de cada um e quando são negativas chegam a lesar seus órgãos. Onde o espírito faliu, ali está o ponto nevrálgico onde os miasmas aparecem. Quando encontraram seu pai, as aves sentiram que esse ponto se encontrava nas mãos. Ele exagerou no roubo, e as mãos que roubam em demasia ficam impregnadas de energias densas, equimoses e miasmas que vêm à tona assim que o espírito desencarna. Foi por isso que o ataque das aves se deu nesse local específico.

— Essa explicação é lógica. Acha que conseguirei auxiliá-lo?

Hilário respondeu que sim com a cabeça e pegou Flávio pelo braço. Margareth percebeu que o espírito de Flávio estava fora do corpo e para que não fosse interrompido, ela fechou a sala.

Flávio e Hilário foram volitando até uma zona escura semelhante ao vale dos suicidas. Ele esclareceu:

— Nós chamamos esse local de furnas, pela quantidade de cavernas e buracos que aqui se encontram. As aves temidas se escondem nas cavernas que ficam abaixo daquela serra. — Apontou para Flávio uma serra feia e de vegetação rasteira. — Nesse momento elas estão descansando.

Flávio ficou curioso:

— De onde vêm essas aves? Na Terra não temos nenhuma espécie desse tipo. Sei que no astral apenas residem os animais que viveram na Terra.

Hilário disse:

— Realmente, no astral ficam apenas os espécimes de animais terrenos e com esse grupo de aves ocorre uma exceção. Elas migram do astral inferior de um planeta ainda primitivo. Deus as mandou para que possam limpar o ambiente e aliviar os espíritos sofredores.

Flávio indignou-se:

— Aliviar? Mas elas fazem com que sofram muito mais.

— Engano seu. As feridas e as equimoses quando em excesso limitam as ações dos espíritos em busca da melhoria íntima. Quando são aliviados pelos pássaros, mesmo de forma grosseira, eles podem peregrinar mais à vontade e quem sabe encontrar a salvação. Além do que, esses excessos de energias negativas prejudicam ainda mais a atmosfera das furnas, que por si só já é tão densa.

— O meu pai foi tão ruim a ponto de vir a sofrer tanto?

— Não podemos rotular ninguém dessa forma. Mas o que posso garantir é que ele tinha um coração muito duro, insensível e irascível. As furnas é um lugar que favorece a mudança interior através do sofrimento.

Eles caminharam mais e ao passo que iam andando, Flávio via muitos sofredores conhecidos: políticos que foram famosos na Terra, personalidades que influenciaram comportamentos viciados e muitas pessoas desconhecidas, mas um só olhar: o do sofrimento.

Num charco eles encontraram Ângelo. Sem as mãos, ele gemia muito. Flávio o olhou e ele percebeu:

— Filho, filho meu, você veio me salvar? Ah, só você mesmo, essa alma tão bela, que tanto eu critiquei durante a passagem na Terra. Como me arrependo de não ter aproveitado o tempo em que vivi com você. Veja como estão minhas mãos! Tire-me daqui, eu te suplico!

A luz que Flávio emanava naquele lugar sombrio fazia ofuscar um pouco a visão de Ângelo.

Hilário, que não era visto por ele, deu um sinal para que Flávio puxasse o pai.

Flávio segurou nos braços fracos do genitor e não conteve o pranto. Eles se abraçaram, e de repente, enfermeiros da colônia *Campo da Redenção* chegaram com macas e equipamentos médicos. Ângelo desmaiou nos braços do filho, depois foi levado num autobus para o *Hospital Vinha de Luz*, que ficava na própria colônia.

Hilário levou Flávio para o corpo de carne e avisou:

— Sua tarefa apenas começou. Fique atento, no Brasil nos veremos mais vezes.

Ele volitou e rapidamente chegou à cidade astral em que trabalhava.

Os anos continuavam passando e Flávio aprendia cada vez mais. Hilário nunca mais mencionou sua família quando aparecia para ele. Confiante, Flávio entendeu que se assim estava acontecendo era porque Érica e Marina ainda não poderiam ser socorridas.

Porém, de aluno, ele passou rapidamente a mestre e ministrava aulas juntamente com Margareth. Em desdobramento, Flávio também passou a dar aulas no astral, inclusive para o próprio pai que, a cada ano, mostrava-se mais equilibrado.

Mas, mesmo depois de tanto tempo ele não tinha notícias de Camila, nem por seus mentores, nem por mentores de outros médiuns. No entanto, a notícia do destino de sua mãe no astral inferior o perturbou muito. Soube também que Marina saiu da colônia em que estava abrigada, em Larvosa, uma cidade do umbral comandada por Teófilo. Ao questionar sobre uma possível ajuda a ambas, Hilário respondeu:

— Ainda não é a hora. Cultive a paciência e saiba esperar. Soube por emissário de plano maior que a ajuda se dará através de você. Todavia, a vida tem suas leis que jamais são corrompidas. Marina e Érica se comprometeram muito durante a passagem terrena e devem levar a experiência até o fim, até onde aprenderem de fato a serem melhores.

— Minha mãe eu até compreendo. Levava vida fútil e vazia, tinha muitos preconceitos e não amava ninguém, a não ser a vida boa que o dinheiro proporcionava. Sabia que o papai iria me deixar no Brasil apenas por vingança e nem sequer se importou. Mas... Por que Marina se encontra hoje numa cidade inferior? Ela não foi socorrida?

— Ela se encontra lá por teimosia. Quando despertou na colônia onde foi abrigada, relutou em acreditar que havia morrido. Ao tomar consciência de que estava só e entre pessoas que julgava estranhas e loucas, ela entrou em depressão. Por mais que tentasse sair de onde estava não conseguia. Os portões eram de um ferro muito pesado e os muros altíssimos. Dominada pela tristeza ela só pensava no lar da Terra. Chegou um momento que seu pensamento foi tão forte que ao abrir os olhos acabou se encontrando em sua antiga casa. Achou tudo fechado e sujo. Facilmente percebeu que podia atravessar as paredes e essa sensação a enlouqueceu ainda mais. Constatar que estava realmente morta foi um golpe muito duro e ela perdeu os sentidos. Quando acordou encontrou ao seu lado Teófilo, que, com sua voz melodiosa e conversa fácil, acabou conquistando-a. Agora ela vive lá, na esperança de rever a família e o Ricardo Valadares, sua paixão quando encarnada.

Flávio sentiu compaixão. Isso já ocorria há quatro anos.

Naquele dia ele não conseguiu mais trabalhar com sua mediunidade, recolheu-se e ficou duas horas em profunda meditação. Quando terminou, se sentiu sereno, admitiu que a vida é sábia e jamais erra. Se sua mãe e sua irmã ainda estavam naquele lugar é porque era o melhor que podia acontecer.

13

A vida traça novos rumos

Sempre que podia, Cristiano acompanhava Flávio em seus estudos. O curso que ele fazia era de um nível mais avançado, porém Flávio rapidamente o alcançou e o ultrapassou. Isso se deu porque em sua mente subconsciente estavam os clichês de tudo quanto já tinha aprendido, tanto em vidas passadas, quanto em suas passagens na erraticidade.

Flávio era um espírito mais evoluído do que o irmão, e tendo conquistado maior equilíbrio espiritual, sua ascendência sobre ele se manifestou naturalmente. Cristiano passou a consultá-lo antes de tomar qualquer decisão e a acatar suas opiniões. Tudo quanto fazia passava agora pelo cunho do irmão.

Os negócios de Cristiano prosperavam na Inglaterra, e com eles, era possível arcar com todas as despesas de Flávio até que estivesse preparado para iniciar seu trabalho no Brasil.

Uma tarde Cristiano, em companhia de duas belas jovens, foi visitar Flávio no Centro de Estudos Espirituais onde ele estudava. Uma aparentava ser mais velha, com tez morena escura, cabelos lisos à altura dos ombros e a outra mais nova era morena-clara, tinha lábios finos e cabelos encaracolados. Só quem as conhecia sabia de seu parentesco: eram irmãs. Muito diferentes fisicamente, demonstravam a mesma simpatia.

Cristiano chamou o irmão a uma sala discreta e as apresentou:

— Esta é Laura, minha namorada da qual lhe falei, e esta é Anita, sua irmã.

Ao olhar nos olhos de Anita, Flávio sentiu uma sensação diferente e teve a certeza de que já a conhecia de outras vidas. Cristiano notou, porém nada comentou. Flávio fitou-as admirado:

— Muito prazer! Vocês são diferentes, nem parecem irmãs! Como aprenderam a falar português tão bem?

Anita explicou:

— Somos brasileiras. Estamos aqui há apenas dois anos. Nosso pai conseguiu um ótimo emprego e nos mudamos para cá. Foi bom para Laura que teve a chance de conhecer o Cristiano.

Ela pareceu encabulada:

— Não repare. Anita fala demais.

Cristiano interferiu:

— Elas têm personalidades diferentes; enquanto Laura é tímida, Anita é o oposto.

Flávio observou:

— Pelo brilho que vejo em seus olhos, penso que logo teremos um casamento.

— Você é um bruxo mesmo! Como adivinhou? Nos conhecemos há apenas seis meses e sinto que quero viver com ela pelo resto da vida.

— Olhando vocês dois, sinto que nasceram um para o outro.

Cristiano atalhou:

— Viram como ele consegue ler o que se passa dentro de cada um de nós?

— Foi você quem me ajudou a perceber minha sensibilidade.

— Mas o aluno da primeira hora superou o mestre.

— Pare de brincadeiras, você sabe que eu não gosto que me chame assim. Às vezes você pede e dou minha opinião, mas jamais pretendi guiar sua vida.

— Mas seguindo sua opinião nunca me dei mal.

Anita, muito interessada, perguntou:

— Você, Flávio, é médium? O que vê na minha aura?

Ele viu nitidamente surgir na aura de Anita um brilho muito forte quando ela o fitava, revelando certo interesse por ele. Porém, disse apenas:

— Sua aura é de uma pessoa muito alegre, que sabe curtir a vida. Está muito brilhante.

Anita corou. Ele disse as últimas palavras olhando profundamente em seus olhos; teria percebido seu interesse?

A conversa continuou até a hora do crepúsculo, quando todos se despediram e foram embora. Contudo, Flávio e Anita não conseguiram esquecer um do outro. Desde que chegara a Inglaterra, Flávio não tinha se envolvido com nenhuma moça. Depois do que sofrera com a morte de Camila, fechara o coração ao amor, com medo de sofrer.

Porém, ao conhecer Anita, sentiu por ela uma incrível sensação de familiaridade, mas teve medo de estar confundindo as coisas. Resolveu meditar e tentar compreender melhor o que se passava com ele.

No mundo espiritual, Camila continuava escrava de Jorge. A princípio, Teófilo queria levá-la para Larvosa, mas um acordo feito com o amigo a fez permanecer no Desterro.

Teófilo queria ter mais uma magnetizadora, porém Jorge lhe garantiu que trabalhando para ele Camila faria a mesma coisa. Ela sentia muita saudade de Flávio e quando descobriu que estava morta tentou vê-lo, porém Ester explicou:

— Flávio vive em uma sintonia acima da nossa, portanto não podemos vê-lo. Deverá conformar-se e ficar na saudade. Também não consigo ver meu marido que já reencarnou e está protegido por uma família espírita. Eles fazem toda semana o evangelho no lar e por isso não conseguimos nos aproximar. Aqueles malditos espíritas!

Camila ficou curiosa:

— O Flávio ainda continua nessa de espiritismo?

— Soube que vive na Inglaterra com um grupo de espiritualistas independentes numa faixa de alta elevação. Nem conseguimos chegar perto. Jorge não costuma se meter com o pessoal do Cordeiro, pois sempre se dá mal.

Camila teve que se conformar. Não sentia saudades da família, muito menos de Rafael, seu antigo namorado. Na cidade em que vivia, pôde conhecê-lo melhor e percebeu que era apenas paixão o que havia sentido por ele.

Porém, ele não deixava de persegui-la e às vezes ela deixava-se envolver e ambos se entregavam à paixão, num daqueles quartos sombrios e escuros da cidade.

Depois que isso acontecia, Camila passava horas em depressão e ia à Terra sugar as libações do álcool das pessoas que se entretinham nesse vício. Fazendo isso conseguia esquecer um pouco a insatisfação.

Numa dessas visitas ao orbe, ela percebeu que algo de muito estranho acontecia na sua antiga casa. Aterrorizada ela percebeu que sua mãe Élida havia enlouquecido e se encontrava internada. Seu pai e sua irmã não a visitavam e de certa forma sentiam-se aliviados por se verem livres dos problemas que ela lhes trazia.

No hospício, Camila não conseguiu permanecer nem cinco minutos. Ela viu que lá havia grande quantidade de entidades em desequilíbrio, que assim como ela queria viver no lado obscuro da vida.

Ela viu próximo à sua mãe um espírito de aparência horrível. Sentiu-se muito mal. Élida em nada lembrava a mulher bonita e chique de antigamente. Estava com os cabelos desgrenhados, mal vestida, além de babar muito.

Camila fugiu logo dali, pois não desejava desequilibrar-se mais. Não estava interessada na mãe nem em seu destino. Era até bom que tivesse enlouquecido.

Com o tempo, Érica deixou de ser prisioneira para ser trabalhadora de Jorge na cidade do Desterro. Em todos os anos de desencarnada ela nunca viu a família. Soube da situação do marido, mas recusou-se a vê-lo. Marina não lhe interessava, já Flávio e Cristiano ela não pôde nem chegar perto devido à vibração de ambos.

Por isso conformou-se com a situação em que vivia. Passou a utilizar seus poderes para magnetizar as pessoas da Terra e tentar manipulá-las conforme sua conveniência. Porém, de tudo que havia visto depois da morte, jamais esqueceu da viagem que fizera ao abismo. Aquelas cenas permaneceram vivas em sua memória.

Naquela noite, ao ver o grupo que Jorge convocara juntamente com Rafael para ir ao abismo, ela espantou-se:

— Para que tanta gente?

Ester explicou:

— As formas degeneradas são muito pesadas, são necessários homens fortes para locomovê-las. Esses homens irão lá com essa função. Veja o Rafael como está alegre com a vingança. Conversa e sorri sem parar.

Érica olhou para Rafael, que era ainda muito jovem, e exclamou:

— Não entendo como um rapaz desse pode se comprometer dessa forma. Tenho ajudado nos trabalhados de vingança, mas noto que ninguém sai feliz de uma coisa dessas.

Ester retorquiu:

— É porque você não sabe o que a Élida fez. Quando chegou no astral, Rafael descobriu que Camila perdeu o bebê porque a mãe fez ela praticar um tenebroso aborto. Imagine só a raiva que ele sentiu. Além de separá-los por puro preconceito ela cometeu esse ato draconiano com o filhinho que estava por nascer. É muito justa essa vingança, aquela mulher merece a loucura que a aguarda.

— Estou com muito medo, Ester — confessou Érica. — Não sou acostumada a ir em lugares como o abismo, acho que me recusarei a ir.

— Não desobedeça ao Jorge, ele é muito violento. Disse que faz questão de levá-la junto para que veja do que ele é capaz.

Ela estremeceu:

— Então irei, mas você me protegerá.

Ester sorriu:

— Aqui ninguém protege ninguém, se tiver alguma coisa ruim lá lhe aguardando, não sou eu quem irá salvá-la.

Érica ficou apavorada, porém não tinha como deixar de obedecer.

Ela percorreu junto com o grupo um longo caminho. Ao chegarem em certo ponto, já na subcrosta, todos colocaram uma espécie de óculos protetor.*

No limiar para o abismo, Érica sentiu que ia desfalecer. As cenas que viu eram de aterrorizar qualquer criatura. Os homens indiferentes chegaram ao local e retiraram de lá uma forma que parecia ser de uma mulher. Ela babava sem parar e tinha os olhos vidrados. Os cabelos se transformaram em uma crina e ela andava de quatro pés. Do meio da cintura para baixo seu corpo era de cavalo e ela relinchava como se fosse mesmo um animal.

Jorge chamou Érica a um canto e disse:

— Essa aí foi uma antiga criminosa que chegou a esse estado por sugestão de um espírito vingativo. Traz nas costas mais de cem crimes e o remorso torturante, sem remédio, a levou pouco a pouco a se transformar nisso que vê aí. Agora, está completamente louca. Colaremos esse espécime no corpo de Élida, que bem merece.

Ela implorou:

— Não faça isso Jorge, pelo amor de Deus. Os filhos do Cordeiro não irão permitir que isto aconteça.

Jorge deu uma gargalhada:

— Élida não tem proteção dos filhos do Cordeiro. É ambiciosa, má, perversa, crítica e maledicente. Vive num mundo de fantasias e ilusões. Por que acha que iremos atingi-la? Se fosse uma pessoa voltada ao bem jamais conseguiríamos esse intento.

Os homens fortes abriram uma jaula e prenderam a forma tenebrosa dentro com muita violência. O caminho de volta pareceu mais rápido, porém, eles não descansaram.

---

* Ler o romance O *Abismo*, de R.A. Ranieri.

Foram direto para a mansão dos Assunção Ferguson. Encontraram Élida no toucador aprontando-se para sair. O quarto era luxuoso e muito bem decorado. Rapidamente os homens ligaram alguns fios energéticos, que Érica não entendeu de onde vinham, no cerebelo de Élida. Em seguida abriram a jaula e soltaram no recinto a forma meio humana, meio animal. Érica percebeu que os fios vinham da entidade e esperou aflita o que ocorreria.

De repente, Élida sentiu ligeira tontura. Olhou no relógio e percebeu que já eram oito horas da noite. Sem saber porquê, começou a se sentir nervosa e angustiada. Uma sensação de apreensão a invadiu e ela começou a suar fino na testa. Pôde ver claramente a forma degenerada próxima a seu corpo e deu um grito de horror. Gritou alto e muito forte repetidas vezes. Isabela e Fernando apareceram no quarto e ela pediu chorando:

— Tirem-na daqui, eu lhes suplico. Tirem-na.

O marido protestou:

— Não há nada aqui Élida, o quarto está vazio!

Rafael ria de felicidade. A mulher maldosa e preconceituosa virara um farrapo humano.

Ela insistia que havia um monstro no quarto, mas Fernando repetia que não havia nada lá.

Isabela dizia a mesma coisa, porém ninguém conseguia contê-la. Sentindo-se perseguida, Élida começou a correr pela grande casa. Por mais que tentasse não conseguia se livrar do ser monstruoso que estava ligado ao seu corpo. Aonde ia, o ser urrando e babando a acompanhava.

Ela acabou sendo levada ao psiquiatra que diagnosticou *esquizofrenia paranóide*. O dr. Francisco disse que casos assim eram comuns e que poderiam ser medicados em casa. Ela não apresentava lesões no cérebro, porém o médico explicou que todos os sintomas eram de uma esquizofrenia e certamente a lesão deveria estar em uma zona específica que os exames não conseguiram identificar.

Era uma explicação confusa. Na realidade, o dr. Francisco não entendia como uma pessoa com esses sintomas não apresentava nenhuma lesão. Élida tomava 16 comprimidos por dia. Mas, não melhorou. Pelo contrário, os medicamentos agravaram seu estado. Ela passou a andar nua pela casa e pela rua. Fernando e Isabela optaram pela internação que ocorreu com Élida numa camisa de força.

Érica não conseguia entender como podia existir tanta maldade no mundo. Não entendia como uma mulher bondosa e religiosa como Élida pudesse terminar naquele estado.

Com esses pensamentos resolveu se recolher. Pelo amanhecer trabalharia mais.

14

No Brasil

Flávio continuava com os pensamentos contraditórios no que se referia a Anita. Ela se mostrava completamente apaixonada por ele. Ia visitá-lo freqüentemente na companhia de Cristiano que sempre estava próximo do irmão.

Rolando na cama, ele pensava se o que sentia era algo mais profundo ou apenas uma atração passageira. Não desejava misturar as coisas, queria agir com absoluta certeza de seus sentimentos. Fazia dois meses que se conheciam, mas um não tirava o outro do pensamento.

Lembrou-se repentinamente de uma frase do Dalai-Lama que dizia: *Ame profundamente e com paixão. Você pode se machucar, mas é a única forma de viver a vida completamente.* Era isso que precisava fazer. Vivia pregando em suas palestras que o amor deve ser vivido em plenitude e que jamais devemos deixar de demonstrar um sentimento.

Nesse instante, percebeu que estava fazendo totalmente o contrário, fugindo covardemente do amor. Tomou uma decisão: logo após a palestra convidaria Anita para um passeio e se declararia.

Flávio entrou num salão repleto de pessoas, onde ouviriam uma palestra sobre o planeta Terra. Era um grupo de espiritualistas interessado em saber um pouco mais sobre o panorama espiritual do nosso planeta que confiava muito no que Flávio dizia. Ele iniciou:

— Vamos todos pedir a Deus, supremo Criador do Universo, que tome a direção deste trabalho que hoje se realizará. Que Ele possa nos enviar vibrações de paz, amor e harmonia, que possamos contar com a presença de nossos amigos espirituais e com a cumplicidade do Universo.

— Meus amigos, o governo espiritual do planeta Terra é monitorado por uma junta muito grande de espíritos, que acompanha sua evolução. São espíritos superiores designados pela fonte de vida, para ajudar a humanidade a encontrar o caminho do progresso, com menos sofrimento. As leis cósmicas, perfeitas e imutáveis funcionam, respondendo às atitudes de cada um e ao mesmo tempo às escolhas coletivas dos povos, cuja ignorância tem levado a guerras e aos jogos do poder, ocasionando todo sofrimento que tem crucificado na dor toda a humanidade. Em uma cruzada de amor, esses espíritos iluminados intervêm, buscando de todas as formas esclarecer a consciência dos encarnados, a fim de que se ajustem às leis do progresso e possam evoluir pela inteligência, banindo da face do planeta o sofrimento.

Ele continuou discorrendo com extrema facilidade sobre a Terra e seus mecanismos, inspirado que estava por entidade de elevada hierarquia. Ao final, concluiu:

— Na Terra, o bem-estar das pessoas depende exclusivamente das energias que produzem. Elas alimentam idéias que determinam suas atitudes. Essas atitudes formam o destino do planeta e conforme a situação, os espíritos superiores não intervêm, só o fazendo quando as transformações provocadas pela colheita dos resultados, tornam propício o momento, favorecendo o sucesso de seus propósitos. É bom lembrar que a vida não joga para perder e só atua quando há grande probabilidade de obter o que ela deseja. Quando um desafio se faz presente em nossas vidas é porque temos condições de enfrentá-lo e vencê-lo.

— Vamos pensar melhor se estamos ou não contribuindo para

a evolução do planeta, e a partir daí pautar nossa vida pela ética, pelo otimismo e pela fé.

— Que Jesus possa nos abençoar pelos caminhos da vida, hoje e sempre. Que assim seja!

Os trabalhos da noite foram encerrados e alguns dos presentes foram cumprimentar Flávio pelas palavras de incentivo. Anita estava no meio deles, juntamente com a irmã e Cristiano. Após um aperto de mão e um abraço caloroso, Flávio, meio sem jeito, falou-lhe ao ouvido:

— Anita, preciso muito conversar com você, me espera no jardim?

Ela, parecendo saber do que se tratava, respondeu com um sim muito expressivo.

Para esclarecer a situação com Laura, Flávio comentou:

— Gostaria muito de poder conversar particularmente com Anita. Depois eu a deixarei em casa.

Laura respondeu:

— Fique à vontade.

Despedindo-se da irmã e de Cristiano, Anita foi ao jardim esperar por Flávio. Ele foi em seguida. Um vez juntos no carro, Flávio disse:

— Vou levá-la a um belo restaurante.

— Não estou com fome Flávio, não desejo comer nada.

Ele respondeu:

— Você vai gostar. Há música instrumental ambiente e se não quiser jantar, poderemos ficar no barzinho.

Durante o trajeto ele pegava algumas vezes na mão de Anita que corava de prazer. Será que finalmente seu sonho se realizaria? Sentia que amava Flávio mais que tudo na vida e namorá-lo seria o ápice da sua felicidade.

Num lugar do barzinho, meio em penumbra, Flávio fez sua declaração a Anita. Foi objetivo e sincero. Falou da sua vida, do seu trabalho com a mediunidade, da sua paixão por Camila e da morte trágica dos pais e da irmã. Confessou ter sentido algo diferente e especial por ela, não afirmou ser amor, mas era um bom sentimento que deveria ser vivido com intensidade.

Flávio aprendeu que nenhum sentimento deve ficar escondido, principalmente os de amor. É o amor que dá alegria à vida e quando ele aparece deve ser vivido.

Anita não estava em si de tanta felicidade. Era uma alma de evolução mediana e não estava interessada nos trabalhos mediúnicos de Flávio. Ela fingia que se interessava, fazia perguntas, mas do que gostava mesmo era de estar com ele.

No fundo dava graças a Deus pelo namorado ser assim, meio beato, só assim ficaria sossegada quanto às traições, que certamente jamais ocorreriam. Bendita mediunidade, pensava ela, com certo egoísmo.

Ela procurou fazer tudo para agradá-lo a partir daquele dia. Cristiano ficou muito feliz com o namoro dos dois, pois ficaria tudo em família. Onde Flávio estivesse, lá estaria Anita.

Não fosse pelo egoísmo dela, essa seria uma relação perfeita. Flávio a amava. Sabia de seus defeitos, mas eles não eram suficientes para acabar com o amor que ele sentia. Compreendia e jamais discutiam. Para ela, viver ao lado de Flávio, era uma oportunidade de progresso que a vida lhe oferecia. Estando unidos por compromissos do passado, o casamento por certo se realizaria, visando o progresso de ambos.

Anita, desde a época que vivia na espiritualidade, aceitou tê-lo como marido. Por tê-lo perdido de forma trágica no passado remoto, ela cristalizou em seu espírito que só seria feliz se estivesse com ele, por isso tudo fazia para ficar ao seu lado.

Um ano se passou desde o início do idílio entre Flávio e Anita. Durante esse período estavam sempre juntos. Ela aproveitava toda a chance de estar com ele e por isso era assídua nas reuniões espíritas de dona Margareth.

O tempo passava e Flávio ia desenvolvendo mais sua consciência e agindo com mais sabedoria. Fez diversos tipos de cursos, dentre eles os de auto-ajuda, psicologia comportamental, análise, parapsicologia, terapias, incluindo a logoterapia, que tem como base fundamental a busca e a expressão do eu. Mas foi numa viagem a Califórnia que Flávio fez um dos cursos que mais o ajudaria, o curso de mentalismo e prosperidade.

Quando voltou dessa viagem, num horário de meditação, Flávio viu aproximar-se dele o espírito Hilário:

— Que a Paz de Deus esteja com você.

— Que assim seja. O que deseja de mim, Hilário?

— Primeiro lhe avisar que mais uma parte de sua missão será cumprida. Deverá deixar a Inglaterra o quanto antes e voltar para o Brasil. É lá que reside o grupo de pessoas que você deverá ensinar. Sua iniciação e aprendizagem se completaram com o curso que recebeu na Califórnia. É hora de metodizar o trabalho e traçar as diretrizes para bem organizá-lo. As pessoas estão cada vez mais perdidas com os desafios que enfrentam no mundo. Você será o agente transformador da vida de cada um deles, que já estão prontos para a ajuda.

— E Anita? Vai poder seguir comigo?

— Sim. Ela também é uma necessitada. Você ainda descobrirá que a ama mais do que imagina. Terão que passar por um grande desafio, mas a vida jamais desampara ninguém e vocês terão condições para vencê-lo. A sugestão da espiritualidade é que formalize sua união, case-se com ela. Depois de casados deverão residir no Brasil. Lá o procurarei para maiores esclarecimentos. Que Deus te proteja.

Flávio agradeceu a Deus mais esse contato e resolveu colocar em prática os conselhos de Hilário, pedindo Anita em casamento. Ela ficou imensamente feliz com o pedido de casamento do namorado. Seus pais, Rômulo e Alexandra, também concordaram com o enlace, pois viam em Flávio a personificação do genro perfeito: bonito, inteligente, sadio e rico. Apenas não gostavam das idéias espirituais dele; como católicos ortodoxos que eram, jamais compartilhariam com as idéias de reencarnação, comunicações de espíritos e coisas do tipo. Mas, acabaram deixando de lado seus pontos de vista em favor da felicidade da filha.

Uma tarde, lá estava Flávio no apartamento dos pais de Anita, com a noiva presente, traçando planos para o casamento:

— Vim avisar que pretendo ir embora do país retornando ao Brasil. Conversei com Anita e ela concordou em nos casarmos lá.

Alexandra não gostou:

— Lá? Eu queria tanto que fosse aqui. Tinha feito tantos planos, afinal, ela casará primeiro que a Laura, é minha primeira filha que casa! — disse ela com um tom melancólico na voz.

— É que a minha única tia viva mora lá e me é muito querida. Somos todos brasileiros e desejamos oficializar lá em nossa terra essa tão sonhada união. Vocês poderão ir pra lá também no dia da cerimônia...

Rômulo concordou:

— Eu não queria perder minha filha, mas concordo que ela deve seguir o futuro marido. Se quiserem se casar por lá têm toda a minha aprovação.

Alexandra retorquiu:

— Mas quero ir com vocês. Desejo preparar tudo para esse casamento pessoalmente. O Rômulo e a Laura podem ir no dia, mas eu não deixo minha filhinha só, por nada.

Flávio argumentou:

— Nós desejamos apenas uma festa simples. A cerimônia será civil, sem mais badalações, não foi isso que combinamos Anita?

Anita, que se mantinha calada, respondeu:

— Sim, mas sabendo como dona Alexandra é teimosa, acho melhor fazermos como ela quer senão teremos problemas.

Alexandra era uma mulher rígida, porém de boa índole. Gostava muito da filha e sonhava com o mais lindo casamento para ela. Não deixaria passar uma ocasião dessa, evidentemente.

— Sou teimosa mesmo, vou organizar a mais bela festa de São Paulo. Eu e meu marido vamos dar tudo para a festa, de modo que você, Flávio, não precisa se preocupar.

— Eu faço questão de colaborar, afinal sou o noivo.

Rômulo interviu:

— Deixe isso com a gente, você já terá que arcar com as despesas de casa, mobiliário, dentre outras coisas.

A discussão seguiu acalorada, cada um dando sua opinião, ao final concluíram que Flávio daria o enxoval, a casa e os móveis, enquanto os pais dariam uma luxuosa festa.

Depois de tudo decidido Flávio, Anita e Alexandra voaram de volta ao Brasil. Cristiano, Rômulo e Laura foram se despedir no aeroporto.

Francisca iria recepcioná-los e estava ansiosa para rever o sobrinho tão amado depois de longos seis anos. Mandou arrumar três quartos especialmente para eles e preparou deliciosa merenda para o chá das cinco.

Às três em ponto eles estavam no Brasil. Flávio estava emocionado:

— Ah, minha terra! Esse cheiro, esse sol, essa magia só existem mesmo aqui.

Alexandra também se emocionava:

— Já havia me esquecido do quanto é bom e bonito esse querido país. Parece que passei cem anos fora. Devo confessar que mesmo com toda a organização da Inglaterra ainda prefiro aqui. É que sou muito baderneira, desorganizada e o povo do Brasil é assim, muito zen.

Flávio corrigiu:

— Aqui há mesmo muita liberdade, porém o povo brasileiro já se adaptou mais ao ritmo organizado dos países de primeiro mundo. Hoje você pode ver que o país está bem cuidado, organizado e dirigido. Será maravilhoso vivermos aqui.

Anita apenas falou:

— Para mim onde você estiver estará minha felicidade.

O Flávio que acabara de chegar ao Brasil, em nada mais lembrava aquele adolescente cheio de dramas, confuso consigo mesmo. Agora era um homem feito, de corpo e alma. Experiente, centrado, maduro, Flávio era realmente um mestre. De repente, a lembrança dos pais, de Camila, dos velhos amigos lhe veio à memória, mas foi interrompida pela recepção calorosa de Francisca que veio buscá-los.

— Como é bom te ver Flávio. Como está diferente, mudou até a cor dos cabelos! — disse sorrindo.

Flávio abraçou aquela alma generosa e apresentou as mulheres.

— A Anita é muito mais bonita do que eu imaginava, e essa é Laura, irmã dela?

— Não, esta é Alexandra, mãe de Anita.

Francisca observou:

— Nossa, invejo sua juventude e beleza, parecem irmãs. Olha, tenho orgulho de levar vocês com o meu próprio carro. Muita coisa mudou na minha vida nestes seis anos, me tornei até empresária — falou muito contente.

Flávio exultou:

— Nossa, tia, que progresso!

Ela disse:

— Percebi que a vida ociosa que levava em nada contribuía para meu progresso, com o tempo fui cansando da rotina que tinha e resolvi investir parte de minha herança num empreendimento. Mas agora vamos, pois estou ansiosa para instalá-los em minha casa.

A conversa seguiu animada, mas Flávio estava viajando em suas lembranças. Realmente, o Brasil mexia muito com ele, principalmente pelo seu passado, sua paixão por Camila, tudo fazia lembrar o tempo que ainda era adolescente e que morava com seus pais levando uma vida como tantas outras. Até que um dia o destino mudou o rumo dos acontecimentos, e lá estava ele, prova viva e consciente que Deus jamais erra e só faz o melhor.

Assim que Flávio chegou ao Brasil, Ester tratou de comunicar a Camila. Durante aqueles seis anos ela continuava trabalhando nos planos de vingança da *Cidade do Desterro*. Vivia amedrontada, mas como não acreditava ser possível sair dali, continuava fazendo tudo o que Jorge mandava.

Ultimamente estava sendo uma das produtoras das roupas dos moradores da cidade. Ester a encontrou numa espécie de tear, porém os fios eram magnéticos e saíam da mente de Camila; assim ela aprendeu a plasmar os tecidos.

— O que foi, Ester?

— Tenho novidades do Flávio. O Jorge viu pelo monitor quando ele chegou ao Brasil. Parece que o trabalho dele com os filhos do outro lado vai começar em São Paulo.

Camila largou o serviço, interessada que estava naquela conversa. Durante aqueles anos todos o que mais queria era aproximar-se do grande amor de sua vida, porém os companheiros diziam não ser possível, pois Flávio vivia em faixa mental elevada. Mesmo assim Jorge o espiava sempre que possível através dos monitores e ela sempre estava informada. Perguntou:

— Ele continua com ela, a trouxe para o Brasil?

Ester ficou calada durante alguns segundos e informou:

— Sinto dizer, ele além de trazê-la, pretende casar-se com ela. Tente se acalmar.

Camila entrou em fúria, seus olhos expeliam chispas e todo o seu corpo tremia:

— Isso não pode acontecer, impedirei a todo custo!

Ester retorquiu:

— Não sei se será possível, terá que pedir permissão ao Jorge. Durante esses anos, ninguém dessa cidade conseguiu chegar nem perto de Flávio. Acha que será possível agora?

— Não sei, mas tenho que encontrar uma maneira de impedir que essa maldita case-se com ele, deve haver algum modo, Ester.

— Nem sempre se pode interferir assim ao bel-prazer na vida dos encarnados. Se assim fosse, a Terra já teria se transformado num hospício mais louco do que é. Se em muitas vezes conseguimos, em outras fracassamos. Se a pessoa for protegida da luz, nada conseguiremos fazer.

Camila rosnou de raiva e decidiu:

— Flávio é só meu e jamais será de ninguém, de nenhuma outra. Ester, marque uma reunião com Jorge, preciso vê-lo ainda hoje.

Ester, com mau humor, respondeu:

— Não sei se será possível, hoje ele está muito ocupado, mas com jeitinho talvez eu consiga. — Falou estas últimas palavras com jeito malicioso. Camila perguntou:

— Há tempos venho desconfiando que você está de rolo com o Jorge, me diga, é verdade?

Ela sorriu ao responder:

— O Jorge tem muitas amantes, mas duvido que as outras dêem tudo de si a ele como eu.

— Eu sabia! — exultou Camila. — Ele lhe dá muitas facilidades. Só podia ser isso.

Ester lamentou:

— Desde que meu marido reencarnou eu não tinha mais vida sexual, sabe, eu estava carente, daí acabei me entregando ao Jorge.

Camila disse:

— Certa você! Faço a mesma coisa. Amo o Flávio, mas para assuntos íntimos eu sempre uso o Rafael. — Elas continuaram com a conversa sensual, envoltas de energias negras, mas a certo ponto Camila disse:

— Chega desse papo, vá marcar minha audiência com o Jorge. Eu separarei esse casal ou não me chamo Camila Assunção Ferguson.

Ester procurou Jorge, que relutou um pouco para receber Camila, porém acabou cedendo.

No horário marcado, rosto compungido pelo ódio, lá estava ela:

— Jorge, eu preciso arrumar um jeito de separar Flávio de Anita, ele deverá se guardar apenas pra mim.

Jorge tirou uma espécie de cachimbo da boca e sorriu:

— Realmente, você tem muita sorte. Hoje, justamente hoje, eu descobri que você poderá interferir na relação.

Os olhos dela brilharam.

— Como assim?

Jorge foi metódico ao responder:

— Primeiro quero dizer que você ainda não pode se aproximar de seu amor. Não conseguirá alcançá-lo. Mas Anita tem baixas energias e você poderá trabalhar negativamente com ela.

— Graças a Deus, poderei me vingar daquela infeliz que tenta roubar o amor do Flávio, mas... Como farei, poderemos enlouquecê-la?

— Isso seria perfeito, mas não temos autorização para tanto. Segundo informações de Teófilo, Anita não traz nenhum tipo de enfermidade no perispírito, mas podemos semear a discórdia entre o casal, a desconfiança e o ciúme na mente dela, bem como a depressão e se ela ceder mais, futuramente um suicídio. Daí poderemos capturá-la no vale e trazê-la para cá. Ela será só sua, poderá molestá-la à vontade.

Camila ficou radiante, o orgulho e a maldade eram sentimentos que a excitavam.

— Isso será logo? A Ester me afirmou que o casamento será breve, temos que agir rápido.

— Sinto muito, mas o casamento não poderemos evitar.

Camila abriu desmesuradamente os olhos.

— Por quê? Está me dizendo que você é fraco e nada poderá fazer? Onde está sua força, Jorge?

Ele a olhou raivoso:

— Não me provoque ou se arrependerá. Esse casamento está na programação reencarnatória de Flávio e só pode ser evitado pelos dois, quanto a isso nossa atuação é nula. Contra certos determinismos da vida, nós somos completamente impotentes.

Camila começou a chorar:

— Aquela sonsa! Conseguirá o maior desejo da minha vida, ser a esposa de Flávio. Mas... se não podemos impedir o casamento, o que de fato podemos fazer?

Jorge explicou:

— O casamento dele está protegido, mas depois vamos atuar pouco a pouco na vida conjugal e os problemas começarão. Lembre-se de que Flávio tem uma vibração muito alta, mas Anita não, vamos atuar nela, nas fraquezas dela. O que posso fazer, já estou fazendo. Enviei um servidor à crosta para observar os pontos fracos de Anita 24 horas por dia. Quando descobrirmos todos eles vamos atacar.

Camila ficou em dúvida:

— Será que Flávio não tem mais pontos fracos? Virou santo? Nada pode atingi-lo?

— Não é bem assim. Os filhos do Cordeiro não exigem a perfeição de seus trabalhadores. Segundo pude observar, Flávio tem muitos defeitos, pois é um homem comum, porém esforça-se para melhorar, dá o melhor que pode em seu nível de evolução, busca a alta espiritualidade. Quem age assim é automaticamente protegido pela lei. Só podemos atacar quem não dá o melhor de si, como é o caso de Anita.

Camila parecendo entender, perguntou:

— Será que conseguirei separá-los?

— Isso dependerá muito dela. Flávio é protegido, mas Anita não. Vamos ver o que podemos fazer. Cada coisa no seu tempo.

Ela se despediu dele e saiu meio tristonha. No meio de uma praça feia e malcheirosa Ester veio ao seu encontro.

— E aí amiga? O que o Jorge lhe disse?

— Infelizmente não posso fazer nada contra esse maldito casamento, porém depois posso interferir. Talvez os possamos separar.

Ester vibrou:

— Você é das nossas! Já vi que merece viver aqui conosco.

— Desde que fui traída pela minha própria mãe não consigo ver à minha frente nenhum sentimento que não seja o ódio. Antes disso eu era uma adolescente feliz, alegre, era uma pessoa comum, infelizmente ela me transformou num monstro!

— É isso mesmo, os outros é quem são culpados pelos nossos

problemas. Por isso, aqui no Desterro, fazemos justiça com as próprias mãos. Essa história de perdoar só serve mesmo para pessoas fracas.

Camila concordou:

— Adorei a dona Élida ter enlouquecido. Quero que morra e venha pro nosso lado, aí poderei fazer dela o que bem quiser.

— Minha vida foi destruída pelo Solano Carbajaua e hoje também ele teve a paga que mereceu. Está lá sem as duas mãos vagando a esmo. Ninguém, nem mesmo Jorge, conseguiu ainda saber seu paradeiro, ele sumiu. Deve estar escondido numa daquelas cavernas.

Camila disse:

— Você sempre teve esse ódio, porém nunca nos contou a causa, gostaria muito de saber.

— Então chegou a hora, prepare-se para saber o que aquele desgraçado me fez!

E começou a narrar todo o drama de sua vida.

15

De volta ao passado

Era o ano de 1896, algum tempo depois da abolição da escravatura no Brasil. Eu, Ester, e meu marido, Adolfo Cruz, morávamos em uma vila chamada Guadalupe, interior de uma cidadezinha do México, que hoje faz parte da capital. Cultivávamos ervas e tínhamos pequena plantação que vendíamos nas feiras de fim de semana. Nossa vida era boa, calma e tínhamos dois filhos chamados Malaquias e Roque. Solano e Zuleika Carbajaua eram nossos vizinhos mais próximos e traçamos estreita amizade. Eles tinham um casal de filhos que eram a Juliete e o Eduardo. Viviam aparentemente bem e eram mais prósperos que nós.

Além das plantações, mantinham um grande armazém no Arraial de Guadalupe do qual todos éramos clientes. O tempo foi passando e começou o período da seca. Nossas plantações não vingavam e precisávamos continuar nos mantendo. Eu tinha verdadeira adoração pelos meus filhos, enlouquecia-me a idéia de vê-los passando fome, e assim Adolfo fez grande soma de dívidas, não só no armazém de Solano, como em outras casas comerciais da região.

Eduardo, o filho mais velho de Solano, tomava conta do armazém e sempre aumentava o número das notas dos clientes. Solano era temido pelas redondezas e por isso ninguém ousava desafiá-lo. Com o tempo, Eduardo roubava mais e mais e assim fizeram pequena fortuna. Tínhamos uma conta altíssima e não teríamos condições de pagar. Eu afirmava ao meu marido que nós não tínhamos feito tantas compras, ao que ele dizia:

— O Eduardo me apresentou essa soma e não podemos fazer nada contra, aliás, os mantimentos estão acabando e precisamos abastecer novamente no armazém do Solano.

E assim foi, a seca continuou pelo resto deste ano e ficou do mesmo jeito nos três anos seguintes. A única solução foi continuar devendo à família Carbajaua. Um dia, quando estávamos tomando café, Eduardo chegou em nossa humilde casa acompanhado pelo pai. Seus rostos estavam compungidos e Solano começou:

— Viemos comunicar que a situação de vocês com nosso comércio não é boa. Devem muito dinheiro e acredito que não têm com que pagar.

Adolfo, lembrando da velha amizade entre as famílias, ainda tentou contemporizar:

— Sei disso amigo, mas tempo virá que saldaremos todas as nossas dívidas contigo. Deixe esta seca passar e devolverei tudo o que nos fornece em forma de dinheiro. Nossas terras sempre foram boas para o plantio e haveremos de colher em dobro.

Solano, com sorriso cínico no olhar, redarguiu:

— Sabemos que suas terras são ótimas, por isso viemos aqui. Desejamos trocar todas essas promissórias pela sua casa e suas terras.

Estremeci de horror ao ver o calhamaço de promissórias na mesa de minha cozinha e percebi que se tratavam de todas as outras que tínhamos na cidade. Solano, interessado que estava em nossas terras, saldou todas as nossas dívidas e somado ao montante que Eduardo aumentava nas compras do armazém dava uma enorme quantia. Desesperada gritei:

— Isso não pode ser! Mais da metade do que está aqui não foi comprado por nós em seu armazém.

Eduardo, com rosto marcado pela cobiça, gritou:

— Está duvidando de minha conduta, chama-me de mentiroso?

Eu repliquei:

— Não foi isso que quis dizer, é que tenho consciência de que não compramos nem metade do que aí está. — Comecei a chorar desolada.

Adolfo pediu:

— Deixe-me examinar.

Quando ele pegou as promissórias, sentiu-se gelar. A soma era o valor exato de todas as nossas terras e propriedades. Vociferou alto:

— Vocês não podem fazer isso conosco, iremos pagar!

Solano não queria controvérsia e afirmou:

— Vocês devem muito. Por isso vão deixar essa propriedade e as terras até amanhã cedo. A partir de agora elas são nossas.

Comecei a chorar abraçada a Malaquias e Roque que eram adolescentes na época. Eles saíram zoando nas botas, deixando para trás uma família destruída. Adolfo tentou consolar-nos dizendo que partir era a única alternativa. A raiva e o ódio dominavam nossos corações e às seis da manhã um grupo de peões armados veio nos expulsar daquele que foi nosso lar durante tantos anos. Unidos, pegamos a estrada em direção à capital jurando vingança. Porém nunca pudemos nos vingar. Sofremos muito na capital e nas primeiras noites dormimos em plena rua. Foi com decepção e amargura que recebemos no rosto a grossa chuva que acabava de chegar àqueles lados do México. Desnutridos, Malaquias e Roque acabaram morrendo. Nunca senti em minha vida uma dor tão imensa. Adolfo, pelo desgosto, também não resistiu e acabou fazendo seu passamento. Eu fiquei sozinha naquela cidade tão grande, pois vivíamos como maltrapilhos, fazendo serviços aqui e ali, nas mansões, em troca de alguma comida.

Numa dessas casas encontrei Malvina, uma prostituta que mantinha um castelo na periferia e que se interessou pelas minhas formas. Eu não era uma mulher feia, apenas estava maltratada pela vida. Malvina me levou a salões e tratou de mim, colocando-me na vida do comércio sexual. Quando fui ficando velha e os clientes me rejeitando acabei voltando às ruas, pois o dinheiro como prostituta não rendia, parecia amaldiçoado. Um dia caí doente e um grupo católico me acolheu num asilo, onde morri solitária.

Cheguei ao astral no ano de 1956, desencarnei com 80 anos. A morte retirou o véu que ocultava minha visão e me vi num lugar sujo, frio e molhado. Os mesmos homens que me usaram sexualmente quando na Terra, agora durante o sono físico, me perseguiam implacáveis. Acabavam me achando e continuavam abusando de mim. Fiquei assim por seis anos, até o dia que uma linda mulher surgiu me convidando para abandonar aquela vida, dizia que eu não merecia viver mais assim. Afirmava que havia um belo lugar me esperando e que para entrar nele eu precisava de uma única coisa: perdoar. Em sua docilidade ela dizia:

— Lembre-se do sofrimento de Jesus, ele padeceu pela injustiça dos homens e mesmo assim perdoou. Agora é a sua vez.

Ela falava isso pois sabia que eu não havia perdoado o Solano, era esse ódio que me mantinha e me mantém viva até hoje. Recusei terminantemente, ela ainda voltou algumas vezes, depois desapareceu. Daí aconteceu o melhor: Jorge veio ao meu encontro e disse que eu estava certa em não seguir esta mulher, pois me levaria com ele para ver os meus filhos e então fiquei muito feliz.

Cheguei ao Desterro, essa nossa cidade, onde meus filhos já residiam. Foi um encontro fabuloso. Para minha felicidade ser completa só faltava meu marido, porém Jorge informou que ele seguiu com aquela mulher e nunca mais eu o veria. Foi o que aconteceu. Pouco tempo depois fiquei sabendo que ele reencarnou no Brasil. Malaquias e Roque, agora já amadurecidos e com os semblantes de outra encarnação onde foram sanguinários, me ajudaram procurar Solano. Exultei ao saber por Jorge o fim trágico de toda a família Carbajaua. Solano prosperou por mais alguns anos, porém logo depois cometeu grave erro, que o levou à falência. Suas falcatruas foram descobertas e ele foi preso. Na prisão ele se suicidou. Juliete foi morar no mesmo castelo que outrora eu trabalhei e se tornou prostituta. Eduardo fugiu e Zuleika morreu velha e muito beata, apesar de solitária.

Perseguimos todos no umbral, porém havia uma alma muito bela chamada Henrique que os queria ajudar. Por muitas orações desse espírito, Deus concedeu uma nova chance para toda a família. Eles reencarnaram. Usamos uma médium aqui do Desterro chamada Mina e conseguimos localizá-los no Brasil. Mas quando isto aconteceu eles já estavam bem de vida. Daí, influenciada por Jorge, tracei meticuloso plano. Colei-me ao Solano e o induzi mais uma vez ao roubo. Facilmente ele captou minhas mensagens e começou a subtrair dinheiro ilicitamente das empresas onde trabalhava. Minha vingança tinha começado. Malaquias e Roque induziram Cristiano, que fora Eduardo, também a compactuar com as falcatruas do pai e os dois estavam no meu encalço. Jorge me apoiou na vingança odienta e passou também a obsedar a família. Como eles não tinham proteção, acabaram sendo atingidos. Henrique, a alma nobre, também renasceu com eles e se chama Flávio, o grande amor de sua vida, Camila. Mas pouco ele conseguiu fazer. Você viu que todos morreram e estão sofrendo tudo o que nos fizeram sofrer. No umbral, Solano, hoje Ângelo, passou privações, perdeu as mãos e Zuleika que é Érica, está escrava. Marina está no *Vale do Amor Livre* e infelizmente perdemos de vista o Eduardo. Ele está realmente mudado e se imbui a cada dia pelos propostos do Cordeiro. Não posso me vingar dele. Jorge diz que se tentar isto me darei mal.

Esse é meu drama, minha vida acabou naquele dia que me tiraram tudo. Você não acha que estou certa em me vingar?

Camila, que a tudo ouviu com espanto, confirmou:

— Claro amiga, avalio sua luta. Pela sua história, e pela minha também, vejo que só através do mal conseguimos ser mais fortes. Se você fosse ruim, certamente teria feito uma desgraça com eles e estaria bem melhor. Talvez nem tivesse perdido suas terras.

— Isso mesmo, antes eu era boba, aceitava tudo de cabeça baixa. Hoje ninguém mexe comigo.

Aquelas criaturas perdidas numa moral falsa e estacionária continuaram conversando. Elas ignoravam que só o perdão liberta e que a vingança é uma faca de dois gumes: atinge principalmente quem a pratica.

16

O *casamento*

Alexandra acordou animada, era o dia do casamento de sua filha. Aquela temporada no Brasil havia feito muito bem ao seu espírito. A casa de Francisca tinha um clima mágico, agradável e levava todos a uma sensação de paz interior. Naquele dia em particular, a azáfama era geral, finalmente Flávio e Anita se uniriam. Na mesa do café a conversa girava em torno do assunto:

— É tão bom quando duas pessoas que se gostam resolvem viver num mesmo teto, é uma pena que não tenha acontecido comigo — dizia Francisca levando uma torrada à boca.

— O bom é que as pessoas procurem viver bem e felizes de qualquer jeito. Um ser humano não é feliz apenas porque se casa e também não é infeliz porque está sozinho. Você mesma tia, se queixa à toa. Vive sozinha mas não sente solidão, está sempre alegre e de bem com a vida. Para muitos o casamento tem sido sinônimo de angústia e infelicidade — elucidou Flávio.

— Eu e o Rômulo vivemos muito bem graças a Deus. Nos compreendemos e sabemos aceitar os defeitos um do outro. Acho que o respeito é fundamental numa relação, mais até que o amor, pois quem diz que ama e não respeita a individualidade do ser amado, na verdade não está amando em plenitude — disse Alexandra.

— Nossa, mamãe, a senhora hoje está uma verdadeira filósofa — brincou Anita.

— É isso mesmo filha, de médico e louco todos nós temos um pouco.

A conversa seguiu animada e depois cada um foi cuidar dos seus afazeres. Francisca havia aplicado boa parte de sua herança deixada pelo pai e cuidadosamente administrada numa loja de confecções. Para ela, ser empresária estava sendo um divertimento, uma forma de ser útil.

Flávio nesses três meses no Brasil comprou um imóvel grande em rua aprazível no centro de São Paulo e estava reformando de acordo com suas necessidades de trabalho. Hilário sempre o orientava no que fazer para que o trabalho com a espiritualidade se desse o melhor possível. Havia o salão específico onde haveriam os trabalhos de desobsessão, outro onde se dariam os cursos e palestras e mais um dedicado a passes e terapias alternativas. Ele queria fazer um centro de estudos, onde as pessoas pudessem ter aconselhamento individual e para isso estava contratando especialistas e os treinando quanto aos conceitos de metafísica e mentalismo. Tudo estava programado pela espiritualidade e Flávio confiava no futuro.

Anita saiu com a mãe para ultimar os ornamentos do vasto salão onde se daria a união civil. Ela não se continha de felicidade, ter o homem amado, fiel, religioso, era tudo o que ela mais ansiava. Alexandra estava com pressa, pois ainda receberia o marido, Laura e Cristiano que estavam chegando da Inglaterra.

O clube estava impecável, ela e Flávio haviam gastado muito, porém o resultado era muito bom. O luxo excessivo incomodava. Flávio, porém, resolveu fazer todas as vontades de sua futura mulher.

Tencionava iniciá-la nas tarefas espirituais e com isso passar-lhe-ia ensinamentos sobre as leis cósmicas.

Anita era um espírito pouco amadurecido e estava longe de saber o que era a verdadeira simplicidade. A prova da riqueza que ela aceitou quando estava na espiritualidade era justamente para que aprendesse a viver na simplicidade, mesmo tendo muito dinheiro.

Porém, as leis das probabilidades indicavam que ela estava no limiar da falência perante a prova escolhida. Na arrumação ela sempre exagerava e sua mãe contribuía. Tudo tinha que ser do mais caro e do melhor.

Ao meio-dia em ponto o avião de Londres chegou em famoso aeroporto de São Paulo. Foi com alegria que Rômulo, Cristiano e Laura pisaram o solo brasileiro. Cada um fez a exclamação que pôde, enquanto abraçavam Flávio, Anita e Alexandra.

No caminho para casa, já no luxuoso carro de Flávio, Cristiano brincou:

— Vejam como a vida é irônica. O Flávio disse que logo eu e Laura estaríamos casados, e quem foram os apressadinhos? Quem foi que marcou a data de casamento com apenas seis meses de namoro?

Flávio, respondendo disse:

— É isso mesmo, para que adiar a felicidade? Anita é a mulher da minha vida, tenho certeza disso, então para que esperar?

Rômulo falou:

— Fico muito feliz em deixar minha filha em suas mãos, sei que ela será muito feliz, sua alma é muito nobre.

— Nobre só Jesus o foi integralmente, todos nós ainda estamos longe da nobreza. Qualquer qualidade que tenhamos neste mundo ainda é muito problemática. Tenho horror à fama de santidade!

— Desculpe Flávio, não quis lhe causar aborrecimentos, porém sou verdadeiro, falo o que sinto, e sei que sua alma é muito elevada.

— Bondade sua amigo, você é que deve ser muito bom para me enxergar assim.

Eles chegaram em casa. A cada palavra dita por Flávio, Anita sentia-se privilegiada. Que homem sábio! Que homem perfeito! Pensava ela perdida em fantasias. Ela ignorava que por mais que uma pessoa tenha certo magnetismo que nos impressione, jamais é perfeita ou maravilhosa. É apenas um ser humano com qualidades e defeitos.

A adoração, o culto e o endeusamento excessivos revelam falta de discernimento espiritual. Quando essa pessoa comete falhas, nossa ilusão cai por terra, e assim percebemos se a amamos realmente ou se estávamos apenas vivendo através de uma projeção feita por nossa mente quase sempre invigilante.

O casamento se deu com muita pompa, bem ao gosto de Anita. A mais fina sociedade foi convidada, uma vez que os pais da noiva, já conhecidos em São Paulo, gozavam a fama de serem milionários no exterior. Havia muita fartura, música, beleza e a festa foi muito elogiada.

Os noivos receberam os cumprimentos e depois partiram em lua-de-mel que seria num chalé em Angra dos Reis, a contragosto de Anita, que queria conhecer alguns países da Europa. Passados os primeiros dias, Anita chamou Flávio e disse:

— Gostaria que você explicasse o porquê daquela gafe na festa de nosso casamento.

Ele assustou-se e perguntou:

— Qual gafe?

— Ora, você ter interrompido os cumprimentos dos convidados para anunciar esse tal curso que irá realizar com os espíritos. Fiquei passada!

Flávio, que jamais esperava isso dela, disse:

— Ora amor, não foi gafe nenhuma. Apenas aproveitei a ocasião para anunciar o início dos meus trabalhos, havia muita gente e senti que era uma ótima oportunidade.

— Muita gente católica, você quer dizer? Aquelas pessoas jamais vão se interessar por nada que diga respeito a espíritos, almas de outro mundo, coisas do tipo, pois você terá todo o tempo do mundo para fazer isso.

Flávio olhou sério para ela e disse:

— Não desejo que nosso casamento comece assim. A amo muito e pensei que estava de acordo com minhas idéias, aliás, expus todas elas pra você assim que nos conhecemos. Tenho uma missão delicada para realizar em São Paulo e sei que há um grupo de evolução me esperando, aguardando a espiritualidade se manifestar através de mim. Tenho certeza de que as pessoas vão se interessar. Aliás, na nossa festa não mencionei nada com espíritos, apenas falei da ciência mentalista e da metafísica. Há algo de mal nisso?

Ela contemporizou:

— Não, meu bem, é que apenas não achei o momento apropriado...

Ele captou sua energia facilmente e respondeu:

— Olhe Anita, sei que você pensa que com o tempo vai me controlar, mandar em minha vida e coisas do tipo, mas eu quero que saiba que comigo não vai conseguir. Sou um espírito livre e independente. O casamento é apenas o desejo de duas pessoas que se amam e que querem viver juntas, formar uma família. Casamento, alianças, podem emocionar, levar lágrimas aos olhos, porém não é uma prisão, uma algema. Quem ama liberta e não aprisiona.

Ela ficou calada durante alguns segundos, depois o abraçou:

— Desculpe-me amor, prometo que o aceitarei como é. Jamais poderia viver sem você!

— Cuidado com isso, a dependência escraviza e enfraquece. Nada nesse mundo é tão seguro quanto imaginamos. A vida é surpreendente e as coisas podem mudar a qualquer momento. Cada um tem um caminho para evoluir. De fato a única coisa segura nesse mundo é a mudança que renova.

— Está querendo me deixar? Apenas uma semana de casado e já fala em separação?

— Não me interprete mal. Não estou dizendo que vamos nos separar, eu não desejo isso. Porém o futuro tem suas leis e pode traçar outros caminhos, novos rumos para as pessoas. O bom mesmo é viver o presente sem perspectiva de amanhã, fazer do hoje o único momento de felicidade. Só se pode ser feliz agora, nunca no passado ou futuro, pois o futuro sempre é presente e o passado já está morto.

Anita estava embevecida. Ela havia criado em Flávio uma aura de santidade que a fazia tecer os sonhos mais apaixonados. Se um dia o perdesse não saberia como viver. Após ouvir as últimas palavras do marido ela o encheu de beijos e o arrastou ao quarto onde continuaram aproveitando os bons momentos da lua-de-mel.

— Precisamos partir — avisava Alexandra a Francisca durante o chá das cinco.

— Ah, já tão cedo?

— Isso mesmo, não vamos nem esperar Anita voltar da lua-de-mel. O Cristiano e a Laura já partiram e nós temos nossos negócios na Inglaterra. Infelizmente Francisca, nossa temporada de férias terminou.

O marido tomando chá com bolachas concordou:

— É isso mesmo, já estou há uma semana longe dos negócios e, sabe como é, empresário nem sempre pode se dar ao luxo de férias em qualquer época do ano.

Francisca concordou:

— Compreendo. Minha confecção é relativamente pequena e eu já me vejo sem tempo, imagine você com uma empresa tão grande. Na verdade eu é que gostaria de tê-los mais em minha companhia.

— Imagine! Nós é que estamos encantados com você, com sua casa deliciosa... Hoje sei o quanto o Flávio foi feliz aqui — disse Alexandra feliz.

— Ele sofreu muito, afinal tinha acabado de perder os pais e a irmã. Porém esse menino é muito forte, venceu tudo, soube se fazer lá fora, acredito que terá muita sorte aqui.

Nessa hora Rômulo perguntou:

— Acredita mesmo que essa história de espíritos, mediunidade, mundo espiritual, pode dar algum lucro? Sei que o meu genro tem muito dinheiro, mas um dia esse dinheiro acaba e aí, como vai viver com minha filha?

Francisca esclareceu:

— Você está equivocado! O trabalho com a espiritualidade é muito sério e jamais pode ser cobrado. Flávio é um médium de incorporação muito ostensivo, veio programado para trabalhar em desobsessão e por isso não cobrará um centavo. O dinheiro que ele ganhará virá dos cursos sobre mentalismo e metafísica, ciências que ele aprendeu nos Estados Unidos.

Rômulo estava incrédulo:

— Nunca interferi nas idéias do Flávio, mas intimamente acredito que ele não terá retorno. Está investindo muito alto, num prédio grande... As pessoas não dão muita importância a tais coisas, esses modismos só dão certo lá para os americanos, os brasileiros não darão valor — falou muito seguro de si.

— Não diga isso! — interveio Francisca. — As pessoas estão cansadas de sofrer e buscam meios alternativos para alcançar a felicidade. E num mundo onde cada um é um e não existem duas pessoas iguais, ao invés de procurar sua própria essência e seguir sua vocação, a maioria tenta se encaixar nos modelos sociais com medo de não ser aceita. E fingem felicidade quando estão amargas por dentro, aparentam sabedoria, inteligência, intelectualidade quando não sabem entender nem a si próprias. É aí que Flávio, auxiliado pelos espíritos de luz, tem muito que ensinar. O mundo espiritual tem feito o possível para esclarecer as pessoas enviando profetas, médiuns conscientes, que inspiram a prática do bem. Acredito que meu sobrinho terá todo o sucesso que merece.

Rômulo sorriu ao dizer:

— Vejo que já foi catequizada pelo Flávio.

— Com certeza. Tudo o que meu sobrinho diz pode ser comprovado pela vida, pela prática do dia-a-dia.

A viagem do casal se deu no dia seguinte. Mais uma vez no aeroporto, ao se despedir, Francisca rezou para que eles fizessem uma boa viagem.

Após um mês de lua-de-mel Anita e Flávio regressaram a São Paulo. Francisca, mesmo atarefada, cuidou da bela casa que ambos adquiriram num bairro próximo ao local escolhido por Flávio, para ser o Centro onde desenvolveria seus trabalhos.

Anita escolheu tudo com muito cuidado e dedicação, sua casa seria um verdadeiro santuário, tendo Flávio como seu ídolo. Tentou agradar o marido em casa para que ele se sentisse feliz. Ao fazer isso ela se anulou totalmente, abdicando de suas preferências para agradá-lo.

As obras no Centro ainda estavam em andamento, porém Flávio fazia questão de acompanhar tudo de perto. A fachada do prédio era grande e nela havia escrito "Centro de Estudos Espirituais Luz no Caminho".

Naquela tarde, após examinar os trabalhos dos operários no Centro, Flávio chegou em casa cansado. Ao abrir o portão, admirou mais uma vez a beleza do jardim que circundava a casa. Era sempre assim, ele não conseguia penetrar o recinto se não admirasse as roseiras, as dálias, os cravos e todas as flores e plantas que havia no seu jardim. Cruzou a porta central da casa e não viu ninguém. Na luxuosa sala, ricamente mobiliada, só havia Rosália retirando o pouco pó que havia no carrilhão.

— Já falei que não precisa se esmerar tanto, a essa hora aposto que já tirou o pó desta sala umas quatro vezes — disse Flávio dirigindo-se a ela.

Assustada Rosália respondeu:

— É que dona Anita assim exige, diz que o pó deve ser retirado cinco vezes ao dia.

Ele beijou a senhora já um pouco idosa e respondeu:

— Pois diga à dona Anita que não precisa tanta coisa assim, por hoje está bom, já pode descansar, cadê sua patroa?

— Chegou toda misteriosa da rua, telefonou muito e depois foi para o quarto, disse que assim que o senhor chegasse era para encontrá-la lá.

— Nossa! O que será que a minha senhora tem assim de tão importante para falar comigo? — disse num gracejo.

— Não sei, mas parece que é coisa séria.

Ele subiu a escadaria que dava para grande corredor. Era uma casa grande, que pensava em povoá-la de filhos seus com Anita; queria uns seis. Quando dizia isso à esposa ela não gostava, achava demais. Porém, no íntimo ela sentia que por Flávio faria tudo, até se sacrificar no tormento que seriam tantas gestações.

O quarto do casal era o maior da mansão. Todos os quartos tinham sacada que dava para o jardim. Ao entrar no recinto ele encontrou Anita deitada na cama fazendo pose, trajando belíssimo vestido azul. Ele estranhou, a esposa não costumava se arrumar tanto sem que fosse a alguma festa importante. Olhou para ela e se emocionou com o que viu. Um fio tênue cor de prata estava ligado ao ventre de Anita, ele começou a chorar, correu e abraçou a esposa. Ela percebendo que o marido, com sua mediunidade já havia percebido, sussurrou-lhe ao ouvido:

— É isso mesmo meu amor, estou grávida. É a primeira criatura que vem através de nós.

— Sei disso querida, nosso lar foi bafejado pela bênção da maternidade. Que Deus te proteja nessa linda fase.

Eles começaram a se beijar repetidas vezes e logo depois entregaram-se ao amor que sentiam um pelo outro.

Na cidade astral *Campo da Redenção* Carlota, Noel e Hilário juntamente com um grupo de técnicos estavam em séria reunião. Carlota perguntava:

— Não é arriscada uma intervenção desta maneira?

Hilário explicava:

— Toda reencarnação é prevista e aprovada pelo Criador, portanto tem sempre condições de dar certo. Contudo, todos têm livre-arbítrio. O que as pessoas fazem comprometendo a própria reencarnação é de responsabilidade apenas delas. Anita está com seis semanas de gestação, por enquanto o feto está sendo mantido por espíritos superiores, porém em breve o espírito de Camila se ligará a ele, renascendo no lar de Flávio. Essa será a chance de Camila santificar a antiga paixão que sente por ele. Vendo-o como pai e aprendendo a amá-lo respeitosamente terá a chance de sublimar esse sentimento.

Noel interveio:

— Entendo a preocupação de Carlota, também a tenho. Temo que Camila, uma vez reencarnada, volte a sentir a mesma paixão pelo ser que então será seu pai. Não sabendo gerir esse sentimento talvez cometa erros gravíssimos.

Um dos técnicos chamado Aramis respondeu:

— As reencarnações só ocorrem quando aprovadas por plano superior. Soubemos por mentor mais avançado que a hora é esta. Se assim é, Camila já tem a chance de vencer a sua prova. Se vier a falir é por sua própria escolha e por não dar o melhor de si.

Houve um silêncio, Hilário interrompeu:

— Creio estar encerrada a nossa reunião. A equipe de Aramis continuará a cuidar do feto que receberá Camila. Noel e Carlota deverão dar sustentação à família e apoiar mais uma vez Anita. Ela está muito feliz, porém sua gestação será complicada. Quando o espírito de sua rival entrar em contato com seu campo vibratório, ela entrará em depressão, começará a evitar Flávio, na tentativa inconsciente de afastar Camila de seu grande amor. Teremos muito trabalho, porém as bênçãos de Deus jamais nos desamparam. Vão com Jesus e que ele possa sempre estar do seu lado.

A reunião encerrou-se. Noel e Carlota saíram pela praça principal ainda pensativos com tudo que ouviram. Juntaram-se a um grupo de pessoas que estava num banco e começaram um gostoso bate-papo.

17

Prelúdios da volta

No dia imediato, Hilário novamente chamou Noel e Carlota à sua sala. Ao chegarem, ele os convidou para assistirem Camila em seus últimos momentos na *Cidade do Desterro*. Um monitor foi ligado e logo eles puderam ver o ambiente onde estava Camila.

Na sala de Jorge ela dizia:

— É isso mesmo Jorge, há alguns dias estou sentindo uma sensação estranha, sinto-me inquieta, não consigo trabalhar na confecção das roupas, nem mesmo bater um papo com minha amiga Ester.

Jorge pareceu observá-la no mais fundo dos seus sentimentos e disse:

— Suas idas à crosta não têm resolvido esse problema? Geralmente, quando sugamos as energias das pessoas invigilantes e viciadas nos sentimos muito melhor.

Ela, muito melancólica, respondeu:

— Nem isso mais me anima. Não vou à crosta há quinze dias. Sinto-me sem vigor, parece que algo muito grave vai acontecer comigo.

Jorge já conhecia aqueles sintomas. Era sempre assim, muitas vezes seus súditos se sentiram depressivos, com vazio interior, demonstravam arrependimento pelos atos cometidos e desejo de melhorar.

Às vezes ele os mandava para a prisão e os castigava "fisicamente" machucando-os, o que resolvia a questão. Uma boa surra e uma palestra sobre as maldades do mundo eram suficientes para demover alguns dos bons intentos.

Porém, para outros nem isso mesmo adiantava, eles ficavam estranhos, dizendo que algo de muito sério estava para acontecer e que eles não sabiam definir o quê. Pouco tempo depois eles desapareciam misteriosamente. Ninguém os encontrava em lugar algum. Teófilo, seu amigo, explicou:

— Isso tudo é culpa dos seres da luz. Quando eles percebem que alguém do nosso lado precisa reencarnar, fazem tudo direitinho, invadem nossas cidades e os levam. Não adianta montar guarda, eles entram imperceptíveis ao nosso olhar, driblam nossos melhores guardas e levam quem desejam. Infelizmente amigo, ainda temos essas limitações que com o tempo venceremos. Chegará a hora que nenhum servo do bem entrará aqui ou lá no Desterro sem nossa autorização. Veja como os filhos do Cordeiro são ousados, fazem o querem conosco e ainda saem vitoriosos. Mas tenho a esperança de que um dia o mal vencerá o bem definitivamente.

Relembrando esse diálogo, Jorge achou que Camila estava prestes ao reencarne. Não mandaria castigá-la, apenas disse:

— Aconselho-a distrair-se na crosta. Chame Ester e vá passear, sugar as libações do álcool, do cigarro e de outros vícios sempre faz bem. Tenho observado, você nunca mais fez maldade alguma. Depois que virou produtora de roupas, deixou de lado as práticas do nosso magnetismo. Acho que errei quando a deixei tanto tempo fora do serviço.

Ela perguntou:

— Acha mesmo que se voltar a trabalhar na produção de magnetismo ficarei boa?

— Por enquanto vá com Ester na Terra e divirta-se um pouco, se não melhorar terá que voltar à prática do mal.

Camila saiu em busca de Ester, foi encontrá-la em sua residência. Era uma casa de aspecto feio e sujo. As paredes eram pintadas de um rosa encardido. Ester abriu a porta e com satisfação viu que era a amiga:

— Que bom que veio, estava já entediada aqui sem meus filhos.

— Para onde foram Malaquias e Roque?

Ela, passando um pente sujo nos cabelos louros e crespos, respondeu:

— Estão em missão na Terra. No Tribunal da Justiça Jorge decidiu que um homem na Terra deve morrer numa briga de bar. Meus filhos foram para esse bar inspirar o algoz do homem a assassiná-lo friamente.

Camila, com rosto de quem ouve algo corriqueiro, disse:

— Ah, pensei que fosse algo sério! Vim aqui falar de mim. Sabe amiga, não estou mais me sentindo feliz como antes, aliás, aqui nunca senti alegria ou felicidade.

Ester retorquiu:

— Você sabe que a felicidade não existe, nascemos para sofrer mesmo! O que espera da vida? Vocês jovens têm tanta ilusão! Devemos agradecer a Jorge a chance de estarmos aqui, e vivermos com ele, que é tão inteligente.

— Você sabe que comecei a duvidar da inteligência dele?

A outra ficou chocada:

— Como assim?

— Fui contar o meu estado, mas parece que ele não sabe o que tenho. Foi curto nas palavras e pareceu estar me escondendo alguma coisa séria. Depois mandou eu ir à Terra gozar com você dos prazeres e só.

Ester defendeu Jorge:

— Não diga jamais que o Jorge não é inteligente. Vivo com ele há mais de 80 anos e nunca o vi errar. Talvez você não deva saber de alguma coisa, deve ser isso.

— Mas o quê? Sinto que algo terrível ocorrerá comigo, parece que a Terra está me puxando. Sinto que em breve passarei longo período por lá.

— Não diga besteiras, isso só poderá acontecer se você desobedecer ao Jorge e ele a expulsar daqui.

Ela pareceu concordar:

— É, talvez seja impressão boba mesmo. Agora vamos à Terra?

— Vamos sim, lá nos divertiremos e você espantará todos esses fantasmas.

Elas seguiram para a crosta e logo estavam numa rua na periferia de São Paulo. Era uma rua pobre, mas tinha um movimentado barzinho. Elas se aproximaram e lá encontraram várias entidades iguais a elas. Era manhã, porém já havia jovens e adultos no vício do álcool. Um dos jovens dizia:

— Galera, hoje o *reggae* aqui será da pesada. A turma lá da rua 15 vem e vamos mandar bala nela.

Os outros jovens se animaram e começaram a gritar. Era um grupo de no máximo oito adolescentes e quatro adultos. Eles se referiam a outro grupo que chegaria para beber com eles e nos fundos do bar fazerem uma orgia. Alugavam esse quarto contíguo para praticarem a sexualidade irresponsável e o uso de drogas.

Camila e Ester ficaram lá até a noite quando o referido grupo chegou. Ester, loucamente se colou a uma jovem e começou a saborear deliciosa bebida. Camila fez o mesmo. Quando saíram de lá estavam cansadas por tudo o que vivenciaram. Era madrugada e cada uma foi para sua casa.

Camila ainda embriagada preparava-se para dormir quando de repente viu uma forte luz invadir seu quarto. Tentou abrir os olhos, o que conseguiu após muito esforço. A luz era forte e ofuscava sua visão. Vislumbrou um senhor de mais ou menos 60 anos que a olhava com profundidade. Perguntou:

— O que o senhor deseja? O que quer de mim? Nunca o vi aqui no Desterro, é morador novo?

Ele pareceu não ouvir e disse:

— Chegou sua hora minha filha. Há o tempo de plantar e o tempo de colher. Acompanhe-me.

Ela assustada, porém confiante naquele homem disse:

— Vai me levar daqui? Mas eu não... eu não posso sair, o Jorge me encontraria onde quer que eu fosse. O senhor não deve saber, mas aqui vivemos como escravos, há um tribunal onde ele julga as pessoas. Temo sofrer; para onde quer me levar?

Ele, muito sereno, explicou:

— Somos escravos apenas das nossas atitudes e pensamentos. Enquanto não os modificarmos no bem continuaremos a sofrer. Você está escrava por causa de suas ilusões, pensa que pode ser dona da vida e das pessoas. Acredita poder mandar e pensa que só o mal tem poder. Quanta ilusão! Só o bem é verdadeiro, o mal só existe para quem acredita nele. A partir de agora deverá ceder e vir comigo. O tempo urge e você deverá reencarnar em questão de poucos meses.

Ela abriu os olhos aparentando pavor e disse:

— Reencarnar? Quer dizer que isso é real, existe mesmo?

— Esse é um dos processos mais naturais da vida e você já passou por ele inúmeras vezes. Agora acompanhe-me.

Ela relutou:

— Não podemos sair daqui. Há guardas por toda a cidade. Aliás, como você entrou aqui sem ser visto? Se alguém souber que está em minha casa seremos severamente punidos.

Ele sem se perturbar revelou:

— Me chamo Hilário e moro numa cidade acima desta faixa chamada *Campo da Redenção*. É lá que viverá até renascer na Terra. Se aceitar, poderemos sair daqui sem que ninguém nos veja. Pela manipulação de certos fluidos podemos passar despercebidos pelo olhar de qualquer pessoa que vive aqui.

Ela parou, pensou um pouco, e disse:

— Não, não posso! Aqui sou livre, faço o que quero. Ouço dizer que nessas outras cidades tudo é limitado, não se pode fazer o quer. Aliás, vocês vão querer colocar em minha cabeça que o bem é bom, que praticar caridade dá alegria e nessas coisas eu não acredito. Além do que, estou interessada em separar um casal na Terra. Só seguirei com você se prometer que vai separar Flávio de Anita. O Jorge disse que não tem poder para interferir nessa relação, mas se você tiver vou com você.

Hilário disse:

— Flávio e Anita estão unidos pelos laços do amor. Casais assim não se separam com facilidade, ninguém interfere num lar onde existe amor verdadeiro. Só o próprio casal na sua intimidade pode optar pela separação, que nesses casos ocorre sem maiores transtornos. Quem ama libera e dá plenitude ao ser amado para que ele se expresse e seja como é. Não acha que o que chama de amor é apenas paixão?

Ela pensou um pouco e respondeu:

— Não, eu amo o Flávio mais que tudo! Não suporto saber que me traiu e casou com outra.

Hilário jogou sua última cartada:

— Não podemos ajudá-la nesse plano, porém posso garantir que se seguir comigo lhe colocarei frente a frente com seu amor. Garanto que aqui com o Jorge isso nunca acontecerá.

Ela encheu os olhos de lágrimas e perguntou meio desconfiada:

— Promete mesmo? Jura que verei o Flávio, o beijarei, o abraçarei?

— Sim, então vamos?

Ele abriu os braços e ela o abraçou. Uma energia leitosa e branca os envolveu e eles saíram andando pela tenebrosa cidade. Os guardas pareciam distraídos e nada perceberam, algumas pessoas também passeavam durante a madrugada, mas não viram nem Hilário nem Camila. Depois de andarem alguns metros ele enlaçou-a pela cintura e assim volitaram para a cidade referida.

Pararam na frente de imenso muro e pesado portão de ferro. À sua esquerda estava escrito *Colônia de recuperação Campo da Redenção*. Hilário introduziu uma espécie de cartão magnético, esperou alguns segundos e um painel se abriu num compartimento do muro. Ele colocou a mão aberta sobre o compartimento e o painel se iluminou.

Camila percebeu que o painel registrou todas as impressões digitais de Hilário. Logo depois o portão se abriu e eles entraram. Camila estava estupefata com o que via. Imensos jardins floridos e verdes, bancos de madeira onde pessoas apesar da madrugada ainda conversavam. Eles andaram um pouco mais. Agora pisavam em rua com calçamento. De onde estava, ela via conjuntos de casas aos milhares perdendo-se de vista. Era tudo muito bonito, limpo e organizado. Carlota vinha chegando com seu sorriso, abraçou-a e curioso fenômeno aconteceu: as roupas que Camila usava mudaram de aspecto. Exótico vestido amarelo-claro surgiu, liso e vaporoso.

— Não se assuste amiga, aqui a maioria das roupas é plasmada na hora pela força do nosso pensamento. Vamos? O autobus nos espera.

Camila olhou para Hilário:

— O senhor não vai comigo? Vai me deixar aqui com essa estranha?

Hilário sorriu:

— O prédio onde resido é próximo da sua casa, durma, amanhã lhe farei uma visita e conversaremos melhor.

Meio desconfiada Camila seguiu Carlota. Quanto mais andava mais se admirava com a beleza da cidade, a organização e a limpeza. Chegaram em um ônibus um pouco diferente dos vistos na Terra. Entraram. Carlota sentou do lado da nova amiga e perguntou:

— Para onde estamos indo? Estou com medo e confusa.

Carlota disse:

— Esse autobus nos levará ao Conjunto Harmonia, onde graciosa casa a espera. Eu mesma, junto com Jane e Noel preparamos para você. Espero que esteja do seu gosto.

— Olha, para falar a verdade, estou muito desconfiada de vocês. Não sei se você sabe, mas nunca usaram a bondade para comigo, até minha mãe foi falsa. Por isso sei que vocês vão querer algo em troca. Sei não, uma casa pronta, roupas bonitas... O que quer de mim?

Carlota sorriu:

— Não seja injusta, você recebeu muita bondade quando estava na Terra, apenas preferiu olhar tudo pelo lado negativo. Teve um pai que a amou profundamente, uma vida boa e confortável, Flávio que a amou e Rafael também. Por que é tão ingrata?

Ela surpreendeu-se, nunca havia parado para pensar daquela forma.

— E as injustiças que recebi?

— Cada um recebe de acordo com o que irradia. Suas crenças e pensamentos foram os responsáveis por tudo o que vivenciou. A vida é maravilhosa, os seres encarnados é que invertem tudo.

— Quer dizer que o aborto que minha mãe me fez, o fato de ter perdido Rafael e morrido em plena juventude foi culpa minha? Não consigo entender.

— Em breve saberá como atraiu tudo isso em sua vida. Agora fique atenta, chegamos ao nosso destino.

A viagem não durou nem dez minutos. Elas desceram e Camila se encantou com a bela casinha que haviam lhe reservado. Era pequena, porém graciosa. Um hall na entrada e pequeno jardim. Por dentro era iluminada e tinha uma sala, um quarto, um banheiro e um cômodo para refeições. Ela estava encantada.

Carlota se despediu e ela entrou no quarto. Era muito simples com janela, guarda-roupas, criado-mudo e um espelho. Olhou-se admirada: seu rosto estava sem a pesada maquiagem que costumava usar. Onde estava seu estojo? Abriu o guarda-roupas e não o encontrou, porém lá havia muitas roupas de vários estilos. Sobre o criado-mudo havia uma bandeja com suco e pães. Ela comeu e logo depois um torpor a invadiu. Na cama, rapidamente adormeceu.

Hilário via tudo pelo monitor, juntamente com Carlota, e disse:

— Certamente, amanhã será um dia de desafios para ela. Descobrirá seu passado, saberá como atraiu tudo o que vivenciou sobre a Terra e talvez se revolte. Mas a compreensão e o amor divino a estarão amparando.

— Ela terá que enfrentar a própria realidade para poder partir segura, tentando vencer a paixão que ainda sente pelo Henrique; já sofreu muito por esse amor desenfreado.

— Não só ela como também Anita, que saiu muito prejudicada da última vez.

— Vamos orar, pedindo a Deus por todos, só com a força Dele conseguirão vencer.

O grandioso salão estava iluminado e preparado para a primeira palestra. A reforma durou o tempo necessário e não houve atrasos, tudo saiu como Flávio desejou. Na frente do grande palco havia 300 cadeiras, todas numeradas. A noite estava agradável e Flávio alegre percebeu que a maioria dos convidados estava presente.

Francisca, ansiosa para começar a aprender, estava na cadeira número 1 ao lado de Anita, que agora mais do que nunca considerava o marido uma estrela.

Flávio, muito organizado, havia enviado convites para todos os centros espíritas, casas comerciais, colégios, pessoas conhecidas da família e outras tantas que poderiam se interessar pelo evento. Nele estava escrito:

O Centro de Estudos Espirituais Luz no Caminho convida você para uma palestra onde assuntos como auto-ajuda, espiritualidade, amor-próprio e mudança interior serão tratados.

Você terá a partir de hoje um lugar para buscar uma vida melhor com orientação espiritual de terapeutas e médiuns capacitados.

Não perca nossa palestra inaugural.

Muita paz, do amigo

Flávio de Menezes

Tudo foi feito com muito carinho e assim o resultado foi o esperado. O espaço reservado lotou.

A cortina se abriu e Flávio apareceu. Muito feliz e concentrado ele começou:

— Queridos amigos, hoje é o dia mais feliz de minha vida. Juntos nesta casa, estudaremos os valores eternos do espírito, trabalhando em favor do nosso progresso espiritual. Vejo a luz que cada um irradia e sinto a ânsia e a necessidade de aprender para construir uma vida melhor e conquistar a felicidade. Vamos começar perguntando:

— Como andam suas mentes? Quais são seus pensamentos habituais? Como está sua vida? Você é feliz? A resposta da maioria será negativa, e não é difícil perceber isto. Basta parar, olhar em volta para ver a quantidade de amigos, parentes, vizinhos, com problemas dos mais variados: é a queixa de que a saúde não anda boa, de que a vida afetiva está um fracasso, que o dinheiro é escasso, que as pessoas são falsas, etc. Vocês mesmos que estão ouvindo agora estas palavras não estão felizes. Se estiverem, parabéns, vocês souberam apertar os botões certos e suas vidas estão seguindo o rumo das realizações. Porém, o que mais se vê são pessoas com problemas. Os consultórios psiquiátricos e psicológicos andam cheios de criaturas querendo sair do círculo horrível do negativismo onde elas se colocaram.

É claro que foram elas! Somos responsáveis por tudo quanto nos acontece. Não há nada em nossa vida que não tenha estado primeiro em nossa mente e em nosso coração, de uma forma ou de outra.

— O sábio Juvenal disse: "Mente sã corpo são, mente doente corpo doente". Com toda certeza esta sabedoria demonstra sua verdade. Não há nada pior do que uma cabeça ociosa e vazia. Vazia de idéias boas, vazia de alegria, vazia de aventura, vazia de divertimento, vazia de sabedoria. Nosso demônio interior e os demônios exteriores começam a trabalhar de forma sorrateira e vamos perdendo dia após dia a alegria de viver. Quando vocês virem uma pessoa desanimada, frustrada, sem vida ou cometendo absurdos, pode ter certeza: ela está com a cabeça vazia de bons pensamentos, mas ocupadas com idéias negativas.

Vocês podem protestar e dizer: "É mentira! Eu trabalho, estudo, corro feito um condenado, minha mente é muito ocupada, mesmo assim ando tão pra baixo..." É claro que anda e vai continuar a andar, piorando a cada dia. É que as pessoas cultivam a ilusão de que o trabalho, o estudo, a vida agitada e corrida preenchem o vazio interior.

Cedo ou tarde perceberão que estão enganadas. É claro que essas coisas são importantes, mas o alimento que preenche a alma é outro, e ele não é encontrado nas coisas exteriores. As estatísticas revelam que o suicídio, a depressão, o vazio interior acontecem em *todas as classes sociais*, mostrando claramente que a condição financeira é o fator menos importante. Acontece com as pessoas empregadas e com as desempregadas, mostrando também que a falta da ocupação externa não é a causa.

— Vamos procurar entender: Não estou querendo dizer que o trabalho de nada vale, é claro que ele é importante. Quando se está bem, alegre e feliz, o trabalho rende e é uma maravilha, nossa produção aumenta, atraímos energias astrais que intensificam nosso entusiasmo e nem vemos a hora passar. O contrário se dá quando estamos de mal com a vida. Se pudéssemos nem levantávamos da cama, trabalhar então? Nem pensar! Você já observou quando um funcionário trabalha com problemas? Há irritação, nervosismo, preguiça...

Acontece o mesmo com o estudo. Se estivermos de bem com a vida, estudaremos felizes e realmente aprenderemos. Se estivermos mal, de nada valerá o estudo. Não se iluda procurando fora de você soluções para seus problemas. Tudo o que você precisa para ser feliz está dentro da sua alma.

— Preencham suas cabeças de forma verdadeira e jamais sentirão vazio. Mas, o que vem a ser o verdadeiro preenchimento? É viver de acordo com a sua natureza mais profunda, valorizando seus sentimentos, ficando no bem. Vocês têm a vida íntima que gostariam de ter? Sua vida amorosa, familiar e sexual está como pede seu coração? Vocês se conhecem o suficiente para saber o que realmente querem da vida? Suas amizades são aquelas que satisfazem seu espírito? Seu sim é sempre sim e o não sempre não? Vocês já descobriram sua verdadeira vocação? Vocês se aceitam integralmente como são? Aceitam seus defeitos com naturalidade buscando melhorar e reconhecer suas qualidades? Já aprenderam a aceitar o ser humano que há em cada pessoa que convive com vocês? Deixaram de criticar, de ter complexos de superioridade e de inferioridade? Aceitam que a vida é livre e incontrolável e já sabem se adaptar aos seus ciclos? Já baniram por completo a inveja de seus corações? Deixaram de desejar o mal ao próximo? Já perceberam que vocês não são melhores nem piores que ninguém?

— Se responderem não a apenas um destes itens, fica claro que é preciso mudar. Ocupar a mente com coisas positivas. Descobrir seu mundo interior onde Deus colocou todas as respostas mostrando o caminho para seu progresso espiritual. Cumprir sua função na Terra, trabalhando, estudando, cuidando da família, do progresso do planeta é um dever para com a vida, que nos dá a oportunidade de aprender aqui. O dever cumprido nos ajuda a encontrar a paz. Mas a realização do nosso espírito, a conquista da felicidade está dentro de nós, no desenvolvimento de nossos potenciais e na maturidade do nosso espírito.

— Se você quer a felicidade terá que conquistá-la passo a passo, aprendendo a lidar de forma adequada com todas as situações da vida. Nesse processo, cada um é um e o que serve para mim, talvez não sirva para você. Entre dentro de você e tente descobrir como conquistar a sua felicidade e nesta casa, juntos, auxiliados pelos amigos espirituais, vamos procurar encontrar o próprio caminho.

Assim que a palestra acabou Flávio deu avisos importantes. Falou que o Centro funcionaria todos os dias da semana ficando as segundas-feiras para o tratamento de desobsessão, as terças para as palestras educativas e de auto-ajuda gratuitas, as quartas para o curso de educação mediúnica.

Nas quintas-feiras haveria o curso pago com o título "Prosperidade", sexta e sábado seria outro curso o "Poder da Mente e Metafísica" e um domingo por mês haveria o curso também pago sobre "Saúde e Doença".

Ele também avisou que todos os interessados deveriam passar na portaria, dar seu nome e endereço, confirmando os preços de cada curso.

Os nomes das pessoas em estado de obsessão seriam colocados por uma secretária numa agenda, e Flávio submeteria cada nome à consulta com os guias espirituais, para saber se o tratamento seria a distância ou com o paciente no próprio Centro.

Explicou também que cada caso é um caso e que só os mentores de elevada hierarquia dariam a última palavra no tratamento.

Terminou dizendo que a desobsessão às segunda-feiras seria fechada e iniciaria às oito em ponto, mesmo assim a equipe treinada e disciplinada atenderia os casos especiais que necessitassem de socorro urgente. Essas pessoas devem chegar ao Centro quinze minutos antes de a porta fechar.

Agradecendo a presença de todos, Flávio encerrou a reunião. Em seguida, foi rodeado por muitas pessoas que satisfeitas, foram cumprimentá-lo.

Naquele dia, Flávio sentiu que finalmente estava exercendo sua vocação, fazendo um trabalho que lhe dava imensa realização interior.

18

Ajudando o céu

O Centro de Estudos que Flávio dirigia com carinho e amor realmente prosperou. A princípio poucas pessoas freqüentavam seus cursos, porém com o passar do tempo a freqüência foi aumentando para a felicidade dele. Poder passar tudo o que havia aprendido com os mestres era um prazer indescritível. Agora entendia por que não se dava bem com os trabalhos que fazia, é que sua real vocação, seu real desejo ainda não tinham se tornado claros para ele.

A renda de seus cursos a princípio era mínima, todavia ele não desanimava. Porém, o trabalho que mais lhe dava prazer era a desobsessão. Apesar de não ser num Centro Espírita propriamente dito, esse trabalho vinha dando frutos, principalmente no seu próprio lar, onde terrível processo se instalou.

No terceiro mês de gravidez, Anita começou a se sentir muito mal. Desmaiava e demorava a acordar. Os médicos tranqüilizavam Flávio, dizendo se tratar de sintoma passageiro, já que ela não tinha nenhum problema físico.

Realmente passou. Anita não desmaiou mais, porém estranha sensação a acometeu. Passou a rejeitar o marido e a sentir raiva dele. Ela que sempre fora amorosa estava transformada, evitava qualquer contato com ele por mínimo que fosse.

Tudo aconteceu muito rápido. Camila se adaptou facilmente à

nova vida com os amigos Noel, Carlota e Hilário. Todos os dias cobrava a promessa que lhe fizeram: veria Flávio e poderia até abraçá-lo. Assim foi feito. Saindo do corpo ele viu Hilário à sua frente.

— Flávio, há uma pessoa que te ama muito e precisa te ver. Embora não esteja autorizada a falar muitas coisas, se contenta apenas com um abraço terno e amoroso vindo de você.

Flávio pensou por alguns instantes e disse:

— Será quem eu estou pensando? Será Camila? Nesses seis anos de desencarnada nunca consegui obter nenhuma informação sobre ela. Por quê?

— Você sabe que nem todas as informações do plano espiritual podem ser passadas aos encarnados. Existe por aqui um controle para certas informações e só na hora exata elas são transmitidas. É imperioso que o homem ignore certas verdades para que possa viver em equilíbrio.

— Sei disso, mas é que a amei demais, gostaria de saber se está bem.

Nessa hora um vulto surgiu em sua frente e foi se corporificando. Era Camila. Estranha emoção o acometeu ao olhar seus olhos. Ela não conseguiu conter as lágrimas. Correu e o abraçou, beijou-o repetidas vezes no rosto, transmitindo tudo o que sentia. Ele estava estático, não sabia como agir. Perguntou:

— Você está bem?

— Agora mais do que nunca, pois estou perto de você. Mesmo sabendo que já se casou, não consigo deixar de te amar.

Ele respondeu:

— Além do casamento, estamos separados por uma faixa energética, mas fico feliz ao saber que está bem.

Ela disse:

— Muitas coisas ocorrerão em meu destino. Eles dizem que tudo é para o melhor, porém estou com medo, desejo ficar do seu lado para sempre. Você me transmite paz e segurança.

— Nunca estaremos realmente separados, o pensamento é

energia viva e onde quer que eu esteja estarei também pensando em você.

Ela sorriu:

— Estranho. Nem a morte consegue acabar com um amor quando ele é verdadeiro. Gostaria de saber se Anita vai um dia liberar você para mim.

— Não pense no futuro. Cuide de você, aprenda a viver melhor, siga o destino que Deus agora te reserva. Um dia quem sabe poderemos nos unir em melhores circunstâncias. Naquela época eu era um adolescente inexperiente, com medo da vida, órfão. Você estava revoltada, se agredia, por isso morreu daquela forma. Quem se trata mal, agride-se ou ao seu semelhante e está sempre apto a morrer também de forma violenta. Modifique-se para que numa próxima existência viva melhor.

Ela não se conteve:

— É que vou renascer na...

Hilário rapidamente lançou uma energia cinza, que paralisou sua voz. Olhou para Flávio e disse:

— Infelizmente filho, deverá esquecer o que ouviu aqui. Ainda não pode lhe ser revelado que Camila será sua filha. — Dizendo isso lançou em Flávio uma energia violeta que o fez adormecer e levou-o de volta ao corpo.

Quando ele acordou lembrou-se de tudo com nitidez, menos da parte final que não estava clara em seu cérebro. O que Camila havia dito mesmo? Não se recordava. Intimamente agradeceu a Deus aquele encontro e por saber que ela estava bem.

Porém, Camila não se conformou. Cada dia que passava, ligada a Anita pelos laços do reencarne, ela sentia um ódio surdo brotar de seu peito. Ela não merecia ficar com o amor de sua vida. Iria acabar com a vida dela. Hilário foi ao seu encontro:

— Minha filha, se continuar assim será obrigada a deixar esta estância de paz e refazimento. Suas energias negativas a levarão para a Terra e seu reencarne se dará em circunstâncias não muito boas para você. Com seu livre-arbítrio poderá optar agora pela felicidade de uma nova vida ou entrar na mesma, cheia de ódio, e sofrer as conseqüências.

— Por que só dão razão a ela? Não vê que Anita é o único empecilho para que eu ame o Flávio? Ele pode sair do corpo e se ela morrer ele poderá vir se encontrar comigo todos os dias para sermos felizes.

— Não seja tão ingênua filha. As leis que regem os diferentes planos são rígidas. Mesmo que Anita desencarnasse, Flávio não poderia vir aqui para estar com você, ele tem uma sagrada missão na Terra e a tem desempenhado bem. Deus não permitiria que isso acontecesse.

— Que Deus é esse que me deixa longe do meu amor?

Ele pensou e resolveu:

— Vou lhe dizer tudo para que possa raciocinar melhor e decidir. Só daqui a algum tempo você terá acesso a certas informações, antes de sua total inconsciência devido à reencarnação. Porém, suas energias pedem uma solução para seu conflito e antes que acabe comprometendo a gravidez.

Ela se irritou:

— Que verdade é esta que vivem falando em segredo? É você, é Carlota, são todos que vêm com esses mistérios e não dizem nada, já estou ficando irritada.

— O que você chama de mistério é todo o drama que envolve sua vida passada com Flávio e Anita. Chegou a hora de rever.

Ela, meio incrédula, seguiu Hilário que a levou até o parque dos lagos. Sentaram à beira de um deles e de suas águas começou a surgir uma imagem.

Era o ano de 1756, época em que certas doenças não tinham cura, a lepra era uma delas. Um casarão antigo no leste de Minas Gerais servia de leprosário. Em meio a todos aqueles doentes havia um jovem de rara beleza que estava lá como voluntário cuidando de feridas. Enquanto fazia esse serviço um negro entrou no quarto e o chamou:

— Sinhozinho Henrique, sinhá Helena está lhe chamando lá fora.

Ele pareceu se irritar dizendo:

— O que ela veio fazer aqui? Sabe que estou trabalhando e não gosto de ser interrompido.

— Num sei sinhô, mai ela disse que qué lhe falá com urgência.

Henrique deixou o doente e saiu. Foi encontrá-la em rica carruagem, já na estrada, um pouco longe do leprosário.

— O que quer aqui? Sabe que não gosto de ser interrompido quando trabalho.

Helena fingiu não perceber o desagrado e falou:

— Vim trazer um recado urgente de seu pai. Ele ordena que volte para a fazenda o quanto antes, diz que um rapaz como você não deve ficar aqui cuidando de doentes. Se não obedecer mandará você de volta à França.

Henrique ficou contrariado:

— O que tem de mais um rapaz como eu? Só porque sou filho de fazendeiro e estudo fora não sou melhor do que ninguém.

Ela replicou:

— Você não se olha no espelho? Não vê as formas que tem no rosto, no corpo? Não vislumbra sua magnífica origem? Não pode e nem deve ficar aqui com esses malditos leprosos.

Ele se deixou dominar pela indignação:

— E você o que tem que ver com isso? Por que veio ser a mensageira de meu pai? O Antônio poderia vir sozinho, porém mais uma vez está tentando guiar minha vida. Quando começamos a namorar, eu não a conhecia direito, não sabia que você era tão mesquinha. Por isso, tudo terminou e não tem volta.

Ela abriu elegante leque e disse entre dentes:

— Vim porque quero constatar o que lhe prende aqui. Sei que não são esses míseros doentes. Deve ter uma mulher no meio disso. Ela deve estar fazendo sua cabeça. Se eu descobrir...

Ele irritou-se:

— Deixe-me em paz, vá embora e avise meu pai que só sairei daqui quando o trabalho terminar.

Ela vencida e lançando um olhar vingativo, já ia embora quando uma jovem de especial beleza saiu da casa. Trajava uma espécie de avental e tinha um lenço na cabeça. Ela ingenuamente aproximou-se da carruagem e dirigiu-se a ele:

— Henrique, terminei meu serviço de hoje, partirei imediatamente para casa antes do pôr-do-sol. Vim lhe avisar que aquela família piorou bastante. Depois que o senhor saiu a mãe começou a ter delírios e os filhos clamaram chorando muito. Mas o pai... esse não passa de hoje.

Henrique fez um ar triste e disse:

— Obrigado Anete, sei que tem se esforçado muito, mas quando chega a hora, só a fé em Deus pode nos amparar. Permita que a leve para casa. O sol já se escondeu de todo no horizonte.

Pelo semblante de Helena passou um vislumbre de ódio. Então era ela, era ela a mulherzinha que ousava roubar-lhe Henrique. Pois ela sentiria o peso de seu ódio.

Henrique virou-se para o escravo e disse:

— Antônio, leve a Helena daqui, ela pode se contaminar e eu não desejo sentir-me culpado por isso. — Virou-se para ela. — E você pense em tudo o que falei. Esqueça-me, procure casar e ser feliz com outra pessoa, é o melhor que pode fazer por você mesma.

Ela estava irada:

— O quê? E ainda tem coragem de falar isso na frente desta mulherzinha? Veremos. Você vai ser meu, custe o que custar!

A carruagem saiu em disparada e logo desapareceu na curva da estrada.

Anete, sempre respeitosa e temerosa, perguntou:

— Do que ela me culpa? Sinto que me olhou com desdém e ódio apesar de eu nada ter feito para ela. Tenho medo de estar me envolvendo com pessoas dessa estirpe. Sou filha única, não tenho pai, desejo ver-me livre de qualquer confusão.

Henrique, que já a amava sinceramente, procurou contemporizar:

— Essa mulher foi minha noiva durante dois anos, apesar de a pressão de minha família, nunca me casei, por não ter certeza de que a amava. No começo, nossa relação foi muito boa, andávamos muito unidos, mas depois ela passou a ter um ciúme exagerado de mim, a me tratar como posse. Desde esse dia comecei a desconfiar que não a amava de verdade. Essa idéia tomou conta de mim e passei a me sentir indigno por estar com alguém a quem não amava de verdade. Rompi a relação, porém ela continuou obstinada a me reconquistar. Isso tornou-se uma verdadeira obsessão para Helena, e eu lhe digo: fique tranqüila, nada de mal vai lhe acontecer, eu a protegerei.

Dizendo isso Henrique tomou-a pelo braço e juntos iniciaram uma caminhada. Feliz, mais uma vez ele levaria aquela bela enfermeira que tão amorosamente dedicava-se a cuidar de leprosos. Certamente, o amor morava em seu peito.

As imagens nas águas do lago apagaram-se. Camila chorava sem parar. Hilário a confortava:

— Eu sei filha, que a consciência culpada costuma cobrar um tributo muito caro para aqueles que ainda não aprenderam a evoluir pela lei do amor. Porém, tudo isso já passou há séculos, é hora de seguir adiante.

Ela comentou entre lágrimas:

— Lembrei, lembrei de tudo. Desde aquela época como Helena já era fútil, vaidosa e egoísta. Não soube perder e por isso muito errei. Henrique hoje é Flávio e continua com seu trabalho de amor pelas pessoas. Anete é Anita, a inimiga que tanto odiei. A família que Flávio tratava com tanto amor naquele leprosário eram os Carbajaua que atualmente são Ângelo, Érica, Marina e Cristiano. Mas eu quero ver tudo até o fim, preciso saber o que fiz depois, não posso mais me esconder no véu do esquecimento.

— Tem certeza de que está preparada?

— Sim, preciso saber quem sou e a causa de tudo que experimentei nessa vida presente.

O lago voltou a iluminar-se e novas imagens começaram a surgir:

A carruagem ia depressa, enquanto Helena pensava:

"Preciso destruí-la. Sei que é ela. Vi o jeito que ambos se olharam. Ele me troca por uma qualquer, mas isso não ficará assim".

Nessa hora duas sombras escuras colaram-se a ela com prazer. Quando Helena chegou na Fazenda Florença, tratou de fazer uma péssima imagem de Henrique para o pai. Semeou na mente do coronel Epifânio que o filho estava prestes a se contaminar da doença horrível e que estava se envolvendo com uma mulherzinha qualquer, sem nome ou moral. O coronel ficou irado e decidiu que no outro dia procuraria o filho e o traria de volta, custasse o que custasse.

Pela manhã do outro dia foi procurá-lo. Assim que estava frente a frente com o filho, bem longe do local doentio, ele falou:

— Meu filho insano! Voltará pra casa hoje e comigo, assim eu exijo.

— Não voltarei, tenho um trabalho, uma missão para realizar aqui com esses doentes e não vou, nem que me deserde.

— Filho! Ouve teu pai! Sua mãe chora dia e noite lembrando que você está aqui exposto ao contágio de uma doença ruim, se é que já não está doente. A Fazenda Florença não é mais a mesma sem você, sem seu brilho, sua inteligência...

— Preciso ficar aqui, vocês não entendem... eu quero, sinto-me bem prestando serviço a quem sofre!

O pai se comoveu, mas foi firme:

— Não adianta tentar me enganar, você pode até gostar do que faz aqui, mas o que lhe prende mesmo é uma mulher, uma enfermeira da casa.

Henrique se contrariou:

— Como sempre a Helena interferindo no destino dos outros e querendo levar o senhor na conversa. Não percebe o jogo que ela está fazendo? A Anete é apenas uma das enfermeiras daqui, tenho muito respeito e carinho por ela, mas é só.

— Espero que seja mesmo. Já vi que não conseguirei levá-lo comigo. Mas uma coisa eu aviso: você não manchará a honra de uma família nobre como a nossa, casando-se com uma qualquer.

Dizendo isso se foi. Henrique triste e decepcionado com o pai começou a chorar. Anete se aproximou:

— Nossa, sua família de ontem pra cá começou a lhe procurar mesmo. Não acha melhor desistir daqui e voltar para os seus? Há seus estudos em outro país e com isso nenhum pai pode concordar: um filho deixar de estudar para cuidar de doentes.

Ele enxugou uma lágrima teimosa e respondeu:

— Estou de férias, posso ficar aqui à vontade. Não há motivos justos para nos desviarmos do trabalho do bem, vou ficar!

Anete corou de prazer:

— Você é determinado, gosto de pessoas assim.

Ele respondeu:

— Você também é determinada e corajosa. Não é qualquer uma que se torna enfermeira de um lugar como esse, estamos correndo sério perigo de contágio.

Ela corou ao dizer:

— Por você eu perco qualquer medo.

Henrique sentiu a declaração de amor e aproveitou:

— Sinto-me muito bem ao seu lado, gostaria de tê-la como esposa, gosto muito de você.

Ela, que não esperava que as coisas caminhassem tão rápidas, sentiu-se vitoriosa:

— É tudo o que eu mais queria: ser sua mulher, cuidar de você, estar ao seu lado...

Eles se beijaram com paixão. De repente, uma senhora enrugada, surgiu na porta e gritou:

— Henrique! Anete! Corram, seu Paulo agoniza.

Eles interromperam a manifestação afetiva e correram para o interior do leprosário.

Numa cama simples, um homem chegava ao fim de sua jornada terrestre vítima do bacilo de Hansen. Trabalhando durante semanas com ele, Henrique sentia-se apiedado diante de sua própria impotência. Ver um ser humano morrendo envolto em farrapos, sem os dedos, sem as orelhas e o nariz era muito penoso. Nessa hora ele não entendia a bondade de Deus e até questionava se Ele realmente existia.

O velho olhou para o semblante lindo do rapaz e olhos nos olhos, iniciou agonizante:

— Filho, não sei como poderei um dia te agradecer por tudo o que tem feito por mim, se não fosse por sua bondade, não teria o alívio que tive. Que Deus te abençoe. Parto deste mundo, mas vou confiante que a minha família ficará nas mãos de um anjo.

Em três leitos no mesmo quarto, três pessoas em estados cadavéricos choravam. Elas faziam parte da família de Paulo. Era sua mulher, sua filha e seu filho. Todos moravam juntos e a vida era boa, até que contraíram a doença e foram expulsos de casa pelos vizinhos. Henrique sempre que estava de férias, procurava uma dessas casas de doentes tão comuns na época, para prestar auxílio. Quando viu chegar a família de leprosos ele a acolheu e a tratou. Porém, sentia que perto da vida ele era completamente impotente. Começou a chorar. A freira Veridiana rezou uma espécie de extrema-unção, e logo depois puxou Henrique pelo braço, que chorando se abraçava ao cadáver.

Veridiana muito serena afirmou:

— Este não é o primeiro, nem será o último que morrerá assim, é preciso entender que é necessário, Deus muitas vezes sublima o homem pelo sofrimento, acredite, Ele só faz o melhor.

Henrique enxugando as lágrimas discordou:

— Não posso admitir uma coisa dessas, se eu fosse Deus, teria curado todos!

— Não blasfeme! Querer ser Deus é um sacrilégio dos piores. Ele cuida de todos nós da forma Dele e com certeza é a mais correta.

— Irmã Veridiana, acredita que essa doença algum dia poderá ter cura?

— Sim! Um dia, quando a vaidade for exterminada da Terra todos alcançarão a cura não só deste como de muitos outros males. A vaidade cobra um preço alto para quem a cultiva.

Henrique ficou curioso:

— Acredita que uma doença pode vir por causa da vaidade? Então Deus está dando um exemplo de que a vaidade é um mal?

— Meu filho, muita coisa ainda vamos aprender, porém eu tenho observado como a natureza age e descobri há muito que a causa das doenças reside no padrão espiritual da pessoa atingida. Se ele é realmente elevado nada as atinge, porém se é um baixo padrão cultivado por vaidades, crimes, arrogância, orgulho, egoísmo e tantos vícios horríveis que a humanidade cultiva, certamente ele adoecerá. Não é à toa que se vêem tantos doentes pelo mundo.

Henrique acalmou o coração. Aquela freira tinha algo diferente das demais. Quando falava, seu rosto mudava de expressão, parecia que o olhar perdia-se num ponto distante e até a voz modificava-se um pouco. Apesar de ele estudar muito a ciência terrena nunca tinha conseguido entender certos porquês da vida.

O corpo foi jogado numa vala onde jaziam outros corpos já delidos. Henrique continuou cuidando do resto da família com desvelo e amor, porém viu um a um ser chamados pela morte. Chorava a cada acontecimento deste. Logo depois do pai foi a vez de Matilde, uma moça ainda jovem e depois José o mais novo. Por último se foi dona Eulália, a que mais sofreu.

Hilário parou as imagens para dar algumas explicações necessárias. Virou-se para Camila e disse:

— Aquela família que Henrique tanto se afeiçoou foi mais tarde Solano, Zuleika, Marina e Eduardo Carbajaua. Não conseguindo vencer os impulsos negativos continuaram na delinqüência e no preconceito, até que desencarnados e sob a orientação de Henrique conseguiram reencarnar. Eles foram no Brasil Ângelo, Érica, Marina e Cristiano. Henrique renasceu para cumprir uma missão e ajudá-los. Foi chamado de Flávio.

Camila interrompeu:

— Lembrei-me de tudo! Como fui egoísta! Quando Henrique voltou para os estudos, o pai dele foi procurado pela mãe de Anete, contando que ela estava grávida e que o filho seria seu neto. Eu, que morava em fazenda vizinha, e sempre estava por perto, acabei presenciando a cena e disse ao velho Epifânio que se tratava de um golpe daquela mulher, que jamais Henrique teria um filho com uma qualquer. Porém, ele não acreditou e foi procurar Anete.

Lá chegando ela mostrou as cartas que recebia de Henrique e a última em que ele demonstrava toda a felicidade em ser pai, orientava também que Anete e a mãe procurassem por Epifânio, pois com certeza ele não as deixaria desamparadas.

E foi o que o velho fez, além de acreditar em tudo o que elas disseram,por causa da gravidez deu-lhes dinheiro para que arcassem com as primeiras despesas. Fiquei furiosa e tramei a morte de Anete. Contratei um capanga que matou ela e a criança com três tiros. Henrique quase enlouqueceu, porém a freira Veridiana (hoje a médium Margareth da Inglaterra) o consolou e ele acabou seus dias como padre, entregue ao sacerdócio religioso.

O capanga que hoje sei tratar-se de Rafael apaixonou-se por mim e acabamos mantendo um romance. Para todos eu era uma solteirona virtuosa, porém às escondidas mantínhamos um relacionamento, até que acabei o traindo com um capataz da fazenda e terminei morta por ele que me pegou em flagrante. Como errei, como tenho errado!

Fez uma pausa, olhou para Hilário e continuou:

— Agora entendo tudo o que passei nesta última encarnação. Assim como fui preconceituosa com Anete que era pobre, senti na pele o peso do preconceito ao me apaixonar por um negro. Matei uma pessoa grávida e senti meu filho ser retirado de forma horrível de meu ventre, e para completar, morri com tiros, assim como outrora matei alguém. Essa foi a vingança divina.

Hilário sério retificou:

— Você está enganada, Deus não castiga ninguém, muito menos se vinga ou se sente feliz com o sofrimento humano. Você atraiu tudo o que vivenciou por ter continuado no mesmo padrão de pensamento do passado. A lei de Talião só é usada em último caso.

Antes Deus procura alertar as pessoas de várias formas para que elas aprendam pela lei do amor. A lei do carma não é usada para punir, mas para proporcionar aprendizado e evolução. O motivo maior da vida humana é seu caminhar rumo à perfeição e infelizmente você para chegar até ela tem escolhido caminhos tortuosos.

Ela não conseguia acompanhar o raciocínio de Hilário.

— Estou confusa. Se não fui punida, por que eu vivenciei todo esse drama? Afinal, já estou bem melhor espiritualmente.

Ele sorriu ao dizer:

— Não existe alguém bom sofrendo, pode ter certeza. Se a pessoa estiver realmente arrependida do mal que fez, reconhecer que é a única responsável pelo que lhe aconteceu e procurar ficar no bem, terá condições de modificar o seu destino e ter uma vida mellhor.

— Aparentemente você havia melhorado, mas bastou um golpe da vida para provar que você continuava igual. Em pouco tempo passou a se tornar vingativa, vestindo-se de forma agressiva para provocar sua mãe, sem contar os vícios nos quais se embrenhou. Quando conheceu Flávio, mais uma vez deixou-se levar pela paixão. Quando foi alertada de que ele não ficaria com você, logo fez um pacto com um pai-de-santo para segurá-lo a todo custo. Quis violentar a vida mais uma vez e a violentada foi você. Como vê, não existe punição, apenas aprendizagem.

Hilário fez uma pausa e prosseguiu:

— Antes de renascer você prometeu que mudaria. Para isso lhe foi concedida poderosa mediunidade e ao lado de Flávio faria belo trabalho a favor do bem. O encontro amoroso de vocês seria inevitável, porém com o tempo Flávio perceberia que não a amava e terminaria o vínculo afetivo que ambos tinham. Você deveria aceitar e procurar ser sua amiga. Com o tempo novos amores viriam e você teria a chance de escolher. Anita apareceria na hora exata concretizando o casamento que foi interrompido por você anteriormente.

Como amiga do casal a vida lhe daria chances de redimir os seus erros, e unida a Flávio no trabalho da mediunidade fraterna teria chances de saber como a vida espiritual funciona e com isso conquistaria o equilíbrio. Porém, você preferiu seguir as intuições perversas, como sensitiva captava facilmente as energias de espíritos alcoólatras e viciados e perdia-se cada vez mais. Nem o encontro com Flávio conseguiu modificá-la. Você criou todo o seu destino.

Camila chorava muito, só agora percebia que foi a única responsável por tudo que ocorreu na sua vida. De nada adiantava o desespero, mais do que nunca percebeu que Deus agia pelo melhor e que tudo era para um objetivo elevado. Naquele instante desistiu de imantar Anita com vibrações de ódio, devia-lhe a chance de uma nova vida. Aceitaria ser sua filha, tentaria amá-la e provar para si mesma que tinha se tornado um espírito melhor.

Hilário abraçou-a pela cintura e juntos seguiram para o grande salão de prece da colônia.

Anita, que era sempre amorosa e dedicada a Flávio, passou a rejeitá-lo sem nenhum motivo. Trancava-se no quarto e evitava recebê-lo. Ele logo percebeu que era influência espiritual; se levasse ao médico ele suspeitaria alguma enfermidade nervosa, o que Flávio sabia ser improvável naquele caso.

No princípio, Anita sentia as ondas negativas vindas de Camila, porém depois que ela reviu o seu passado ao lado de Hilário, deixou de perturbá-la, mas outros espíritos aproveitaram-se da fragilidade emocional da gestante e continuaram fazendo o trabalho perverso que antes Camila fazia.

Naquela tarde, Flávio mais uma vez bateu na porta do quarto da esposa, decidido a levá-la ao Centro para tratamento espiritual. Em transe, ele comunicou-se com Hilário, que disse se tratar realmente de obsessão, indicando-lhe o tratamento para aquela mesma noite, solicitando urgência.

Flávio continuava batendo insistentemente na porta e Anita gritava:

— Deixe-me em paz! Volte para aquele lugar, aliás a coisa que você mais ama na vida.

Ele paciente tentava convencê-la:

— Abra, preciso conversar com você, prometo não fazer nada que você não queira.

A empregada estava do lado dele e dizia:

— Como o senhor vê, ela continua muito estranha, hoje nem almoçou. Fui levar a bandeja no quarto e ela quase me agrediu, jogou tudo no chão, foi uma trabalheira.

Flávio insistia:

— Abra Anita, o assunto é sério, converso com você e depois te deixo em paz.

Dentro do quarto, ela gritou:

— Fale daí mesmo, não posso ver seu rosto. O que quero mesmo é expulsar você e essa criança de minha vida. Quando sair daqui saberei o que fazer!

Flávio gelou, então ela estava pensando em fazer um aborto? Dentro dele algo se rebelou, ele sentiu uma força agressiva muito grande e arrombou com vários chutes a porta. Quando conseguiu entrar, encontrou Anita pálida, deitada em posição defensiva. Ela gritava:

— Seu monstro, pensa que vai me assustar assim? Saia ou não responderei por mim!

A empregada que entrou junto com o patrão disse angustiada:

— É melhor o senhor sair daqui, ela está desequilibrada e pode cometer uma loucura, aliás, acho que uma pessoa neste estado está completamente louca, quer que eu ligue para o dr. Eduardo?

— Não! Pode se retirar, deixe-me a sós com ela.

— Mas ela pode agredi-lo, veja!

Nesse instante Anita pegava um vaso grande de cristal que enfeitava o cômodo e fazia menção de jogar no marido.

Ele, ágil, partiu para cima dela, desarmou-a e jogou-a na cama. Ela começou a gritar e a morder o marido enquanto o vaso de cristal quebrava-se inteiro no chão. Flávio dominou-a e intimamente começou a orar. Um cheiro fétido dominou todo o quarto e em poucos segundos Anita estava desmaiada. A empregada assustada, chorava sem parar. Flávio tranqüilizou-a:

— Fique calma, o pior já passou, ela está bem novamente.

Chorosa, ela disse:

— Bem que me avisaram para não vir trabalhar em casa de pessoas que lidam com espíritos, vejo que aqui acontecem coisas estranhas. O que se passou com ela, com certeza, é coisa de seres das trevas, ela estava possessa.

Flávio explicou:

— É verdade, ela está sendo vítima de um ataque das trevas. Mas isso não acontece só em casa de pessoas que lidam com espíritos. Em todos os lares da Terra existem seres espirituais que quando acham abertura interferem e causam desarmonia. A vantagem dos espiritualizados é que eles sabem agir com exatidão e contam com as energias superiores. Se esse fato ocorresse em uma casa de pessoa materialista, ela seria levada a um hospital e teria um tratamento perfeitamente dispensável, que não seria indicado para seu caso.

Ela pareceu entender e perguntou:

— E agora? Ela parece desmaiada, o que vai acontecer com ela?

— Vou levá-la adormecida para a câmara de passes e depois para a sala de desobsessão. Lá, juntamente com meus amigos médiuns, saberei o que fazer para ajudá-la.

Anita dormiu o resto da tarde até a noite. Era um sono pesado e angustiado. Por vezes ela suava muito, outras chamava nomes que ninguém entendia. Às sete e meia Ernesto e Marilda chegaram na casa de Flávio. Marilda ao olhá-la, disse:

— Trata-se de poderosa subjugação. Não sei se poderemos libertá-la nesta sessão.

Flávio reconheceu que era verdade. Porém, em sua experiência, dizia que desistir era pior. Os três rezaram e colocaram as mãos sobre o corpo de Anita que estremecia de vez em quando. A empregada assustada procurou rezar também. No horário marcado todos partiram para o Centro.

Ao chegarem com Anita ainda adormecida encontraram Walter e mais três médiuns que fariam parte da sessão íntima. Eles deram passes e oraram chamando pelos amigos espirituais. Todos fizeram um círculo e colocaram Anita deitada no meio. Flávio fez a prece inicial e entrou em comunicação com Félix o orientador e instrutor dos trabalhos de desobsessão. Já em desdobramento, Flávio pôde ouvir o que Félix lhe dizia:

— Ela está envolvida por entidades que sugam suas energias. Vamos intuir aos médiuns que dêem passagem a esses espíritos para iniciarmos o trabalho de doutrinação.

Flávio indagou:

— Hoje não servirei de instrumento?

— Sim, servirá, eu me utilizarei de suas cordas vocais para tentar convencer as entidades a deixarem Anita.

Voltando ao corpo, Flávio esclareceu:

— Félix nos diz que os espíritos obsessores serão trazidos para cá esta noite. O médium que estiver em condições de dar passagem para que eles se comuniquem deve fazê-lo com muito amor e respeito.

Minutos depois uma mulher começou a tremer e a sorrir maliciosamente, e de repente falou:

— Que querem de mim? Pensam que estão lidando com quem? Sou poderosa, posso fazer este teto vir abaixo e todos morrerem soterrados.

Flávio, livre do corpo, deixou total espaço para Félix utilizar suas faculdades. Ele disse:

— Não precisa ficar zangada, apenas queremos conversar e saber por que se aproximou de Anita.

Ela, rindo zombeteira, falou:

— Esta aí é muito fraca, serve a nós como repasto, estamos sugando suas energias e fazendo-a ficar longe do marido. Agora que conseguimos um repasto vivo não o deixaremos por nada, exijo que não interfiram, ou não responderemos por nós.

Félix, através de Flávio, continuava a falar muito sereno:

— Você está fazendo algo que não é bom nem pra você nem pra ninguém, sente-se feliz depois de usá-la? Acaso não percebeu que esse processo só faz aumentar seu grau de responsabilidade perante a lei?

— Cale-se garoto fraco! Não abandonarei sua esposa jamais, ela me permite, dá espaço, tem ciúme de você. Sabe intuitivamente que o espírito que vai nascer através dela pode vir a separá-los no futuro; portanto, inconscientemente, ela se afasta de você, não permitindo que esse espírito esteja ao seu lado. Se não fosse o ciúme nós não estaríamos tratando-a como nossa refeição energética.

— Sabe, Deus dá a todos a chance de escolher e treinar através da liberdade, porém dia chegará que terá de deixá-la, você e seus companheiros, para assim assumirem a responsabilidade por suas atitudes.

Nessa hora, um médium soltou alta gargalhada:

— Pensam que vão fazer a cabeça de minha tutelada? Não sabem com quem estão lidando, saibam que se não desistirem, mandaremos Anita para o hospício. É bom que parem agora antes que seja tarde.

Felix continuou imperturbável:

— Não queremos fazer a cabeça de ninguém, cada um é livre para pensar. A maior liberdade que o ser humano possui é a do pensamento, apenas gostaríamos que a deixassem em nome de Jesus. Há um espírito unido a Anita e precisa renascer em paz; o que estão fazendo não pode ser pra sempre. Quem faz o mal embriaga-se com ele e essa mesma energia fará com que a pessoa se sinta mal, atraindo para si o sofrimento e a tristeza. É isso o que quer para sua vida?

— Não admito que falem assim comigo, sei o que estou fazendo e dou um último aviso: desistam desse intento ou não saberemos onde essa história vai dar.

Dizendo estas palavras os espíritos saíram e toda a equipe permaneceu em oração. Félix, ainda utilizando o corpo de Flávio, prestou alguns esclarecimentos:

— Anita vai melhorar um pouco, há aqui uma equipe de

espíritos amigos que está banhando a aura dela com energias boas e fortalecedoras, porém o grupo que se apresentou aqui hoje não desistirá facilmente; são antigos vampiros do astral inferior que querem sugá-la até onde puderem. Não se impressionem pelas palavras deles, o bem é mais forte que o mal e sempre vence. Eles não conseguirão enlouquecê-la, nem levá-la ao hospício, porém para isso é necessário que Anita venha freqüentemente às reuniões de desobsessão, pois só aqui temos equipamentos suficientes para aos poucos desmagnetizar a aura dela dos blocos de energia negativa a que se imantou pelo ciúme.

A reunião terminou com a prece de Cáritas e Flávio ao levar a esposa já acordada, porém calada para casa, percebeu que ajudar o céu muitas vezes é difícil, porém com amor e perseverança sempre se consegue.

19

A luta continua

Durante o trajeto de volta para casa, Anita ia calada e pensativa. A sessão conseguiu desbloquear algumas energias negativas de sua aura, porém ela continuava ainda sob a influência dos espíritos inferiores. Flávio tentou uma conversa:

— Sente-se melhor?

Ela, parecendo sair de grande torpor, respondeu com ar desagradável:

— Um pouco, mas não pense que vou deixá-lo privar de minha intimidade hoje, você me provoca náuseas.

Flávio, sem perder a paciência, disse:

— Não desejo nada que você não queira, nós todos precisamos sim é de uma boa noite de sono e repouso.

O carro chegou ao destino e eles subiram para seus cômodos. A empregada já havia se recolhido e a casa estava silenciosa. Como nos últimos dias Flávio dirigiu-se ao quarto de hóspedes quando ouviu o telefone tocar. Desceu para atender:

— Alô!

— Oi mano! Como é difícil falar com você!

Flávio exultou ao reconhecer a voz de Cristiano:

— Você ligou em boa hora, estava mesmo precisando desabafar...

— O que você tem?

— Anita está gravemente enferma, está obsediada por um grupo de espíritos, que suga sua vitalidade, e a faz ficar longe de mim. Está sendo muito duro!

Cristiano ficou em silêncio durante alguns segundos, depois disse:

— Como isso pôde acontecer em sua casa, Flávio? Como você deixou ela ser influenciada?

— Você sabe que cada um é responsável apenas por si. Faço minha parte, levo Anita aos cursos, às palestras, porém ela apenas finge interesse para me agradar, as coisas que ouve não penetram de forma real em seu espírito. Cada um deve fazer a sua parte, se ela foi influenciada foi porque baixou o padrão enérgico com alguma atitude.

Preocupado, Cristiano perguntou:

— A obsessão dela é grave? Tem conseguido tratá-la aí mesmo no seu espaço?

— Ela está subjugada por mentes infelizes que descobriram suas fraquezas. Quem a vê ultimamente dirá que está em crise psicótica. Quanto ao tratamento ele começou justamente hoje, mas acreditamos que há muito caminho pela frente.

— Poxa, mano, me sinto até constrangido, pois liguei justamente para falar de um acontecimento que me deixou muito feliz! Laura está grávida, nós vamos casar!

Flávio exultou de alegria:

— Nossa, parabéns! Coincidência ou não nós dois estamos grávidos! Dona Alexandra terá muito o que fazer, dois netos de uma só vez!

Cristiano lembrou:

— Acha que devo contar a ela o estado de Anita?

— Não, em hipótese nenhuma. Certamente ela ficará curada e não é necessário preocupar os pais dela por isso.

Cristiano respondeu:

— Como sempre acato suas decisões, meu guru! Mas aí vem outra notícia: no final deste mês estarei de férias e pretendo passar uns dois meses no Brasil com vocês, alguma objeção?

— Claro que não, será um prazer recebê-lo.

Eles conversaram mais alguns minutos e logo depois Cristiano desligou. Flávio foi se recolher e após orar dormiu profundamente. Ele não viu, porém as entidades que obsediavam Anita chegaram ao seu quarto. Uma delas com aspecto feminino dizia:

— Teófilo disse que esse aí pode nos dar trabalho, viu o que ele e aquele grupo de médiuns fizeram conosco? Nos prenderam em seus corpos e fomos obrigados a falar!

Um outro retorquia:

— Se pudéssemos neutralizá-lo, acho que seria bom. Mas veja aquela energia azulada que o envolve, nós não conseguimos atravessar aquela barreira.

— Isso me deixa um pouco receosa. Tentamos impressionar aqueles médiuns birutas com gritos de pavor e ameaças, mas parece que eles estão muito seguros de si.

A entidade feminina continuou:

— Por hora devemos parar e ir a Larvosa comunicar pessoalmente nossas dúvidas a Teófilo. Deixaremos o Inácio tomando conta dela, não devemos demorar.

Dizendo isso seus vultos negros sumiram num canto do quarto.

Pela manhã Flávio comunicou a novidade do irmão para Anita:

— É isso mesmo, Laura está grávida e o Cristiano vem com ela passar as férias aqui no Brasil. O meu irmão precisa mesmo descansar, afinal dá sua vida por aquela empresa.

Anita, que mal tocava naquele rico café da manhã, respondeu com polidez e desinteresse:

— Tanto faz que venham ou não, apenas fico feliz por minha irmã estar grávida. Quanto ao Cristiano você não pode criticá-lo, também abandonou tudo por esse maldito Centro espírita.

Anita estava angustiada e sofrendo muito. Sua personalidade não estava completamente aniquilada, ela sentia tudo o que se passava em sua mente e sofria por estar afastada do homem que tanto amava. Mas uma força maior que ela imprimia em sua mente que estar com Flávio era perigoso. As entidades sugeriam e ela acreditava cegamente que esse filho que ia nascer iria separá-la do marido. Pensou em aborto, mas devido a tudo o que ouviu de Flávio, sabia que esse era um caminho de tenebrosos sofrimentos. Ela deveria agir depois que o filho nascesse, aí sim saberia como se livrar desse fardo. Porém em seu íntimo o sofrimento era grande, ela lutava, tentava reagir, mas o ciúme era maior. Aí sentia-se completamente dominada, atirava objetos no marido, esbravejava, blasfemava. O ciúme vem do complexo de inferioridade e é porta aberta para sérias obsessões.

Flávio ia discutir com a esposa, mas resolveu calar-se, tinha um curso para iniciar naquela tarde e não poderia mesclar suas energias com discussões negativas. Saiu calado sem beijá-la. Um espírito soprou-lhe ao ouvido:

— É assim que ele a trata? Acha justo? Os homens são todos iguais, só porque está grávida ele a está rejeitando, daqui a alguns dias tomará alguém como amante.

Anita sentiu uma onda de rancor ao ver Flávio sair sem ao menos beijá-la.

— Aquele cretino! — pensava — me rejeita apenas porque estou grávida! É até capaz de arrumar uma amante para satisfazer seus baixos instintos. Se isso acontecer, juro que os matarei!

Vendo que Anita concordava com seus pensamentos a entidade deformada abraçava-se a ela com muito prazer.

Flávio saiu deixando ordens para que a empregada ficasse atenta a qualquer passo da esposa. Qualquer novidade estranha era para comunicar-lhe imediatamente.

A luta contra os obsessores continuava. Outras sessões vieram sem que Anita fosse levada ao Centro, ela era atendida a distância e registrava pouca melhora.

No final do mês Cristiano e Laura chegaram ao Brasil e se

hospedaram na casa de Flávio. Na chegada foram recebidos amavelmente por Anita, porém eles logo perceberam a mudança dela. Laura ficou estarrecida: sua irmã estava magra e fundas olheiras abatiam seu rosto. Após um banho reconfortante eles foram para a sala de estar.

— É tão bom estar novamente no Brasil, sinto que esta temporada aqui fará bem para minha gravidez, concorda Anita?

— Pode ser, quando se tem um marido bom como o seu, já em meu caso...

Flávio e Cristiano se entreolharam mas não articularam palavra.

— Por que diz isso do Flávio? Ao que me consta, ele é um ótimo marido!

— É porque você não vê a forma como ele tem me tratado ultimamente, me rejeita, age com indiferença, é como se não fosse mais meu marido.

Flávio interrompeu:

— É ela quem me rejeita, não quer que eu me aproxime. Se estou evitando-a é porque não desejo maiores confusões.

Cristiano mudou o rumo da conversa, enveredando por assuntos diversos, até que o humor de Anita melhorou. Passaram o resto da manhã conversando e conhecendo a mansão onde Flávio residia.

20

Coisas do destino

Flávio iniciou a reunião com uma prece pedindo assistência aos espíritos superiores. Os médiuns dispostos em semicírculo, concentrados, com mediunidade educada e com o pensamento em Deus esperavam a entrada do primeiro paciente da noite que viera em busca de socorro.

Na platéia, além de algumas outras pessoas estavam Cristiano e Laura. Quando as portas foram fechadas entrou a primeira paciente.

Uma moça jovem, aparentando 25 anos, foi introduzida na ampla sala e colocada no meio do círculo, sentada num banquinho. O assistente deu o nome dela a Flávio que pediu boas vibrações para o caso urgente.

De repente, uma mulher do círculo estremeceu levemente e disse com voz alterada:

— Que querem de mim? Soltem-me ou não responderei por minhas atitudes.

Ernesto, o doutrinador, com voz suave iniciou um diálogo:

— Nada desejamos de você que não possa cumprir, primeiro responda: por que persegue esta moça?

— Não quero e nem tenho nada a dizer, me disseram que vocês são muito perigosos e podem prender-me pra sempre, caso não fuja rápido daqui. Além disso, não posso falar, pois seria punida severamente pelos meus chefes.

— Acredita mesmo que eles têm poder? Onde estão seus chefes neste momento que não vêm lhe salvar?

A médium fungou um pouco, depois disse:

— Se me prometerem libertar logo, poderei dizer algumas coisas.

Ernesto perguntou:

— Qual o motivo para perseguir esta moça, que mal ela lhe fez?

— A mim nenhum, mas na organização onde vivo mora uma mulher que foi seriamente prejudicada por ela em vida anterior e deseja vingança, pretendemos levá-la ao suicídio.

Ernesto com calma e já falando por Félix disse:

— A vingança é um sentimento mórbido que o afasta de Deus, volta-se contra você. Por que não tenta analisar melhor os fatos e enxergar os outros lados da questão? Se fizer isso vai se surpreender. As coisas não são como lhe parecem.

— Não preciso fazer isso. Eu sei a verdade. Sandra sofre muito. Em sua última existência, ela e Mônica foram grandes amigas, porém Mônica apaixonou-se por Vivaldo, marido de Sandra e o quis para ela. Chamado a ter relações, Vivaldo rejeitou-a com vivacidade, amava a esposa e não queria prejudicá-la com semelhante traição. Cega pela paixão Constância, hoje Mônica, procurou um feiticeiro e encomendou a morte da amiga através da magia negra, o que ocorreu três semanas depois. Desde então Sandra jurou vingança e nós da comunidade nos reunimos para ajudá-la. Não adianta tentarem, nós descobrimos os pontos fracos dela e a dominamos pela depressão profunda; quanto mais ela toma remédios mais perde a razão e assim conseguiremos enlouquecê-la.

Nesse momento algo de inesperado aconteceu: Mônica levantou-se corajosamente da cadeira e aproximou-se da médium dizendo:

— Por que me querem tanto mal? Sinto que a cada dia morre

um pedaço de mim. Choro sem parar, não tenho alegria, sinto muita solidão e vazio. Se vocês não pararem com isso sinto que morrerei! — Disse banhando-se em lágrimas.

A entidade pareceu enternecer-se:

— Olha moça, faço apenas meu trabalho, a raiva é dela e não minha. Ocorre que Sandra já me ajudou a destruir um antigo rival aqui na Terra e agora é hora de retribuir o favor. Você também não colabora, vive de ilusões! Em casa quer sempre ser servida, não auxilia ninguém, é fútil e vaidosa, acha que o mundo gira ao seu redor. Quando conheceu o Ronaldo e se apaixonou, achou que ele deveria ser igual à sua mãe, lhe fazer todas as vontades. Quando foi trocada pela Ana, entrou em desespero e o que seria uma fase passageira virou obsessão. Naquele ponto conseguimos contato com sua mente e semeamos a depressão. Suas ilusões e vaidades nos deixam no seu comando.

Era verdade, Mônica sentia que o que a entidade lhe dizia era compatível com sua vida. De repente arrependeu-se amargamente da vida que levava e desabafou:

— E se eu me arrepender de tudo o que fiz, posso ficar livre?

A médium soltou uma sonora gargalhada e disse:

— Pensa que é assim tão fácil? Nós, da organização, temos aparelhos monitores, com os quais observamos sua vida o dia todo, saiba que sempre encontraremos pontos fracos para a envolver.

Mônica continuou:

— Diga ao espírito que me quer mal o quanto mudei e estou arrependida, quero ser feliz, descobrir novas formas de viver, sei que encontrarei.

A médium estremeceu e baixou a cabeça. Mônica voltou ao banquinho e Flávio começou a falar:

— Mônica, hoje você deu importante passo para o seu progresso. O perdão nos livra dos grilhões que amarram nosso espírito e nos permite alcançar dias melhores. Você começou a perdoar a si própria! Está informada sobre o seu passado e sobre a organização que a persegue, entretanto, o mal jamais venceu o bem, o mal triunfa apenas por um tempo, um momento, mas qual noite escura ele sempre passa.

Você está tendo a oportunidade de mudar verdadeiramente sua forma de ver a vida e com isso ver-se livre desses perseguidores. Porém, toda mudança demanda tempo, é como uma longa escada, é preciso começar do primeiro degrau sem desistir jamais. Vá em paz e que Deus a acompanhe.

Ela foi para a saleta dos passes enquanto um homem de meia-idade era introduzido no círculo. Gordo, de estatura baixa, demonstrava na face a grande dor que lhe ia na alma. Flávio deu prosseguimento:

— Continuemos com o pensamento elevado a Deus e vibremos por Elias de Souza, que está aqui presente.

Todos começaram a orar e Flávio deu passividade a uma entidade feminina, com aparência deformada, que começou a falar com admiração.

— Meu Deus! Que fenômeno é este? Consigo enxergar! Que alegria!

Ernesto aproximou-se:

— Isso ocorre porque o choque com as energias deste mundo reavivaram sua visão há muito tempo desgastada.

— Como sou infeliz! Perdi tudo, até os olhos, até o Elias me deixou... Esse é o meu maior drama, não deixarei jamais ele ser de outra!

Ernesto retorquiu:

— Você morreu há muito tempo, vítima de um tumor no cérebro que toldou sua visão. Não acha que é a hora de encontrar a felicidade? Seu marido é um ser humano, necessita de uma companheira para viver a vida. Porém, estranha força faz com que nada dê certo para a vida afetiva dele. Com o tempo ele passou a ter estranhas crises de convulsões sempre que está com alguma companhia feminina; mal sabe que é você que com suas energias provoca essas crises. Não é hora de desistir e seguir outro rumo?

Ela começou a chorar copiosamente:

— Não! O Elias é só meu, jamais será de outra. Mesmo cega tenho condições de achá-lo, como também as suas amantes. Quando percebi que minha energia doentia os afetava exultei, sabia que poderia facilmente manejá-lo, era só jogar todo o meu ódio sobre ele e estaria satisfeita.

Ernesto tentou contemporizar:

— Mas você mesma sabe que nada pode trazê-la de volta ao mundo. Hoje vocês vivem em diferentes faixas energéticas, se a vida os separou é porque assim é o melhor. Seu caso chegou ao limite permitido por nossos maiores e você terá que se afastar dele por tempo indeterminado. Se fizer isso agora de espontânea vontade, será levada a um local onde receberá atendimento fraterno, voltará a enxergar e poderá refazer sua vida. Caso não aceite será afastada da mesma forma e será levada para este lugar, olhe.

Flávio pareceu aquietar-se por alguns segundos, depois falou desesperado:

— Não, por favor, não! Este lugar é horrível, tudo, menos ir para semelhante sítio.

Ernesto continuou:

— Ótimo, mas terá que retirar toda a energia doentia que colocou nele agora!

— Como posso fazer isto se eu própria estou doente? Não conseguirei!

— Conseguirá sim, basta chegar perto dele, pensar em Deus e no amor que sente no coração, visualize seu ex-marido bem e com saúde, o resto nós faremos.

Flávio levantou e se aproximou de Elias, que chorava emocionado, depois novamente foi para o seu lugar e disse:

— Pronto, já fiz o que pude, agora posso ir?

Ernesto disse:

— Isso mesmo, siga este grupo que está ao seu lado e aproveite o tempo que ficar com ele para aprender a ser feliz. Irá para um pronto-socorro de refazimento e paz!

Houve alguns instantes de silêncio, Elias se retirou para a câmara de passes e minutos depois Flávio, incorporado por Félix, começou a falar:

— Amigos, neste último caso saímos vencedores. Esta irmã chamada Florence habituou-se a achar que pode ser dona das pessoas. Ela ignora que só possuímos a nós mesmos e que ninguém é de ninguém. Desde que viveu na Terra, atormentou o lar que Deus lhe concedeu com ciúme e posse desmedidos. Fez incontáveis abortos para não ter que dividir o marido com os filhos. Insegura, passava a cercar o marido de perguntas e cedia a pensamentos de traição que entidades abismais colocavam em sua mente, chegava a "vê-lo" nos braços de outra.

Chamada ao amadurecimento e reciclagem por um terrível câncer de cérebro, ela tornou-se ainda mais revoltada, e a proximidade da morte fazia com que pensasse mais no marido recebendo carinhos de outra. Chegou ao astral revoltada e infeliz. Continuou no lar que residia e apesar de cega sentia o marido onde quer que estivesse. Devido à falta de visão, começou a apurar os ouvidos na tentativa desesperada de saber como o marido se comportava. Desde que ouviu tudo sobre os relacionamentos que ele pretendia manter, passou a colar-se nele, passando-lhe energias negativas. As mulheres corriam dele como o diabo da cruz, e ele, com o tempo passou a sofrer ataques epilépticos e finalmente encontrou nosso auxílio.

Houve alguns minutos de silêncio em que todos meditaram, depois Félix continuou:

— O próximo caso também tem origem no ciúme; aguardemos as vibrações e passividades dos médiuns.

Flávio e os companheiros vibraram por Anita. Ela, com o estado que mantinha não conseguia ir ao Centro. É importante que certos tratamentos de desobsessão ocorram com o próprio paciente presente. É que o local para este trabalho é impregnado de vibrações essenciais ao tratamento e de delicados aparelhos de captação e cura energética.

O paciente a distância nem sempre é bem atendido e assim o processo quase sempre é muito lento. No lar do encarnado habitam espíritos de diversos níveis de evolução encarnados e desencarnados e as energias que eles emitem na atmosfera doméstica quase sempre interferem negativamente nos casos atendidos a distância. Já no próprio Centro, além da limpeza energética do ambiente, só entram os espíritos que os guardiões da casa permitem. Quais doentes terrenos, os obsediados muitas vezes necessitam do tratamento no próprio hospital, e o Centro onde se realiza a desobsessão é qual um hospital terreno.

Logo um espírito sábio se manifestou:

— Boa-noite! Que Jesus esteja conosco! Anita, subjugada por mentes infelizes sente que o pequeno ser que chegará poderá atrapalhar sua vida com Flávio. Antes era o próprio espírito reencarnante que a fascinava, hoje ele já foi esclarecido e segue o caminho do bem. Todavia, um grupo de espíritos do astral inferior percebendo seus pontos fracos, utilizou-se deles para subjugá-lo. Flávio querido, acreditamos que esta obsessão vai durar até o nascimento do bebê. Está difícil o auxílio, pois Anita comunga com eles dos mesmos pensamentos, porém quando estiver com o pequeno e indefeso ser nos braços, sentirá que o ama mais que tudo, assim vencerá o ciúme e o medo. Nesta hora cortará a ligação com os obsessores. Não deixe que os psiquiatras a examinem, pois constatarão erroneamente tratar-se de loucura. Acredite em Deus e nos amigos espirituais, estaremos sempre do seu lado. Continuem vibrando por Anita e rezando a Deus por ela.

Flávio, emocionado, não continha as lágrimas.

Foram atendidos mais dois casos e a prece final de agradecimento deu por encerrada a sessão.

Na saída, Flávio propôs a Cristiano e Laura um lanche em confeitaria próxima. Eles concordaram.

Durante o lanche, Cristiano falava admirado:

— Nossa, mano, aqui vocês têm um grupo muito bem estruturado de desobsessão. Vejo que segue à risca as orientações de dona Margareth.

Laura também comentou:

— Fiquei impressionada, o seu Elias foi libertado logo na primeira sessão!

Flávio explicou:

— Isto se deu justamente porque ele fez a parte que lhe cabia.

Certamente aprendeu o que a vida quis lhe ensinar e de agora em diante deve seguir em paz. Outra chave importante é a elevação do espírito. Fazendo isso os espíritos inferiores não têm mais condições de atacá-lo.

Eles mudaram de assunto, comentando os pontos positivos na conquista do equilíbrio interior.

Já em casa, Cristiano e Laura foram se recolher e Flávio como sempre foi para o quarto de hóspedes. Anita trancava o quarto, mas ele precavido tinha outra chave e ela nem desconfiava. Antes de deitar foi vê-la, estava dormindo profundamente. Flávio também deitou e depois de sentida prece adormeceu.

Passava da meia-noite quando uma luz cinza-escuro surgiu no quarto de Anita. Ela foi se condensando e tomou forma humana: era Rafael, antigo namorado de Camila. Olhando por todos os lados ele começou a gritar:

— Camila! Camila! Apareça!

Nada acontecia, ele novamente gritou, e por fim duas entidades iluminadas vieram trazendo Camila pela cintura. Ela, após olhá-lo profundamente, disse:

— O que deseja Rafael? Estou em vias de reencarnar e está sendo uma trajetória muito difícil. Por que me chama? Já não temos mais nada um com o outro, bastam as dificuldades que estou tendo para renascer!

Ele, feliz por tê-la encontrado, correu para abraçá-la.

— Como estou feliz em te ver! Parece que esses meses foram séculos! Também vou renascer! Também fui chamado por mentores elevados que disseram ter chegado a minha hora. Quando você sumiu do *Desterro* todos ficaram admirados, afinal não é fácil fugir de uma organização como aquela. Ester me explicou que seu caso talvez seja uma reencarnação involuntária. Fiquei sem entender até que aconteceu o mesmo comigo. Adormeci e quando acordei estava num outro quarto próximo de bondoso senhor que tudo me explicou. Disse que se eu concordasse em reencarnar espontaneamente seria mais fácil para mim; se eu me negasse, reencarnaria da mesma forma, só que com mais sofrimento. Diante daquele argumento resolvi ceder. Eles disseram que me comprometi muito com a lei quando ajudei a enlouquecer sua mãe. Agora terei que voltar à Terra e reparar o meu erro.

Camila chorava abraçada a ele. Surpresa, ela viu um fio tênue cor de prata que se perdia pela mansão. Rafael, olhando enigmático para ela, perguntou:

— Quer saber onde está ligado este fio?

— Quero sim.

Ele levou-a pela mão ao quarto de Cristiano e qual não foi a surpresa quando Camila percebeu que o cordão energético estava ligado ao ventre de Laura.

Estupefata, Camila indagou:

— Então seremos primos?

— Isso mesmo. Os mentores dizem que nos comprometemos mutuamente e como membros da mesma família poderemos desta vez acertar.

Noel e Carlota apareceram no quarto e disseram:

— É isso mesmo, dessa vez podem vencer. Muito já sofreram neste mundo por não entenderem que não devemos fazer o mal a ninguém. Como primos deverão sublimar a antiga paixão que ainda arde entre ambos e fazer dela um sentimento superior.

Rafael mencionou:

— Fui informado por Hilário que viverei na Inglaterra, já Camila viverá aqui no Brasil, dessa forma como iremos conviver?

Noel com olhos perdidos no infinito respondeu:

— A vida tem seus meios e quando ela quer alguma coisa certamente consegue. A vida é Deus em ação, por acaso estão duvidando do poder de Deus?

Eles se calaram e Camila disse:

— Venha Rafael, desejo mostrar-lhe o porquê das minhas dificuldades reencarnatórias.

Eles voltaram para o quarto onde Anita dormia um sono agitado.

Camila mostrou-lhe a testa e com horror Rafael perguntou:

— O que são essas manchas pretas circulando o cérebro de Anita?

Carlota respondeu:

— São massas de energias negativas que os espíritos plantaram no corpo astral dela, é através dessas massas que eles a controlam a distância. Note que não há nenhum outro espírito além de nós nesse recinto. É que a distância eles também enviam pensamentos e conseguem desequilibrá-la.

Rafael assustou-se:

— Eles podem nos ver agora?

— Não — disse Noel. — Estamos numa faixa de energia que eles não conseguem captar. Eles nem sequer sabem que você será filha dela.

Camila entristeceu-se:

— Estou triste e confusa, em breve entrarei inconsciente na câmara para sofrer a restrição do corpo perispiritual e mesmo assim o medo me domina. Sinto que amo Flávio com todas as forças do meu coração. Temo mais uma vez recair no erro. Talvez isso contribua para que Anita sinta ciúmes injustificados do marido. Se hoje não desejo prejudicá-la, ainda sinto-me perdedora, afinal ela o tem como marido e esse é o maior sonho de minha vida. Temo cair em outro deslize.

Carlota a abraçou:

— Não fique assim querida, terá todo apoio do mundo espiritual para sair vitoriosa. Além disso, ele será seu pai, não haverá mais sentimento de paixão como antes. Você sublimará esse sentimento, vendo no homem amado de outrora apenas um pai fiel e amoroso.

Os espíritos conversaram mais alguns instantes e logo depois desapareceram rumo às colônias que habitavam.

21

Dezoito anos depois

Papai, não deixe ela nos dominar mais uma vez, eu quero minha festa de aniversário! — gritava Maria Antônia aos berros para Flávio.

Paciente ele dizia:

— Filha, pense bem... Eu e Anita fizemos um maravilhoso baile de 15 anos, nos outros anos também houve festa, este ano deverá se conformar. Você não precisa mais de tanto luxo, além do que já tem.

Ela irritada e com feições coléricas bradou:

— Foi ela mais uma vez! Eu juro que ela me paga! Sempre querendo interferir na minha vida! Um dia ainda fujo pra sempre desta casa e ninguém mais vai me encontrar.

Dizendo isso subiu feito um furacão as escadarias e trancou-se no quarto. Francisca que observava tudo a distância, chegou-se perto de Flávio e disse:

— Meu filho, essa menina está sendo educada de forma errada! Meu Deus, eu não entendo um pai feito você, um sábio, um mestre, educar a filha dessa forma. Desde que nasceu, você lhe faz todas as vontades. É por isso que está assim, acha que para ela tudo é sem limites.

— Tia, eu fiz o que pude na educação dela, mas reconheço que

Anita não colaborou. Ela não é ligada à filha, não se preocupa com seu bem-estar, aliás, a senhora que acompanha tudo desde que ela nasceu sabe muito bem disso.

A velha e simpática senhora retorquiu:

— Não sei não... Detesto ver cenas como esta. Quando a mãe chegar do shopping vai ser outra briga.

Flávio ficou vermelho:

— Anita novamente no shopping? Ela não disse que ia cuidar da assistência social do Centro?

— Isto foi o que ela disse a você. Mas eu vi muito bem ela pegar o cartão de crédito e telefonar para Giulia combinando fazerem compras.

Flávio ficou com raiva; por que Anita mentia tanto para ele? Amava a esposa, não queria brigar, depois conversaria com ela.

Francisca relatou:

— Não gosto de me meter na vida de ninguém, mas acho que Maria Antônia fica pior sempre que se encontra com o primo Fabrício; aquele doidivanas ainda vai colocar sua filha em maus lençóis.

— Não fale assim do Fabrício, ele é um bom menino, talvez os pais dele também tenham errado um pouco na educação, mas não é um doidivanas como a senhora diz.

Francisca levantou-se e disse:

— Você é quem sabe, agora irei ver se o jantar está pronto.

Na imensa e luxuosa sala de estar Flávio ficou sozinho. Começou a relembrar todos os fatos desde o nascimento de Maria Antônia e tentaria ver com a ajuda dos seus amigos espirituais onde realmente tinha errado.

Em seu quarto, Maria Antônia chorava copiosamente. Detestava quando era contrariada em alguma coisa. Por que sua mãe não era tão legal como o pai? Em sua raiva culpava Anita pelo desgosto de não ter sua festa de aniversário. O que os amigos de cursinho iriam pensar? A mãe, sempre a mãe! Um dia ela iria ver quem podia mais. Levantou-se da cama com os olhos inchados e olhou a decoração de seu quarto. Pensava:

"Não gosto de nada do que ela colocou aqui! Só gosto das fotos do meu pai que enfeitam minha vida. Como foi boa essa idéia que tive de colocar posters dele por todo o quarto! Como ele é lindo! Nem parece que tem 48 anos!".

Ela continuava com o devaneio:

"Que homem lindo é o meu pai, quando me casar quero que seja com um homem como ele! Sinto que só com um homem assim serei feliz".

E olhando as fotos do pai, como se ele fosse um ídolo, ela conseguiu se acalmar. Foi ao telefone e discou, esperou um tempo e uma voz do outro lado da linha respondeu:

— Maria Antônia, é você?

— Eu mesma, não sabe como já estou com saudades. Sabe primo, acho que só você me entende. Se eu pudesse morar aí na Inglaterra, acho que seria muito mais feliz.

Fabrício concordou:

— É verdade, sua mãe concorda de bom grado, já o tio não deixa de jeito nenhum, é muito apegado a você.

— O que me segura ainda é o meu pai, imagine agora que a dona Anita não quer dar minha festa de aniversário. Estou com vontade de fazer uma besteira daquelas...

Ele pareceu hesitar, mas falou:

— Besteiras nós já fizemos aí no Brasil, meu pai ficou desconfiado que me envolvi com drogas, mas não pôde provar, imagine se tio Flávio descobre que você já experimentou?

Ela corou:

— Nem pensar, jamais quero dar qualquer desgosto ao meu pai. Ele nunca vai saber, isso não irá se repetir.

— Assim espero.

A conversa durou ainda alguns minutos e logo depois eles desligaram. Maria Antônia deitou-se na cama e fixando o olhar no rosto expressivo de Flávio numa foto na cabeceira de sua cama, conseguiu adormecer.

Pouco antes da hora do jantar Anita chegou com inúmeras sacolas de compras. Ela, durante aqueles dezoito anos havia se transformado bastante. Acostumada com o dinheiro fácil, nunca trabalhara. Tentava auxiliar no Centro espiritual de Flávio, mas raramente cumpria as obrigações. Sua diversão era fazer compras, passear pelos melhores shoppings da cidade, freqüentar salões de beleza e festas.

Flávio a amava muito, todavia percebia profundamente a sua transformação. Em comunicação com os espíritos superiores, era sempre orientado a ter paciência e tolerância com a esposa. Hilário havia lhe dito que no seu caso as brigas e as discussões, além de provocar desarmonia no lar poderiam atrair uma separação, o que não seria nada bom, uma vez que ambos se amavam. E assim Flávio ia perdoando suas futilidades, tendo paciência com os seus ataques de possessividade, sendo tolerante com suas amigas matronas e fúteis.

Flávio não conseguia entender por que Anita não mais engravidara desde que nasceu Maria Antônia. A princípio ele achou que era por culpa da última gravidez cheia de problemas.

Anita continuou obsediada até a hora do parto, só cortando o vínculo quando pegou em seus braços a criaturinha frágil e dependente. Assim, sentindo o amor maternal pôde se livrar do grupo terrível que a subjugava mentalmente. Percebendo que ela havia se curado da obsessão com auxílio de espíritos abnegados, ele a levou em vários médicos, que não constataram nenhum problema.

Olhando a esposa subir a escadaria cheia de compras sem percebê-lo na sala, ele ficou imaginando porque não pudera ter mais filhos. Flávio ignorava que a esposa havia procurado há anos um feiticeiro, indicado por sua amiga Giulia, e através dele conseguiu uma beberagem que impedia a gravidez.

No princípio ela ficou incrédula, mas com o passar do tempo pôde perceber que funcionava de verdade. Durante todos esses anos ela tomava a bebida religiosamente. Jamais iria querer deformar o corpo outra vez, já bastava a primeira. Depois, cuidar de crianças não era tão agradável como pensara a princípio. Havia também o medo sempre presente de ter que dividir Flávio com outras pessoas, já bastava aquele Centro que tomava boa parte das horas de seu marido.

Flávio continuou meditando sem conseguir entender algumas coisas. Por que o relacionamento entre Anita e Maria Antônia era tão difícil? Nos primeiros anos Anita parecia amá-la de verdade. Era cuidadosa, extremada, e nada poderia acontecer à filha sem que a preocupasse profundamente. Às vezes ela chorava muito e só se aquietava nos braços do pai. O tempo passou e fatos estranhos começaram a acontecer.

Maria Antônia se apegou muito ao pai e tinha ciúmes de vê-lo com a mãe. Desde os sete anos ela discutia com Anita como se fosse adulta e só estava bem se estivesse com Flávio. Talvez por esse temperamento estranho Anita começou a afastar-se da filha, de repente passou a olhá-la com indiferença, pois percebia que de forma indireta e sem razão sua filha queria afastá-la do seu marido.

Maria Antônia foi crescendo e a situação se complicando. Tudo o que a mãe dizia ou fazia, ela tinha por gosto ser do contra, e as discussões entre as duas eram inevitáveis. O clima na casa de Flávio foi ficando permissivo ao contato com espíritos inferiores, assim os espíritos que já mantinham contato com Maria Antônia desde a última encarnação como Camila, voltaram a assediá-la. Dessa forma os obsessores se instalaram naquele lar.

O Centro de desenvolvimento espiritual que Flávio dirigia com dedicação e amor, bafejando proteção espiritual, prosseguiu com seu enorme sucesso. As sessões de desobsessão curavam muitas pessoas: loucos irreversíveis pela medicina, neuróticos, sexólatras, violentos, subjugados e fascinados de todos os matizes.

Flávio, com o passar dos anos, sentiu sua freqüência mediúnica aumentar a tal ponto que lhe foi possibilitada uma visita a um mundo distante, com uma civilização muito avançada. Desde então multiplicara seus esforços, fazia muito para que com seus trabalhos pudesse passar tudo o que aprendia com os espíritos evoluídos. Sabia perfeitamente das entidades negativas que viviam no seu lar com Anita e Maria Antônia, e se conseguia doutrinar muitas delas afastando-as, outras se aproximavam atraídas pelos pensamentos que elas emanavam.

Lembrou da terrível obsessão que sua esposa passou durante os nove meses de gestação. Parecia haver enlouquecido completamente. Quando nasceu o bebê, Anita voltou ao normal e lembrando-se perfeitamente de tudo o que havia feito chorou muito, envergonhou-se, porém Flávio com paciência e amor explicou-lhe tudo sobre o processo obsessivo pelo qual ela passara. Anita pareceu ceder à espiritualidade, todavia, anos depois desligou-se completamente, levando vida fútil e vazia.

Quando desceu para jantar, vendo o marido absorto em profundos pensamentos, aproximou-se:

— Meu amor, não sabia que estava aí. Chegou agora?

Ele beijando-a delicadamente nos lábios respondeu:

— Não, estava muito antes de você chegar, vi quando chegou com as compras. Por que não foi ao Centro como o combinado?

Ela corou um pouco:

— Deixei a Fátima no meu lugar. Ela aceitou e então resolvi distrair-me com as vitrines.

Ele procurou mudar de assunto:

— Já viu nossa filha?

— Não... Ela está em casa?

— Está sim e muito magoada com você!

Anita sentou-se no sofá fingindo-se de desentendida:

— Comigo, por quê? Ah, deve ser pela festa de aniversário. Se for por isso saiba que este ano não vai haver de jeito nenhum. Todos os anos ela quer festa, sinto dizer, mas acostumamos mal a nossa filha.

Flávio replicou:

— Acho que devemos ceder desta vez, afinal ela é uma boa filha, merece sua festa.

— Ela é boa filha pra você, não vê como me trata? Parece até que sou sua inimiga. A Cleide e a Giulia já perceberam e andam perguntando o porquê desta atitude. Acho bom que você que é o rei para ela faça alguma coisa.

— Você é que deve conquistar sua filha. É distante e fria. Na sociedade em que vivemos atualmente os papéis se inverteram. Antigamente eram os pais que sofriam com os filhos; a rebeldia, a abertura dos costumes, a droga fizeram muitos pais infelizes e ainda fazem. Porém hoje o contrário acontece: são os filhos que sofrem amargamente com as atitudes dos pais. Muitos são autoritários, acham que são os donos absolutos dos filhos, querem dominá-los a todo custo, esquecem-se que os filhos são almas independentes e que têm um programa de reencarnação a cumprir neste mundo. Outros fazem como você, ficam frios e distantes, não dão carinho, não procuram entender o que lhes vai na alma, não são amigos dos filhos. Se os pais soubessem a responsabilidade que têm com eles, deixariam de lado o papel social e se tornariam os melhores amigos dos filhos. São os laços de amizade entre pais e filhos que fazem a felicidade de uma família.

Anita discordou:

— O que você diz não é verdade, não sou fria, apenas reajo às atitudes dela. Essa menina é muito estranha, nunca a vi olhando para mim com amor, já com você, parece até paixão!

Flávio ia retrucar, mas foi interrompido pela voz de Francisca anunciando que o jantar estava na mesa. Os três comeram em silêncio e logo depois cada um foi para seu aposento. Antes de deitar Flávio foi ver a filha:

— Posso entrar? — disse ele colocando a cabeça na porta.

— Claro que sim paizinho, o senhor sempre pode tudo comigo.

Ele entrou e sentou-se na cama, colocando a cabeça de Maria Antônia em seu colo.

— Por que você não desceu para o jantar? Você não comeu nada! Pode ficar fraca.

Ela encarando-o disse:

— Não quero ver o rosto dela!

— Não fale assim de sua mãe, ela faz o que pode por todos nós, não a recrimine.

Ela não gostou do que ouviu e disse:

— Não quer dar minha festa, sempre encontra uma maneira

de me contrariar. Será que o senhor é cego? Até tia Francisca concorda comigo.

Flávio contemporizou:

— Ela não quer dar a festa, mas eu posso lhe dar uma boa viagem. Que tal curtir o fim de suas férias com seu primo Fabrício?

Ela deu vários pulos de alegria.

— Ah, você é o melhor pai do mundo. Claro que quero, quero muito.

Beijou Flávio repetidas vezes no rosto.

— Agora, prometa ser melhor com sua mãe, seja mais cordata. Compreenda-a melhor.

Ela, movida pela alegria do momento, abraçou o pai e disse:

— Por você eu faço tudo!

Nesse instante havia tanta paixão no olhar da filha que Flávio se incomodou. Tirou-a de seus braços e após beijá-la na face se retirou.

Em seu quarto Flávio remexia-se na cama inquieto. Rezou, meditou, mas não conseguiu adormecer. A sensação que sentiu quando Maria Antônia olhou-o daquela forma foi horrível. Onde teria visto aquele olhar? No fundo sentiu uma energia macabra vindo da filha. Só quando o dia começou a clarear é que conseguiu adormecer.

No outro dia pela manhã, enquanto Flávio havia saído para o Centro, a notícia da viagem de Maria Antônia se espalhou pela mansão. Ela e Francisca comemoravam, quando Anita chegou de surpresa.

— Quer dizer que minha filhinha vai viajar e nem sequer contou à mãe?

Fingindo não perceber o tom irônico que a mãe colocava na voz, Maria Antônia respondeu contente:

— Sim, o meu paizão me deu de presente de aniversário uma viagem a Inglaterra. A propósito, ele me pediu que eu esquecesse as mágoas que tenho da senhora e que fiquemos em paz.

Ela correu a abraçar a mãe, que por estar na frente de Francisca retribuiu com fingida alegria. E Anita disse falsamente:

— Que bom querida, o que eu não queria era mais uma daquelas suas barulhentas festas, porém uma viagem vem até em boa hora. Eu te ajudo a arrumar a bagagem.

Francisca, alegre com a cena, disse:

— Oh! Que bom que a alegria voltou a reinar aqui! E você menina, não se cansa de estar com seu primo Fabrício? Afinal, ele estava aqui há apenas duas semanas.

— Claro que não me canso, Fabrício fala a minha língua, é o meu melhor amigo. Nunca me dei tão bem com alguém como me dou com ele.

Francisca redarguiu:

— Ótimo! Agora vá tomar o seu café, afinal você não pode ficar fraca senão não poderá viajar.

Ela saiu para a cozinha e Anita foi para o telefone, discou um número e esperou:

— Alô, Giulia? Não sabe a novidade que tenho! Vou me ver livre da pestinha por mais de duas semanas, não é uma dádiva?

— Como assim? Fale logo!

— Ela vai para a casa dos tios na Inglaterra. Além de ter me livrado da festa horrível, vou me livrar também de sua presença incômoda.

A amiga gargalhou:

— Sabe que você chega a ser cômica? Nunca vi uma mãe agir assim com uma filha, você não gosta mesmo dela, não é?

Anita tentou se explicar:

— Não é isso, é que Maria Antônia sufoca muito o pai, não me deixa curtir o maridão, agora ele será só meu!

— Então você tirou a sorte grande mesmo. E nossa ida ao shopping hoje, ainda está de pé?

— Ah, infelizmente não poderei ir, ontem notei que o Flávio não gostou muito da minha saída, e sabe como é, detesto constrangê-lo. Faço tudo para que ele me admire e me ame. Aliás, vou aproveitar a tarde para ir ao cabeleireiro.

— Ah bom, vou ver se a Cleide quer ir comigo... Ah! Você sabe da última? A filha da Marisa está de romance com um amigo de meu marido.

— O quê? Não me diga...

Elas continuaram falando da vida alheia sem perceber que espíritos inferiores abraçavam-se a elas prazerosamente.

22

O recomeço de uma história de amor

Fabrício exultou com a notícia da breve chegada de sua prima à sua casa. Cristiano e Laura acharam estranha essa súbita viagem, porém calaram-se, a alegria do filho único era tudo para eles. Desde a mais tenra idade Fabrício apresentava problemas de comportamento, sentia-se rejeitado como se fosse uma pessoa com motivos para esconder-se do preconceito. Seus pais levaram-no a vários psicólogos, porém não adiantou, sua revolta continuava contra tudo e todos. Só com a prima é que se dava bem. Na Inglaterra ele fez vários cursos, mas não havia ainda ingressado em nenhuma faculdade. Na bem mobiliada sala do apartamento de seus pais, Fabrício comentava:

— É uma alegria estar com Maria Antônia, é a única que me entende.

Laura lendo uma revista, interrompeu para dizer:

— É que você precisa fazer mais amizades, socializar-se com outros jovens de sua idade. Não pode continuar trancado em casa, só saindo com Maria Antônia. Seu pai disse que quando melhorar seu comportamento vai te dar aquele carro que tanto sonha.

Ele exultou:

— Mesmo? Então juro que vou me esforçar. Mas é difícil, sinto que as pessoas podem a qualquer momento me rejeitar, me colocar de longe...

Cristiano entrou na sala chegando do trabalho:

— Oi, soube que meu filho está com motivos de sobra para ficar contente, Maria Antônia ficará aqui durante três semanas.

Fabrício estava ainda mais alegre:

— Três semanas? Isso é uma dádiva!

Laura levantou-se indo beijar o marido.

— Hoje vamos ao Centro?

Cristiano respondeu:

— Claro! E Fabrício também deverá ir conosco. Há tempos que dona Margareth pergunta por você, tem sentido sua falta lá.

Ele já subindo as escadarias disse:

— Não vou hoje, essa notícia me deixou muito feliz, irei me comunicar agora com Maria Antônia pela internet, temos muito o que conversar.

Laura e Cristiano ficaram tristes. Por que o filho não se interessava pelo lado espiritual? De repente, eles pensaram que Maria Antônia e Fabrício deveriam ser espíritos endurecidos, que viveram juntos em vidas passadas e que retornavam agora para tentarem melhorar. Mal sabiam que o filho era a reencarnação de Rafael, que em última existência foi negro e muito discriminado. Ignoravam também que Maria Antônia era Camila, a antiga namorada de Flávio.

O dia tão esperado chegou. No aeroporto Laura e Cristiano foram esperar Maria Antônia que não cabia em si de felicidade. Logo estava abraçada ao primo. Foram para casa. Lá chegando, Laura questionou:

— Qual o motivo dessa viagem logo no final de suas férias?

Ela franziu o cenho:

— Mamãe, como sempre! Não sei como duas irmãs podem ser tão diferentes, a senhora é doce, suave, parece um anjo. Já mamãe é fria, distante, sempre preocupada com o papai. A senhora sabe que ela nunca me deu atenção.

Laura mordeu os lábios, sabia que era verdade, sua irmã havia se modificado muito depois que a filha nasceu, mas não podia concordar com isso na sua frente.

— Não fale isso da sua mãe, ele faz o que pode por você e seu bem-estar. Esta viagem, por exemplo, foi por conta dela.

Maria Antônia sentou-se no sofá e com ar de enfado contou:

— A senhora se engana com a dona Anita; se estou agora na Inglaterra, podendo ficar uns dias com meu primo que tanto amo, isso se deve ao meu pai. A sua querida irmã fez questão de não fazer a minha festa de aniversário este ano, ela sabe que todos os anos no meu aniversário, papai dá festas. Mas, para me provocar, como sempre, ela fez questão de dizer que não faria. Me rebelei, jurei me vingar, e meu pai como sempre, para ajeitar a situação entre nós duas me ofereceu esta viagem.

Laura surpresa, perguntou:

— O que você fez para sua mãe lhe negar essa festa? Deve ter sido algo muito grave!

— Até a senhora duvida de mim, tia? Não fiz nada. O que minha mãe sente é muito ciúme de meu pai, ela tem inveja do relacionamento que tenho com ele desde pequena, só pode ser isso. Não tem outra explicação.

Laura também suspeitava o mesmo. Anita, infelizmente, era muito possessiva, será que até da filha ela tinha ciúmes? Resolveu mudar de assunto:

— Como está a tia Francisca?

— Tem se recuperado bem, eu pensei que ela nunca iria sair daquela crise horrível pela qual passou.

Foi a vez de Cristiano falar:

— Eu também. Mas ela é uma mulher muito forte, sempre soube que sairia daquele problema.

Maria Antônia disse:

— O bom disso tudo é que ela foi morar em nossa casa, passou a ser nossa governanta e é uma pessoa com quem sempre posso contar.

A conversa continuou fluindo agradável até que Fabrício convidou a prima a irem para o computador. Havia *sites* maravilhosos que ele queria lhe mostrar. Subiram para o quarto e ficaram a sós.

Depois de muito tempo na internet, eles foram lanchar. A cozinha estava vazia àquela hora da noite, então iniciaram uma conversa.

— Sabe prima, você é a única pessoa que me entende, parece que às vezes o mundo está contra mim. Não me sinto bem com as pessoas que me circundam.

Ela olhou-o penalizada e disse:

— Enquanto eu estiver por perto nada de mal irá te acontecer, eu juro.

Ele embeveceu-se:

— Como você é linda! De repente...

— Diga! De repente...

Ele ficou envergonhado, não poderia expor assim o que sentia, resolveu contemporizar:

— De repente me sinto muito bem com você, é só isso.

— Isso mesmo?

— É! Agora vamos dormir que já está tarde. O papai disponibilizou o carro só para nós amanhã.

Ela alegrou-se:

— Mesmo? Que bom, assim poderemos visitar todos aqueles lugares que vimos da última vez. Aquela turma ainda está unida?

— A turma da pesada? Está sim, mas só tenho ânimo de estar com eles quando você está aqui.

— No Brasil também é assim. Só tenho disposição para ir às festas quando você está lá.

E assim os dois jovens foram dormir.

Pela manhã eles foram ao lugar que planejaram. Era um bar bem movimentado apesar da hora matutina. Vários jovens tatuados, bebendo muito, estavam lá. Um grupo os avistou e gritou:

— É isso aí manos, quem é vivo um dia aparece!

Um jovem tatuado e fumando uma espécie de cigarro aproximou-se de Maria Antônia.

— E aí boneca, por que sumiu? E nossa troça, hein?

Fabrício interrompeu:

— É assim que nos recebe? Cadê o bagulho?

O outro pareceu se lembrar e disse:

— Tem para quem puder pagar, mas você é filhinho de papai, deve ter dinheiro de sobra.

Fabrício retirou alguns dólares da carteira e deu ao jovem:

— Tenho só para me divertir hoje, pra mim e pra Maria Antônia.

Ela estava assustada, havia experimentado droga no Brasil, mas não havia gostado muito. Falou ao primo:

— Eu não quero e você também não deveria querer. Continua usando esse troço?

— Não, mas com você aqui é motivo para comemorar.

Ela retirando-se disse:

— Prefiro comemorar de outra forma, se ficar aqui vou embora.

Outro rapaz já drogado, aproximou-se:

— Não estou te reconhecendo Toninha, da última vez você estava muito mais descolada.

— É que ouvi uma palestra de meu pai em que ele dizia que os espíritos viciados, que já viveram na Terra se drogam, sugando as energias através de nós.

Eles começaram a rir:

— Ah, então seu pai é feiticeiro, se entende com os espíritos?

Ela ficou com raiva, criticar seu pai era seu ponto fraco.

— Não fale assim de meu pai, ele é um Deus para mim e tudo quanto diz é sempre verdade. Não quero e nem vou mais provar isto. Vamos embora Fabrício.

Ele obedeceu e já no carro ela disse:

— Nossa, a turma está cada vez pior, nunca mais volto aqui!

— Também não precisa exagerar, quer dar uma de puritana? Sei muito bem que você é chegada num bagulho, lembra lá em São Paulo?

— Eu não sou chegada, apenas provei uma vez e foi você quem me deu.

Eles discutiram um pouco, mas logo depois estavam às boas.

Todas as noites iam para o quarto e ficavam na internet. Cristiano tinha controle rígido sobre o aparelho e Fabrício não conseguia entrar em sites pornográficos ou de violência.

Uma noite, os olhos de Fabrício e Maria Antônia se cruzaram de forma diferente. Ambos sentiram um frio no peito. Ela começou:

— Não sei... De repente senti algo estranho por você. Um desejo, uma sensação esquisita, sabia que você é um homem bonito? Não tão lindo como o meu pai, mas é muito bonito!

Ele sorriu:

— Você e essa sua paixão por tio Flávio. Ainda não conseguiu se curar?

— Claro que não! Se ele não fosse meu pai... Havia de tirá-lo da mamãe.

Ele assustou-se:

— Nem pense nisso! Que coisa feia!

Ela alisou seus cabelos, dizendo:

— Não penso, sei que é impossível, meu amor pelo seu Flávio é platônico — disse meio sarcástica.

Uma entidade viciada penetrou no recinto e soprou-lhe ao ouvido:

— Não é impossível nada, boba! Quantas filhas existem nesse mundo que se relacionam com os pais? Muitas! Faça uma investida, você pode!

Ela sentiu um calor imenso e o rosto de seu pai apareceu-lhe vivo no pensamento. Pouco depois falou com olhos vidrados:

— Sabe que me veio uma idéia? Bem que posso investir no papai!

Carlota, que também estava em espírito no quarto, tentou impedir, inspirando Fabrício:

— Diga a ela que semelhante ato é um crime gravíssimo perante as leis de Deus. Faça-a voltar em si, você pode, ela gosta muito de você.

Fabrício, ao ouvir a barbárie dita pela prima, interviu na hora:

— Isto é um erro muito grande, você é louca? Pai é pai, respeite-o ou não serei mais seu amigo. O incesto deve ser um crime terrível!

Ao ouvir estas palavras a entidade despida resolveu investir contra o rapaz, porém Carlota o protegeu, lançando sobre ele uma capa energética azulada. Quando em contato com a capa protetora a entidade foi arremessada a metros de distância.

Maria Antônia, ouvindo as palavras do primo, pareceu haver saído de um transe. Envergonhou-se e começou a chorar:

— Não devia jamais ter dito o que disse, peço-lhe perdão.

Fabrício respondeu:

— Eu a perdôo desta vez, mas se falar de novo isto, não quero mais saber de você.

Ela, já refeita, alisou os cabelos e sem perceber o beijou nos lábios.

A partir daquele dia eles começaram a namorar escondido. Estavam muito felizes, mais que o habitual e Laura percebeu:

— Nossa, como vocês estão alegres, o que aconteceu para ficarem desse jeito?

— Nada mãe — respondia Fabrício. — Talvez as visitas a lugares turísticos tenham deixado eu e Maria Antônia mais felizes.

Ela aproveitou:

— Já que estão tão felizes assim hoje, vou lhes fazer um pedido e não deve ser negado.

Maria Antônia ficou curiosa:

— De que se trata?

Laura respondeu:

— Ir conosco no Centro de dona Margareth. Hoje à noite teremos uma reunião onde espíritos elevados darão instruções a todos os freqüentadores. Devem ir conosco.

Eles tinham um programa para a noite, mas bem poderia ser depois do Centro. Fabrício respondeu:

— Iremos sim!

Laura ficou muito feliz:

— Nossa! Seu pai ficará honrado com a presença de vocês.

A noite finalmente chegou e com Cristiano ao volante todos foram para o Centro.

Cristiano olhou para Maria Antônia e disse emocionado:

— Foi aqui que seu pai estudou quando era mais jovem e pôde se tornar tudo o que é hoje.

Ela respondeu:

— Sei disso, realmente, meu pai é um astro!

Cristiano sorriu:

— Esses adolescentes...

Laura, Maria Antônia e Fabrício sentaram-se com algumas outras pessoas na platéia, enquanto Cristiano foi para a enorme mesa onde outros médiuns já estavam concentrados e em meditação.

Dona Margareth, já muito velha, porém ativa, deu início ao trabalho com uma prece. Logo depois um dos integrantes da mesa abriu ao acaso O *Evangelho segundo o Espiritismo* e leu uma mensagem sobre os laços de família. As luzes foram apagadas ficando apenas duas lâmpadas azuis.

Uma mulher de rosto sereno estremeceu levemente e começou a falar:

— Felizes são aqueles que buscam as verdades espirituais. Neste mundo costuma-se dar mais valor às coisas materiais do que às espirituais. Para ser feliz, é necessário inverter esses valores, porque o mundo material é passageiro, enquanto o nosso espírito é eterno. Hoje vim para alertar uma jovem que necessita muito aprender isso. O fascínio pelas coisas do mundo tomam conta de seu ser ofuscando sua visão, criando ilusões, o que fatalmente a levará à frustração e à desilusão. É preciso ver as coisas como elas são. Você tem endeusado pessoas sem perceber que são apenas seres humanos, com qualidades e defeitos. É hora de sublimar este sentimento que tanto a tem prejudicado. Essa jovem está presente e deve procurar amar seu pai com os olhos do espírito. A vida os colocou unidos para que aprendessem a transformar o sentimento que os uniu em vidas passadas em algo divino. Ele já conseguiu, porém você insiste em permanecer no mesmo erro. Ouça a voz de sua alma, ela quer lhe oferecer a verdadeira alegria que a levará à felicidade.

Maria Antônia estremecia e chorava agarrada à sua tia. Tudo o que aquele espírito lhe disse era a realidade. Amava seu pai de forma exagerada e estranha, seria a hora de mudar tudo aquilo?

O espírito continuou:

— O amor quando vivido de forma verdadeira jamais provoca sofrimentos, muito pelo contrário, é o amor que produz a felicidade, a alegria e o bem-estar.

Maria Antônia continuava chorando sem parar, acolhida por sua tia. O espírito se despediu e logo depois outros se manifestaram, todos falando do amor e dos laços familiares.

Quando chegaram em casa os jovens não estavam com ânimo para conversar, deixaram o programa para depois e foram para seus quartos. Cristiano, já no leito com a esposa, comentou:

— Querida, veja como a vida faz tudo certo, Maria Antônia ouviu tudo o que precisava, justamente na noite em que foi ao Centro, que bela mensagem!

Ela concordou:

— Isto é verdade, Maria Antônia é muito apegada a Flávio, assim como minha irmã Anita. Às vezes me pergunto: por que Flávio atrai tantas pessoas dependentes e apegadas? Não posso negar que o apego de minha irmã e minha sobrinha é exagerado. Não sei como ele suporta.

Cristiano sentou-se na cama e ligou o abajur:

— Laura, é fácil entender por que Flávio atrai essas pessoas. Ele é uma luz, e todos querem ficar em volta de uma luz, às trevas ninguém dá importância. A natureza nos mostra que a luz produz atração por onde passa, note como os insetos voam para ela atraídos pelo seu calor e fascínio. Assim é Flávio: uma pessoa iluminada, abnegada e feliz. Ninguém gosta de ficar próximo de quem se queixa ou tem baixas energias.

— Isto é verdade, mas Anita e Maria Antônia se apegam demais, tenho a impressão que o usam como muleta.

Cristiano concordou:

— É verdade, porém Flávio faz sua parte, explica que toda dependência é sinal de imaturidade e atrai sempre o sofrimento. Elas é que não querem ouvir, neste caso a responsabilidade é toda delas.

Laura concordou e eles continuaram conversando, até que vencidos pelo cansaço, foram forçados a adormecer.

Fabrício e Maria Antônia continuavam namorando escondido sem que ninguém percebesse. Uma tarde estavam sozinhos no quarto e Fabrício muito arrojado propôs:

— Você é tudo para mim! Está na hora de ser minha de verdade, tem que ser agora!

Ela meio envergonhada negou:

— Acho que não é ainda a hora, está muito cedo, estamos ficando há apenas duas semanas.

— O tempo suficiente para que eu tenha certeza de que você é a mulher de minha vida.

— Eu também te amo, mas... Sabe como é, acho que aqui no seu quarto não é lugar.

Ele com voz melíflua disse:

— Por que não? Ninguém vai chegar...

Ela acabou cedendo e já estava seminua quando percebeu uma presença no quarto. O susto foi grande, Laura estava estática. Eles começaram a se recompor e, refeita do susto, Laura vociferou:

— Vocês são loucos? Como se atrevem a esse absurdo? Meu Deus! O que sua mãe vai dizer quando souber? — Olhou para o filho. — E você? Terá uma séria conversa com seu pai quando ele chegar. Maria Antônia não pode ficar mais aqui, deverá voltar o mais rápido possível para o Brasil.

Ela, trêmula de vergonha e de susto, suplicou:

— Tia, por favor não diga nada à minha mãe, meu pai ficará sabendo e não saberei como agir perante ele.

Laura sentia sua irritação aumentar:

— Ainda pede que eu omita uma situação como esta? Seu pai será o primeiro a saber, eu mesma ligarei para ele agora e contarei tudo. Aprendi com seu pai que devemos ser verdadeiros doa a quem doer, pois a verdade nunca é prejudicial. Nunca esconderei isso.

Fabrício gritou:

— A senhora não tem o direito de nos separar dessa forma, nós nos amamos!

Laura estava atordoada:

— Pelo visto isso não começou hoje, a situação é pior do que eu pensava, se descobrir que houve algo mais entre vocês, não saberei qual será minha reação.

Maria Antônia chorava imaginando como seria a reação do pai. Por que cometera aquela loucura? Amava Fabrício era verdade, mas sentia um pavor ao pensar que o pai pudesse perder a imagem pura que tinha dela. Mas uma coisa era certa, nada a separaria de Fabrício.

Laura tomou um calmante para esperar o marido chegar, tendo Maria Antônia e Fabrício sentados à sua frente. Horas mais tarde, quando Cristiano chegou, ela contou tudo nos mínimos detalhes. Cristiano tentou acalmar-se e fazê-los perceber o erro que estavam cometendo. Porém, eles não concordaram com nada que ele dizia.

A notícia caiu como uma bomba na casa de Flávio. Anita rodava de um lado a outro esbravejando contra a filha. Francisca tentava acalmá-la enquanto Flávio permanecia pensativo no sofá. Anita vendo-o calado explodiu ainda mais:

— Não vai falar nada? Veja no que se transformou a nossa filha, numa rameira qualquer. Algo me dizia que ainda teríamos um sério desgosto com essa menina!

Flávio olhou-a sem se perturbar:

— Nada há de dramático. É você que exagera as coisas, nossa filha já tem dezoito anos e o aparecimento do sexo é inevitável. Além disso, Laura garantiu que nada de mais aconteceu, ela chegou e conseguiu impedir.

Anita continuava colérica:

— E se Laura não tivesse chegado? Tudo estaria consumado uma hora dessa e você ainda encara com naturalidade.

Ele imperturbável continuou:

— O adolescente precisa vivenciar muitas coisas para amadurecer, o sexo e o amor são duas dessas coisas. O que há de mal nisso? Os pais não devem estimular a prostituição, porém a vida sexual sadia deve ser discutida com eles dentro do próprio lar.

— Não posso acreditar no que estou ouvindo, não! Os ouvidos não são meus. Você está compactuando com uma infâmia dessas?

Flávio sempre calmo respondeu:

— Não é questão de compactuar e sim de tentar compreender. Nossa filha retorna que dia?

— Daqui a dois dias penso que estará aqui.

Francisca se pronunciou:

— Acho que os ânimos estão demais exaltados aqui, que tal fazermos uma oração chamando os guias espirituais? Precisamos de paz!

Anita sentiu realmente que precisava de orações. Os três unidos oraram pela família e assim ficaram mais calmos.

23

Auxílio entre a terra e o céu

Na colônia *Campo da Redenção* Érica estava aflita na sala de espera de Hilário. Ao seu lado estavam Marina e Carlota.

— Não fique aflita, Érica, tudo acontece de forma certa e Deus está no comando de tudo, para que temer?

Ela se acalmava sempre que ouvia Carlota, mas mesmo assim não conseguia parar o turbilhão de pensamentos que lhe invadiam a mente. A porta se abriu e um casal ainda jovem saiu dela. Carlota, referindo-se a eles disse:

— Veja, esse casal desencarnou num desastre de carro deixando três filhinhos sobre a Terra. Estão abalados, porém confiam em Deus. Hoje eles vieram pedir permissão a Hilário para visitar o lar terreno, onde a prole fica com a avó materna. Pelos semblantes felizes conseguiram permissão.

Chegou a vez de Érica, que ansiosa, entrou na sala do simpático e sorridente senhor que os convidou a sentar.

Hilário como sempre já sabia o motivo da visita e foi direto ao assunto:

— Sei que está aflita com a família de Flávio, veio pedir para intervir e auxiliar, porém este é um momento delicado, quando as pessoas terão que usar o livre-arbítrio. Nestes casos nós não podemos interferir, apenas auxiliar aliviando as dores.

Érica começou a chorar:

— Carlota me falou do que pode acontecer e estou apavorada, meu filho não merece passar por uma coisa dessas.

Marina interveio:

— Também acho, ele é muito bom, tirou-me daquele vale onde estava perdendo minhas energias e se estou bem é por causa dele. É uma injustiça o que ocorrerá.

Hilário olhava profundamente nos olhos da mãe e da filha, pensou por alguns segundos e respondeu:

— Observem com cautela. Vocês chegaram a esta colônia há pouco tempo, não conseguem entender certas coisas e por isso julgam a vida injusta. Você, Érica, que passou mais de vinte anos morando naquela organização justiceira, onde a verdade está corrompida por uma moral permissiva e ilusória, ainda tem muitos pensamentos materialistas e grosseiros. Quando achamos que determinado fato é injusto, estamos vendo com os olhos da matéria. Só com os olhos da alma conseguimos enxergar a verdade da vida. Ela jamais erra, e permite que as conseqüências das nossas atitudes sirvam para aprendermos os valores eternos do espírito. Marina também não está em condições de ver os fatos. Após tempos de prostituição no *Vale do Amor Livre* conseguiu ser libertada pela alma elevada de seu irmão e por isso julga que tem o direito de livrá-lo das provas que passará. Ignora que a Inteligência Divina tem tudo sob controle e age sempre no bem de todos, e o faz do seu jeito, o que nem sempre ocorre da forma como gostaríamos. Ninguém tem o poder de manipular a vida. Querer fazer isso é uma ilusão.

Marina e Érica envergonharam-se um pouco, porém não se deram por vencidas. Érica disse:

— Sei que Flávio me ensinou, me retirou da prisão onde vivia e por isso sou muito grata. Ele é meu filho amado. Mas será que o destino é assim inexorável e fatal? Nada há que impeça a tragédia?

Hilário explicou:

— O destino não é inexorável e fatal, uma vez que as coisas mudam conforme as pessoas agem. No caso da família de Flávio, há Camila que reencarnada não conseguiu vencer sua paixão inferior e seus sentimentos mórbidos. Estudou conosco, renasceu sob a supervisão de espíritos abnegados, porém o contato com as energias do mundo físico fez com que todas as tendências más retornassem. Nisso não há nenhuma fatalidade. Na Terra há dois tipos de energia predominantes: a negativa e a positiva. É o espírito encarnado que faz a opção pela qual vai transitar. Maria Antônia estará de frente com uma escolha muito importante da vida dela, que vai decidir todo o seu futuro, ela vai optar pelo caminho do amor ou pelo caminho da dor. Só ela poderá decidir o que fazer.

Marina replicou:

— Não há como Anita evitar a situação?

— Sempre existe um caminho onde se pode inverter as prioridades. O caminho do amor é mais fácil, é de alegrias e êxitos. Porém as pessoas estão acostumadas a pensar que o amor pode esperar. Por isso atraem todo tipo de sofrimento. O amor a Deus, a si mesmo, ao próximo, à natureza não podem esperar pelo dia de amanhã, deve ser vivido desde já. Brevemente haverá um grande expurgo no planeta Terra, onde milhares de espíritos desencarnarão compulsoriamente de forma coletiva, e não terão mais a chance de reencarnar lá. Infelizmente, se Maria Antônia fizer o que pretende não poderá mais nascer na Terra. Já Anita vive pensando que doar-se, amar, ser feliz, libertar-se, pode esperar pelo dia de amanhã. Pelo que conhecemos da personalidade dela é provável que não consiga evitar a catástrofe.

Érica quis saber mais:

— Você fala em expurgo. É verdade que isto acontecerá? Na igreja sempre ouvia falar no fim do mundo, é o que ocorrerá com a Terra?

Hilário sorriu amavelmente:

— Absolutamente não. Nosso planeta não morrerá por completo, pois está sob a lei Divina de progresso. Todavia, seu processo de regeneração já está em andamento e certas pessoas que não acompanham a vibração do mundo novo, não poderão mais permanecer nele. Os violentos, os assaltantes, os assassinos, os viciados em aberrações sexuais e em tóxicos, os egoístas, os orgulhosos, os que guardam ódio e os trapaceiros serão expurgados para aprenderem em um mundo mais condizente com suas vibrações. A Terra vai entrar em um clima de regeneração e nada poderá perturbar quem permanecer sobre ela.

Marina quis saber:

— Como isso ocorrerá? Em que data?

— O tempo ainda é uma incógnita para nós. O que podemos afirmar segundo os espíritos mais elevados é que será em breve. Essa varredura também se dará em plano astral. O *fogo purificador* levará os espíritos inferiores para a crosta de outro mundo ainda primitivo e renovará a atmosfera espiritual do planeta. As colônias e habitações dos espíritos inferiores também serão destruídas pelo *fogo purificador*.

Érica estava abismada:

— Trata-se de castigo contra os infratores?

A resposta foi clara:

— Castigo é uma palavra que não existe no dicionário divino. Trata-se do retorno das próprias ações maléficas para quem as produziu. Na realidade é o caminho da aprendizagem para aqueles que optaram pelo sofrimento. Vivendo em um mundo primitivo, sem rádio, anestesia, cinema, recursos médicos, eles aprenderão a valorizar o dom da vida e a respeitar o espaço de cada um.

Marina voltou ao assunto anterior:

— Quanto a Flávio nada poderemos fazer? Ficaremos de braços cruzados?

— Não, doaremos energias revigorantes e saudáveis. Quanto ao resto pertence apenas ao livre-arbítrio de cada um. E, mudando de assunto, hoje vocês podem visitar quem desejam.

Érica sentiu-se trêmula, finalmente iria rever o seu tão amado esposo. Marina iria junto. Carlota que as levaria ao local pediu:

— É necessário que vocês duas estejam bem emocionalmente para fazer a visita que desejam, se forem levar energias depressivas, o melhor é permanecerem por aqui.

Marina garantiu:

— Estou bem, apesar de saudosa, mas pelo que sei saudade não faz mal.

— Eu digo o mesmo — voltou a falar Érica.

Elas despediram-se de Hilário e volitaram até a crosta terrestre. Entraram numa creche grande e muito bem organizada, foram até uma das salas e perceberam que era a hora do lanche. De longe avistaram uma assistente dando comida na boca de um garoto que tinha cinco anos. A criança parecia revoltada por não conseguir comer como os coleguinhas, porém a docilidade da assistente o acalmava.

Érica emocionada dizia:

— É difícil aceitar a situação na qual renasceu meu pobre Ângelo. Sem as duas mãos, muitas oportunidades lhe serão tiradas.

Marina abraçava-se ao garoto e dizia:

— Ah, paizinho, como te amo, sempre que puder estarei contigo. Pena que não o valorizei quando estava na Terra, sinto que não fui boa filha.

Carlota interferiu:

— Não tenham sentimentos de pena para com ele. Dó e piedade destroem o ser humano, pois indicam que ele não tem forças para lutar e vencer. Isso não é verdade, todo ser humano tem muita força e pode vencer esteja onde estiver. A medicina avança e em breve ele terá mãos artificiais, podendo trabalhar normalmente como qualquer outra pessoa.

Marina perguntou:

— Por que ele escolheu vir desta forma?

— Ele quis se punir pelos atos de roubo que cometeu nas duas últimas encarnações. Foi orientado de que podia aprender pelo amor, poderia vir com o corpo sadio e utilizar as mãos como médico-cirurgião, dando passes nos centros espíritas, ou como médium escrevendo sobre a espiritualidade e os importantes valores do bem. Porém ele, individualista e egocêntrico como sempre, preferiu sofrer sozinho ao invés de modificar seu carma, trabalhando em favor de si mesmo e do próximo.

— Como é ruim a autopunição! Por isso em minha próxima encarnação farei de tudo para aprender pela lei do amor — disse Érica. — Sei que me comprometi quando fiz aquele aborto, mas estou disposta a receber aquele espírito novamente e a tratá-lo com amor e dedicação, ensinando-lhe o caminho do bem.

— Eu também — disse Marina. — Desejo fazer algo de útil para mim e para a humanidade. As pessoas estão sofrendo muito sobre a Terra e necessitam de orientação e consolo. Se puder contribuirei para acabar com a prostituição e ensinar a viver a sexualidade sadia. Espero conseguir, pois assim também estarei me auxiliando.

Depois de lançar energias positivas sobre Ângelo, elas se despediram e foram para a casa de Flávio. Fazia dois dias que Maria Antônia havia retornado da Inglaterra e o clima estava péssimo em todo o ambiente. Fechada em seu quarto ela dava vazão às lágrimas, enquanto Anita recebia na sala sua amiga Giulia.

— Ai, como me arrependo de não haver dado aquela festa que a pestinha pediu, para mim tudo foi pior, só pode ser castigo.

Giulia mexendo delicadamente no belo arranjo de flores ao lado do sofá concordou:

— Foi mesmo, essa menina merecia uma bela sova, imagine, namorar com um primo! Se fosse minha filha, mesmo nessa idade apanharia.

— Imagine se o Flávio vai deixar! Ela nunca apanhou na vida porque o pai não permitiu. Acho que deixei o Flávio cuidar demais dessa menina, por isso deu no que deu. Ele prega que os castigos e surras não educam ninguém, imagine só. Se não fosse ele, Maria Antônia veria o que é uma boa educação.

Giulia com um tom admirado na voz retorquiu:

— Engraçado... Na sociedade você e o Flávio são admirados como um casal modelo. Ninguém imagina que você vive nesse clima com sua filha, para todos você é a mãe bondosa e perfeita.

Anita declarou:

— Faço isso para não deixar minha imagem manchada. Mas entre mim e o Flávio tudo é às mil maravilhas, nisso todos têm razão. Mas não sei o que acontece entre mim e Maria Antônia, parece que somos completamente estranhas, inimigas, talvez. Desde que ela nasceu perdi muito espaço junto ao Flávio, ele só dá importância a ela. Isso me ofende muito.

— Você deve se conformar, afinal filhos são para a vida toda. Ainda bem que sou feliz com os meus. Onde está Maria Antônia agora?

— Lá no quarto chorando, fazendo drama para o pai derreter-se todo e liberar o namoro.

Francisca subiu as escadarias com uma bandeja de lanche, olhando de soslaio para as duas.

— Essa velha maluca é outra que perturba a minha vida. Desde que se mudou pra cá vive se metendo em nossos problemas. Quanta coisa tenho de aturar pelo meu marido!

Giulia estava curiosa:

— Afinal, por que essa Francisca veio morar aqui? Ela não tinha uma bela casa em bairro elegante?

— Nossa, você está mal informada, parece que nem somos amigas — retorquiu Anita. — Essa velha meteu-se com uma confecção há tempos e não deu certo, não tinha tino para os negócios. A loja foi endividando-se e ela começou a tomar dinheiro com agiotas. Como a crise não foi superada, teve que vender a casa e a loja. Como único parente no Brasil Flávio deu guarida a ela aqui. Agora está como governanta. Veja só, não faz nada aqui, mete-se na minha vida e ainda ganha por isso. Só mesmo nessa família!

Giulia lamentou:

— Avalio sua dor querida, se ao menos seus pais estivessem vivos, você poderia passar uma temporada com eles como fazia antigamente.

— Nem fale Giulia, nunca vou perdoar Deus por ter matado meus pais daquela forma naquele desastre. E o Flávio ainda garante que a vida faz tudo certo.

A amiga ouvia admirada:

— Quer dizer que você não segue a filosofia dele? Estou admirada cada vez mais com você.

— É claro que não dá para não acreditar em algumas coisas, porém na maioria das vezes finjo que aceito. Sabe como é, uma esposa apaixonada faz tudo pelo seu casamento.

Nessa hora Francisca interrompeu:

— Com licença, Anita, mas preciso falar com você seriamente.

— Do que se trata? Se for sobre Maria Antônia, nem quero saber!

— É sobre ela sim. Acho bom você fazer alguma coisa antes que ela adoeça. Levei o lanche e ela não comeu. Isso já faz dois dias, o que quer? Que ela seja internada?

— Ora, como se a culpa fosse minha. O que ela está fazendo é só para chamar a atenção do pai, pensa que não sei?

Francisca pediu:

— Por favor, converse com ela, diga que libera esse namoro. Você sabe como são essas coisas de adolescente, logo tudo passa.

Anita teve um ataque de fúria:

— Não acredito que ela ainda mantém esse pensamento! Vou já falar com ela. Direi umas boas verdades.

Francisca interrompendo a passagem da escada bradou:

— Veja só o que vai fazer para depois não se arrepender. O Flávio é muito paciente, mas uma hora dessa pode mudar, cuidado!

Encarando-a com rancor Anita vociferou:

— Saia da minha frente, eu sei como educar minha própria filha, afinal eu sou a mãe.

Francisca saiu e sem olhar para Giulia, foi rezar em seu quarto. Aquela casa precisava muito de boas vibrações.

Anita invadiu o quarto da filha, onde grossas cortinas impediam a luz do sol de penetrar. Vendo Maria Antônia com a cabeça nos travesseiros, perdeu a paciência.

— Eu pensei que você já havia se conformado, mas não! Agora está recorrendo à boba de sua tia. Saiba que aconteça o que acontecer você não irá jamais continuar o namoro com o Fabrício. Eu não permitirei.

Maria Antônia, o poço vivo da obsessão, levantou transtornada, olhos vidrados a encarar a mãe com rancor:

— Miserável, é assim que quer destruir a minha vida? Saiba

que sou mais forte e vencerei. Tenho condições de tirar o papai de sua vida para sempre!

Anita empalideceu, será que estava ouvindo direito?

— Você disse o quê? Repete, que eu não entendi bem.

Sem se esquivar, Maria Antônia continuou colérica:

— É isso mesmo dona Anita, você me separa do Fabrício e eu torno a sua vida um inferno. Faço meu pai te abandonar. Você morrerá sozinha e abandonada.

Anita, sem se conter, desferiu um forte tapa no rosto da filha, que tombou ao chão.

Maria Antônia, de onde estava, repetiu entre dentes:

— Você vai me pagar por isso, eu juro que vai. Maldita seja você e sua alma! Primeiro rouba o meu pai, agora rouba o Fabrício. Um dia ainda sentirá o peso de minha ira.

Anita, olhos desafiadores, respondeu:

— É o que veremos.

Bateu a porta e desceu as escadas deixando para trás todo o ódio e rancor da filha. Giulia já havia partido e ela resolveu tomar uma ducha e tentar relaxar.

Em seu quarto Maria Antônia estava com ódio triplicado. Espíritos inferiores já em simbiose intuía-lhe várias idéias. Ela rodava sem parar, atormentada por tantos pensamentos. Não saberia viver sem Fabrício, sua mãe haveria de lhe pagar. Ela precisava pensar numa maneira de neutralizar a atitude da mãe, mas como? Pensou, pensou sem conseguir achar uma saída. Até que de repente uma idéia veio-lhe à mente e tomou forma. Era isso que iria fazer! Como não pensara nisso antes? Rapidamente consultou a lista telefônica e achando o número, discou:

— Alô, preciso falar com Janjão, ele está?

Uma grossa voz masculina, sem nenhuma simpatia, perguntou:

— Quem deseja falar? É que ele está sempre muito ocupado e só fala com pessoas que tenham assunto importante.

— O meu assunto é importante, posso falar com ele amanhã

de manhã? Diga que é a Maria Antônia de Menezes, certamente se lembrará de mim.

O outro demorou alguns instantes, depois respondeu:

— Tudo certo garota, amanhã ele irá recebê-la.

Ela agradeceu e desligou. Seu plano seria perfeito, ninguém iria desconfiar de nada. Desceu mais refeita e já encontrou o pai na sala. Correu a abraçá-lo. Flávio retribuiu o abraço com prazer, adorava ver a filha feliz. O que tinha acontecido? Por que apesar das confusões ela estava feliz?

Vendo a filha abraçada ao marido Anita perguntou:

— Nossa, essa sua filha é uma caixinha de surpresas! Há menos de meia hora estava no quarto, me agredindo e chorando. Agora já ri e o abraça.

Maria Antônia esclareceu com fingimento:

— É que pensei em tudo o que a senhora me disse e resolvi seguir seus conselhos. Meu lance com o Fabrício não pode continuar. A senhora estava coberta de razão.

Flávio sentiu-se mal. De repente, uma onda de energias pesadas invadiu o ambiente. Ele não saberia de onde vinham, mas as estava sentindo. Seria da filha? Algo lhe dizia que ela estava mentindo. Resolveu arriscar:

— É isso mesmo que quer para sua vida, filha? Pense direito, sei que sua mãe tem boas intenções, mas só você pode decidir seu destino, sei que é forte e capaz.

Os olhos de Maria Antônia brilharam. Como o pai era maravilhoso!

Resolveu continuar com a mentira:

— É isso mesmo pai, resolvi pôr um ponto final nessa história maluca. Desejo toda a felicidade a Fabrício, mas sei que não será comigo. O meu namorado ainda vai aparecer.

Flávio fingiu acreditar e não perguntou mais nada. Foram jantar e assim esqueceram os incidentes do dia.

24

A vingança

No outro dia pela manhã Maria Antônia saiu cedo em direção a uma rua pobre da Zona Norte de São Paulo. Tinha certeza de que era ali que Janjão morava. Pagou o táxi, deu ordem para que esperasse e seguiu andando. Numa rua de má aparência um sobrado luxuoso se destacava. Ela se aproximou do portão e falou com o segurança:

— Sou a Maria Antônia, tenho hora marcada com Janjão agora de manhã, gostaria que você fosse avisá-lo.

O segurança, com cara de poucos amigos, avisou por um aparelho de rádio, que havia uma moça querendo falar com o chefe. Após dar o nome, ele liberou a passagem e ela entrou. Passou por um jardim bonito e foi conduzida pela empregada ao segundo andar. Pelo corredor ela passou por várias portas até chegar a uma, repleta de seguranças. Pouco depois estava frente a frente com o famoso traficante. Olhando-a intimamente, ele perguntou:

— O que a traz aqui? Veio buscar o bagulho para alguém? Até onde eu sei você não é viciada, apenas provou aquele dia com meu filho e seu primo na festa que demos aqui em casa. Nunca pensei que fosse voltar, afinal, filha de um homem metido a santo, sabe como é.

Ela foi direto ao assunto:

— O senhor sabe que sou amiga de seu filho e sei de muitas coisas sobre você. Inclusive que mata sem dó nem piedade seus inimigos no tráfico. Sei também que não faz isso pessoalmente, contrata pistoleiros especializados para esse fim. Seu filho num "daqueles" momentos me contou tudo.

Ele coçou a barba preocupado:

— O que tem isso a ver com sua visita?

— Tudo a ver! Quero que um de seus pistoleiros extermine uma pessoa para sempre da face da Terra. Tem que ser um serviço bem-feito e sem deixar pistas!

Ele se admirou:

— Olha que tenho visto muito bandido por aí, da pior espécie, mas nunca vi nenhum assim com cara de anjo. Por acaso quer matar a namoradinha de algum garoto por que está apaixonada? Se for isso, não precisa chegar a tanto, uma crueldade praticada com classe separa qualquer casal, sem precisarmos recorrer ao crime.

Ela foi clara:

— Quero matar a minha mãe, o mais rápido possível!

Janjão abriu a boca e fechou-a rapidamente de tanta surpresa, poderia esperar qualquer maldade, mas uma dessas estava fora de seu pensamento.

— Menina, já pensou bem no que quer fazer? Isto é muito grave. Veja, até eu tenho amor à minha mãe, cuido dela com todo carinho. O que a sua fez de tão sério?

Maria Antônia demorou, mas respondeu:

— Ela existe! Isto é o que ela fez de mais grave, existir.

Janjão estava cada vez mais admirado e com um tom grave na voz ele argumentou:

— É melhor desistir do que vai fazer, certamente se arrependerá muito e não poderá mais voltar atrás.

Um espírito de mulher que acompanhava Maria Antônia, irritada, soprou-lhe ao ouvido:

— Não se deixe levar pela conversa dele, insista, vá até o fim.

Só será realmente feliz quando sua mãe morrer, aí terá o Flávio e o Fabrício só para você. Não seja fraca!

Ela não registrou suas palavras, mas de repente sentiu aumentar o desejo de ver sua mãe morta:

— Não vou me deixar levar por suas palavras. Quem é você para me dar lições de moral? Sei que já tem mais de quarenta mortes nas costas. O que quero é que você contrate a qualquer preço um de seus pistoleiros para dar cabo de minha mãe o mais urgente possível. Não posso esperar mais.

Ele coçou a barba indeciso, depois retrucou:

— Está bem, poderei contratar uma pessoa de Goiás que trabalha para mim. Mas ela cobra caro e eu também quero minha comissão.

— Já esperava por isso. Tenho como conseguir esse dinheiro. Entre em contato com ela o mais rápido possível. Desejo saber o valor ainda hoje. Este aqui é o número de meu celular. — Ela pegou um pedaço de papel com um número anotado e deu para ele. Logo depois se despediu e foi embora.

No trajeto de volta para casa Maria Antônia sorria satisfeita. Com esse ato ficaria livre para sempre de sua mãe e teria seu namoro liberado. Depois cuidaria para que Flávio não se casasse novamente, não suportaria vê-lo com outra.

Quem tivesse visão espiritual perceberia vultos negros andando de mãos dadas com Maria Antônia, que estava à beira de cometer mais um crime. Porém, nada acontece sem que as forças do bem estejam atentas e em *Campo da Redenção* os mentores juntamente com Marina e Érica estudavam o caso.

— É triste perceber que apesar de tudo Maria Antônia não conseguiu vencer sua paixão — lamentou-se Carlota. — Tudo fizemos para que ela pudesse crescer sem sofrimento, mas por livre-arbítrio escolheu o caminho da dor. Às vezes penso que ela está regredindo espiritualmente.

Hilário explicou:

— Isto seria impossível. Na escala da perfeição ninguém desce, apenas estaciona. No emaranhado das reencarnações sucessivas podemos perder até mesmo as conquistas intelectuais, porém as morais jamais são perdidas. Acreditem, Maria Antônia não está madura para agir diferente, além do mais ela encontra reciprocidade. A energia da mãe está atraindo esse crime.

— Que horror! — bradou Érica sem entender. — Onde está Deus que não impede esse crime? Estará omisso?

Hilário sorriu:

— Dia chegará em que todos perceberão como Deus age, acionando a evolução. No movimento de seres que povoam o Universo, os mais inferiores auxiliam o progresso de outros e assim por diante. Se as pessoas vencessem a violência íntima, lutassem para banir o pessimismo e o medo do coração, ninguém mais seria assassinado ou violentado. Anita não tem a violência estampada no rosto como muitos a tem, porém acredita no mal, teme o mal, acha que ele é mais forte que o bem, vê sua filha como uma rival. Ao lado de Flávio teve a oportunidade de se modificar, porém a ignorou. Leva vida fútil onde o materialismo impera. Se Maria Antônia conseguir o que pretende será porque a mãe necessita desta experiência para evoluir, não como fatalismo, mas por afinidade.

Marina pareceu entender:

— Então é por isso que as pessoas são assassinadas? Elas atraem o crime para suas vidas?

— Lógico! Não existem vítimas inocentes sobre a Terra. Num crime, num assassinato, o que há é o encontro de vibrações do assassino com o assassinado. Na Terra há pessoas "assassináveis" que morrem com facilidade, seja por balas perdidas, crime premeditado, passional, etc... Essas não estão dando o melhor de si em seu nível de evolução, estão carentes de si mesmas e de Deus. Em contraposição existem pessoas "não assassináveis"; essas não morrem através da violência, do crime, do roubo e nem são violentadas, isto se dá porque já venceram a violência íntima, acreditam na força do bem, cultivam a espiritualidade, são otimistas, não dramatizam nem invadem a vida alheia. Infelizmente, se Anita morrer é porque é "assassinável".

Érica em dúvida questionou:

— Então, quer dizer que o ato de Maria Antônia está certo? Ela não será castigada por Deus?

Hilário delicadamente respondeu:

— Um crime, de qualquer espécie só traz resultados negativos, portanto é sempre um mal. Deus não castiga ninguém, todavia dirige o Universo através de leis perfeitas e imutáveis que dão sempre a cada um segundo suas obras. O espírito que hoje chamamos de Maria Antônia, já viveu como Helena; naquela época já acreditava na violência, por isso optou por matar Anete, sua rival no amor por Henrique. Recebeu a violência de volta quando foi assassinada pelo capanga que virou seu amante. Em sua penúltima reencarnação continuou acreditando no mal como solução de problemas e novamente morreu assassinada. Agora mais uma vez recorre ao crime e desta vez o pior de todos: contra a sua própria mãe. Certamente sofrerá muito com essa atitude. É uma obsediada em altíssimo grau.

Marina perguntou:

— Será justo Anete morrer assassinada mais uma vez? E pela mesma pessoa?

— Para Deus ela estará sempre aprendendo ainda que pelo caminho da dor. Quando viveu como Anete, julgava-se fraca e indefesa, acreditava na força do mal, temia o mal. Por isso foi morta tragicamente. Na presente existência, para fugir da experiência anterior, seu espírito entrou nas ilusões. Acha-se dona de Flávio, pensa que pode fazer o que quer por causa do dinheiro e da influência do marido. Prometeu amar, melhorar-se, aproveitar a evolução de Flávio para crescer junto, porém tem invertido todo o processo. Se as pessoas soubessem o quanto a violência íntima as prejudica lutariam para modificar suas más inclinações. Mas no mar encapelado do mundo a maioria esquece-se de cultivar o bem, a espiritualidade. Creia Marina, se Anita procurasse o bem verdadeiramente ninguém conseguiria assassiná-la.

Após esta reunião, Hilário os convidou para continuarem observando os fatos, para ajudarem se fosse preciso.

Na mansão de Anita, tudo reinava na mais aparente tranqüilidade. Ela sentia-se aliviada, já que a filha estava modificada, mostrando-se benevolente e não falava mais no primo Fabrício. Com isso, sem mais problemas para cuidar voltou à vida vazia de sempre. Francisca continuava cuidando de tudo, porém ao perceber Maria Antônia ao telefone, ficou desconfiada. Com quem ela estava conversando que quando a viu ficou tão assustada? Ela sentia energias ruins no ambiente, mas não conseguia perceber de onde vinham.

Era noite de reunião espiritual na casa de Flávio. Uma vez por semana ele reunia a família na grande sala de estar e orava em favor da humanidade, recebendo instruções psicofônicas, que eram gravadas por Francisca num aparelho de som, para serem estudadas depois.

Após a prece inicial, Anita com rosto compungido leu uma mensagem sobre a força do pensamento positivo e o livre-arbítrio. Depois dos comentários de Francisca e Flávio, as luzes principais foram apagadas, ficando o ambiente em penumbra. Concentrado, Flávio entrou em transe e começou a falar:

— Boa-noite irmãos, a mensagem de hoje será sobre a boa nova da paz. O nosso Mestre Maior ensinou-nos o perdão das ofensas e o arrependimento. Até quando vamos adiar a conquista destas virtudes? Em nossa ilusão deixamos tudo para depois, ignoramos que a felicidade só pode ser vivenciada no hoje, nunca no passado ou futuro. Iludidos projetamos para o futuro nossos sonhos e desejos, imaginando que só seremos felizes com eles. Para realizá-los não titubeamos em ferir, magoar e interferir drasticamente na vida alheia, achando que assim alcançaremos a paz que tanto sonhamos. Porém, o que começa errado jamais poderá dar certo, e na colheita de nossa semeadura receberemos a desilusão e a dor, forçando-nos a amadurecer e a reparar.

É o momento de descobrir que o amor e a felicidade verdadeira não podem esperar pelo dia de amanhã. O Criador não espera o dia de amanhã para nos amar, porém nós cultivadores que somos de toda sorte de ilusões, esperamos o amanhã para amá-lo e praticar seus ensinamentos. O nível de evolução de cada um conta sempre. Hoje todos que habitam este lar estão tendo uma chance preciosa de parar para pensar no que vêm fazendo de suas vidas e onde estão colocando seus corações. A partir de agora não podem mais utilizar a desculpa da ignorância para encobrir os erros, todos aqui já estão cientes do mal que não devem fazer e do bem que devem praticar. Quem sabe mais tem o dobro de responsabilidade. O Nazareno nos disse: "Muito será pedido a quem muito foi dado". E essa é a realidade. Conservem a paz no coração, o otimismo e a conduta reta, marcada sempre pela ética e pelo verdadeiro bem. Gostaria de dizer que ainda dá tempo de corrigir muitos erros e evitar o sofrimento, pelos descaminhos nunca se chega ao caminho, pela maldade nunca se chega à felicidade. Quem comete o mal mergulha o subconsciente nas sombras da infelicidade, e como o subconsciente trabalha na materialização das nossas crenças, é a infelicidade que teremos em nosso caminho.

Só o amor liberta, só a prática do bem verdadeiro pode levar à prosperidade completa.

A mensagem foi encerrada e Flávio voltou ao normal. Beijou a filha e a esposa, abraçou Francisca e alguns amigos que estavam com ele na sala. Quando foram se recolher, já no quarto, Flávio comentou com a esposa o teor da mensagem:

— Alguém nesta casa está querendo fazer alguma espécie de mal. Nunca me engano, sempre que Hilário dá mensagens deste tipo é porque alguém está na prática do mal. Não me negue Anita, é você?

Ela, que estava deitada, levantou-se nervosa:

— Como você pode perguntar isso a mim? Afinal, não me conhece depois de tantos anos de casamento? Seria incapaz de fazer mal a uma mosca, você sabe.

— Não sei... Você mudou muito de alguns anos para cá. Sinto que não é a mesma moça com a qual casei.

Ela corou, nunca quis que o marido tivesse queixas dela.

— As coisas podem mudar meu amor, isso não quer dizer que eu passe a cometer maldades. Você diz que eu mudei, mas eu não vejo em que. Afinal, não estou sempre amorosa com você? Nossa vida íntima nunca mudou nesses anos todos, continuamos a nos amar como sempre.

— Você diz isso porque analisa apenas o seu lado afetivo. É claro que continuo amando-a como no primeiro dia, porém tem levado vida ociosa, briga demais com Maria Antônia, não tem gestos de carinho, é fria com as outras pessoas, só vejo-a sendo amorosa comigo. Às vezes acho seu amor por mim um pouco obsessivo.

— Nunca pensei que um dia chegaríamos a ter essa conversa. Achava que você nunca ia me cobrar por não ser religiosa. Sempre achei que se um dia nosso casamento acabasse seria por causa de sua religião. Afinal, não sou a mulher religiosa como você queria.

Ele enterneceu-se, amava Anita sinceramente apesar de todos os seus defeitos. Não queria e nem gostava de brigas. Resolveu contemporizar:

— Tudo bem meu amor, aceito-a como você é. Vamos esquecer esse nosso papo e pedir a Deus que se alguém aqui deste lar estiver com a maldade no pensamento, possa se arrepender e voltar atrás.

Anita, vendo-o rezar, sentiu-se aliviada. Aquela conversa estava seguindo um rumo que não estava lhe agradando. Imagine se o marido descobrisse que ela utilizava ervas para não engravidar? Temia perdê-lo para outro filho. Jamais engravidaria de novo. No silêncio da noite, Anita refletiu sobre seu comportamento, mas influenciada por entidade das trevas concluiu que estava sempre certa e que não precisava mudar em nada. Assim adormeceu. Sonhou que estava numa praça arborizada e uma brisa suave banhava seu rosto, era noite e o céu estava estrelado. De repente, uma figura de mulher surge-lhe a distância e ao aproximar-se lentamente provoca-lhe muito susto:

— Mamãe! Como pode? A senhora não morreu com papai naquele desastre horrível? É mentira, devo estar tendo alucinações. — Dizendo isso fugiu desesperada para o corpo físico, acordando banhada de suor.

No astral Alexandra dizia triste:

— É Alonso, minha filha nem mesmo conseguiu me ver, conversar comigo, tão mergulhada está nas ilusões do mundo. Admito que devo ter errado muito na educação dela. — Começou a chorar.

Alonso, companheiro da comunidade onde viviam, confortou-a:

— Não pense assim amiga, lembre-se de que você também educou Laura e ela não é nem um pouco parecida com a irmã. Neste caso não foi questão de simples educação doméstica, mas sim de nível de evolução espiritual. Enquanto Laura mais evoluída conseguiu captar facilmente suas palavras e exemplos, Anita, mais primitiva, esqueceu-se e caiu nas malhas do pessimismo e da futilidade. Não é à toa que vai atrair semelhante crime para a sua vida.

Alexandra, enxugando as lágrimas e sentada em um banco tosco, comentou triste:

— É difícil aceitar a morte. Temo que Flávio não consiga reagir positivamente perante os fatos. Aqui Anita ficará comigo, mas lá ele ficará sozinho.

Alonso sorriu delicadamente ao dizer:

— Ninguém está sozinho. Flávio já tem amadurecimento suficiente para vencer esta prova. Confiemos em Deus.

Ela concordou e juntos foram para o pátio interno da operosa colônia.

Em seu quarto Maria Antônia agarrada ao travesseiro não conseguia dormir. Será que aquela mensagem foi para ela? Não, não podia ser. O que ela iria fazer era um favor ao mundo retirando dele aquela criatura cruel e infeliz que era sua mãe. Quando a viu lendo tão linda mensagem teve ganas de agredi-la. Mas o que poderia fazer? Se quisesse ter vida boa e feliz ao lado do pai e de Fabrício teria que exterminá-la. Levantou-se e sobre o toucador havia um porta-retratos dela bem pequena, com três anos talvez. Sua mãe estava junto. Naquela época tudo era feliz, por que as coisas tiveram que mudar? Reconheceu que gostava de provocar a mãe, mas ela era também culpada. Nunca havia tido gestos de carinho com ela. As outras mães que ela conhecia eram amorosas com os filhos, cobriam-lhe de carinhos e beijos, faziam-lhes todas as vontades. Porém sua mãe era distante, fria e egoísta. Até tia Francisca que era solteirona e nunca havia tido filhos, tinha arroubos de carinho para com ela muito mais que a própria Anita.

Olhou o relógio digital: eram duas horas da manhã. Pela manhã receberia de Janjão a informação da quantia necessária para o crime. Não poderia desistir. Olhou para os posters de seu pai na parede e pensou: "Como um homem tão bonito pode ter gostado de uma pessoa como sua mãe?". Em sua perigosa ilusão se via como a mulher ideal para Flávio, a única que ele realmente merecia. Não, não poderia desistir. Acertaria tudo com Janjão. Ela não percebeu, porém Ester, sua antiga companheira quando na erraticidade, estava do seu lado insulflando-lhe idéias macabras:

— Isso mesmo Camila, não desista. Onde está aquela jovem corajosa e voluntariosa que conheci? Essa zinha que você chama de mãe é sua rival, roubou-lhe seu amor e vai lhe roubar a vida se você permitir. Acabe com ela agora ou sofrerá muito no futuro!

Ela não registrava suas palavras, porém sentia o ódio por sua mãe aumentar:

"— Não posso e não vou desistir. O que quero fazer será o melhor para a minha vida. Ela já me rouba a atenção de meu pai, agora quer me separar de Fabrício. Isso não poderá acontecer, mostrarei para ela quem é mais forte". — Pensando assim foi para a cama e depois de horas rolando insone, conseguiu adormecer.

Maria Antônia, em seu egoísmo, esquecera-se completamente de tudo quanto aprendeu com o pai desde criança. Flávio ministrava-lhe aulas de espiritualidade, pensamento positivo, mentalismo e metafísica. Todavia, os sentimentos perversos prevaleceram e ela não se lembrava o quanto o assassinato é crime terrível perante o tribunal da própria consciência, muito pior se cometido contra um dos genitores. A responsabilidade é dobrada.

25

O dia do crime

A lô!? Janjão? Tudo certo para hoje? A quantia é aquela mesma?

— Sim, mas deve ser entregue às três horas como o combinado. Se não estiver na hora marcada nada feito.

— Sim, estarei lá!

— Como você arranjou esta quantia? É muito alta. Você é espertinha, como conseguiu enganar o velho?

Ela irritou-se:

— Isto não é de sua conta. Meu pai não é velho, é o homem mais jovem e bonito que existe! Como ousa pronunciar o nome dele com sua boca suja?

— Olha garota, vamos terminar esse papo antes que eu me irrite com você. Esteja lá às três.

Maria Antônia desligou o celular e continuou andando por uma avenida larga e movimentada. De repente chegou a uma bela praça. A fonte luminosa jorrava e alguns pássaros brincavam felizes ao redor dela. Ela sentou sem perceber a beleza do lugar, só tinha olhos para seus problemas. Uma senhora com aproximadamente 80 anos também chegou e sentou-se perto dela.

— Que horas são, mocinha?

— Dez e meia.

— Você costuma sempre vir a este local?

— Não, estou aqui por acaso — respondeu já irritada.

A velhinha olhou-a profundamente e disse:

— Já observou como são belos e inocentes esses pássaros? Brincam felizes sem se preocuparem com nada. É uma beleza! Sempre que estou com problemas venho aqui retirar deles preciosa lição.

Era só o que faltava! — pensou Maria Antônia. — Lição de pássaros! O que esses seres degradantes poderiam oferecer? Lições sim eram aquelas que seu pai dava em seus cursos. A senhora, parecendo ler seus pensamentos, disse:

— Vejo que você não entendeu o que eu disse e nem consegue enxergar a lição que eles podem nos dar. A natureza é muito rica e com ela podemos aprender muitas coisas. Porém os homens esquecem-se do belo, do natural, vivem como se fossem robôs, esquecem-se de que na natureza estão todas as lições que nós precisamos para viver melhor. Às vezes penso que a única religião que existe no mundo é a natureza. Já imaginou que beleza?

Ela deu de ombros:

— Pra mim religião é aquela que meu pai professa, ele é muito religioso e sábio, fique sabendo!

— Sei que seu pai é assim, mas vamos falar dos pássaros. Deveríamos ser como eles. Despreocupados, brincam, trabalham sempre confiantes de que o dia de amanhã lhes virá belo para suprir todas as suas necessidades. Nós somos diferentes, desconfiamos da vida, vivemos sem fé, achando que o dia de amanhã será sempre de sofrimento e problemas. Não confiamos na Fonte da Vida e nem sabemos sequer que ela é Deus em ação.

Maria Antônia contestou:

— É claro que os pássaros são despreocupados, são somente pássaros, seres sem nenhuma importância. Nem sequer pensam nem sentem nada.

A senhora muito viva respondeu:

— Engana-se, antes de serem animais eles são uma centelha divina, neles reside o princípio inteligente que um dia tornar-se-á espírito. Neles, por instinto, há a confiança num ser divino que tudo provê e comanda. Nós, os seres humanos, somos a raça mais desenvolvida da Terra, porém a mais sofredora. O pensamento, o raciocínio que nos foram dados como mérito, para nosso crescimento e progresso, estão sendo usados para a destruição e a derrota. Creia querida, nunca colheremos flores se plantarmos sempre espinhos.

Maria Antônia ficou pensativa. Parecia até que aquela velha lia seus pensamentos. Resolveu terminar a conversa:

— Olha minha senhora, já ouvi falar de tudo isso no Centro de meu pai, não preciso saber de mais nada. Vá cuidar de sua vida que eu cuido da minha.

Dizendo isso saiu apressada e não percebeu que a mulher desapareceu rapidamente indo buscar outros espíritos que estavam esperando por ela. Ao vê-la chegar, Noel indagou:

— E então, Luiza, ela cedeu à nossa última tentativa?

— Infelizmente não, querido. Acha que sabe tudo e que não precisa de mais nada nem ninguém. O egoísmo impera e só será vencido com o sofrimento.

Noel abraçou-a com carinho:

— Nem tudo que queremos podemos evitar, se aqui do plano espiritual pudéssemos interferir no livre-arbítrio das pessoas, muito sofrimento seria evitado. Entretanto, só experimentando é que as pessoas teimosas vão aprender. As pessoas inteligentes vão pelo caminho do amor, as insensatas vão pelo caminho da dor, há apenas estes dois caminhos para se evoluir...

Maria Antônia continuava andando sem parar. Estava planejando esse crime há duas semanas e nada poderia falhar. Armaria tudo para que parecesse um assalto, assim ninguém seria condenado ou preso, muito menos ela. O pistoleiro viria de Goiás e assim que terminasse o serviço iria embora. Havia conseguido com um amigo, poderoso sonífero que colocaria na bebida dos seguranças, fazendo-os adormecer. Naquela noite haveria palestra e todos de sua casa sairiam, menos Anita que há meses não freqüentava o Centro. Teria que ficar atenta para que a mãe não inventasse nenhum programa e saísse de última hora. De súbito decidiu ir para casa e ficar grudada ao telefone, assim se a Giulia ligasse ela daria uma desculpa e não a deixaria falar com a mãe.

Todos almoçaram normalmente naquele dia, menos Maria Antônia que estava muito nervosa, mas só Francisca percebeu. Após ficar até o meio da tarde sem sair, lembrou-se do compromisso inadiável de levar o dinheiro a Janjão. Assim foi, entregou o dinheiro, deu o mapa da casa e uma foto de sua mãe. Às nove horas tudo ocorreria sem falhas.

Às sete da noite todos se preparavam para sair. Quando Flávio viu Maria Antônia pronta para seguir com ele e Francisca ficou admirado:

— Resolveu ir conosco, assim de repente? Fico muito feliz!

— É que gostaria de ouvir sobre o tema de hoje. Nem sei o que é, mas sei que tudo o que o senhor fala é lei!

Francisca interviu:

— Mas você raramente vai ao Centro com seu pai, o que deu em você, menina?

Ela mordeu os lábios:

— É que... É que não me sinto bem hoje, quem sabe uma boa palestra renovará meu ânimo!

— Bem que eu percebi que você estava muito nervosa, quase não almoçou nem jantou. Até tremer você tremeu. Conte à sua tia, algum problema?

Anita que ouviu tudo a distância se aproximou com fingido interesse:

— O que minha filha pode ter? Afinal tem tudo aqui, nada lhe falta! Eu não entendo esses jovens de hoje, têm o mundo nas mãos e ainda se queixam.

Maria Antônia queria dizer que o principal lhe faltou que era um amor real de mãe, porém queria demonstrar ao máximo que estava em paz com ela, apenas disse:

— Agradeço sua preocupação mamãe, mas não deve ser nada sério, apenas uma indisposição.

— Você precisa ver isso filha, depois da palestra você fará uma consulta com um dos nossos terapeutas para ver se essa indisposição está no corpo físico ou astral. Agora vamos, que não posso chegar atrasado.

Eles saíram deixando Anita sozinha na sacada da mansão olhando-os de longe. Quando o carro partiu ela sentiu uma tristeza infinita. Não sabia definir de onde vinha. Resolveu ligar para Giulia.

Discou e esperou:

— Giulia? Que tal vir aqui me fazer companhia? Estou tão solitária, todos me abandonaram — disse ela em tom de brincadeira.

— Você está se sentindo sozinha? Nunca a vimos assim, diga logo, está desconfiada do Flávio com outra?

Anita se horrorizou:

— Nem de brincadeira fale uma coisa desta, nestes longos anos de casamento tenho certeza de que ele nunca me traiu, é da natureza dele ser fiel. Se ele tivesse me traído com alguém certamente eu teria eliminado da Terra essa rival.

Giulia assustou-se:

— Nossa, você às vezes tem uma crueldade que me espanta. Seria mesmo capaz de um ato desses?

— Pelo meu marido eu até mataria se preciso fosse.

— Bom, estarei passando aí dentro em pouco, apenas vou dar uns retoques na maquiagem.

Ela desligou o telefone e foi esperar a amiga ouvindo música. Nessas horas que a casa ficava vazia, gostava de colocar o som que mais lhe agradava. Olhou no relógio e percebeu que passara um bom tempo distraindo-se com a música. E Giulia que não chegava?

De repente um homem encapuzado surge à sua frente, silencioso, apontando uma arma para ela:

— Silêncio madame, é melhor não gritar ou dou cabo de você agora mesmo!

Ela ficou desesperada:

— Por favor, o que quer de mim? Meu marido é muito rico, pode lhe dar o dinheiro que você quiser, não me mate, tenho uma filha que precisa muito de mim.

A voz de Anita estava rouca e suas mãos trêmulas, arrependeu-se amargamente de não ter saído de casa com o marido. O que seria de sua vida? Resolveu contemporizar:

— Eu sei que é um assalto, podem levar o que quiser, tem muitas peças valiosas aqui, mas por favor poupe-me a vida.

Outro homem chegou na sala com um capuz na cabeça, dando gargalhadas:

— Está reconhecendo esta foto?

Anita, nervosa, e com a arma na cabeça, reconheceu uma das suas fotos que estava no porta-retratos do quarto e que havia sumido misteriosamente.

O homem gargalhando muito disse:

— Isto aqui não é um assalto coisa nenhuma, é apenas o dia de sua morte. Esta foto foi nos dada por uma linda mocinha chamada Maria Antônia, conhece?

Anita gelou ainda mais, aquilo não poderia ser realidade:

— Mentira, minha filha me adora e jamais faria uma coisa dessas comigo!

O homem continuava gargalhando:

— Pois foi ela sim. Já percebeu que os seguranças de sua mansão estão todos dormindo? Ela colocou sonífero na bebida deles para que adormecessem e facilitassem nossa missão. Também pediu que lhe fosse revelado que a assassina era ela, ela é que foi a mandante. Disse que jamais você poderia morrer sem saber quem foi a autora. Ela quer que você saiba que a odeia e que a odiará para sempre. Agora prepare-se para ir pro inferno.

Anita tão chocada estava que nem sequer suspirou, foi fulminada por três balas silenciosas e tombou ao chão.

Os homens saíram correndo e cerca de cinco minutos depois Giulia entra assustada:

— Anita, o que aconteceu com sua casa, está toda aberta, os seguranças dormindo...

De repente estancou pálida, viu Anita no chão banhada de sangue. Um grito de horror e Giulia saiu correndo em direção à rua. Tomou um táxi e foi em direção ao Centro de Desenvolvimento Espiritual Luz no Caminho.

Flávio concentrado iniciava sua palestra sobre a paz:

— Ouvimos muito as pessoas dizerem: "Desejo a paz". Mas será que elas realmente sabem o que estão desejando? Para vocês o que é ter paz?

— Paz é ficar parada sem fazer nada? Muitos desempregados estão nessa situação, será que eles têm paz?

— Paz é ficar quietinho num lugar sem que ninguém lhe perturbe? As pessoas na UTI, estão nesta exata situação, será que elas estão em paz?

— Paz é ter muito dinheiro? Muitas pessoas são milionárias, será que elas vivem em paz, com tranqüilidade e alegria?

— Paz é ter muita saúde? Pode até ser, mas muitas pessoas saudáveis aproveitam-se dessa dádiva para embrenhar-se em todas as formas de vícios. Será que elas têm paz?

A paz verdadeira só acontece com a compreensão e aceitação da vida. Se desejamos a paz devemos deixar de lado as preocupações, as culpas, as mágoas, o medo e o ódio. Precisamos expulsar de nossa mente tudo o que nos desarmoniza, todo pensamento que nos causa sensações ruins. O planeta Terra não está errado, nossa visão sobre ele é que está equivocada. Muitos de nós com essa visão superficial e grosseira invadimos a privacidade dos outros, viramos justiceiros, pensando que para ter a paz é preciso fazer a guerra. Esta atitude mesquinha e equivocada de buscar a paz tem nos arrastado durante séculos a reencarnações inferiores, onde agindo da mesma forma vamos receber os mesmos resultados.

O que precisamos mesmo é mudar de atitude mudando nossa forma de agir. Temos que aprender a tomar conta da própria mente, educá-la, deixando de lado o pensamento velho que subjuga e considerar os próprios sentimentos. Somos responsáveis por todos os nossos problemas, mas não somos os nossos problemas.

Se não somos os nossos problemas, podemos olhá-los de fora, dominá-los e vencê-los. Só ouvindo a voz de nossa alma é que teremos a paz que tanto almejamos.

Flávio continuou discorrendo facilmente sobre o assunto até que em dado momento percebeu uma agitação na porta principal. Algumas pessoas queriam impedir que uma mulher muito nervosa entrasse e atrapalhasse o trabalho. Porém, ela venceu os seguranças e passou correndo esbaforida por entre as cadeiras. Admirado, Flávio percebeu que era Giulia Aguiar, amiga de sua esposa. Giulia se aproximou dele muito pálida e ofegante, não conseguia falar. A esta altura ninguém mais prestava atenção em nada a não ser na figura daquela mulher. Flávio fez ela sentar em uma poltrona, pois sua respiração impedia a pronúncia de qualquer palavra. Quando se acalmou, ela olhando-o nos olhos, disse:

— Flávio, não sei como te dizer, não sei como aconteceu, mas... Mas Anita foi assassinada e está estendida no tapete de sua sala banhada em sangue.

Ninguém ouviu o que ela disse além de Francisca. Flávio, mudo, sentou-se no chão, depois deitou-se e com a cabeça entre as mãos, chorando muito, começou a fazer sentida prece a Deus. Vendo o movimento Maria Antônia, que já sabia do que se tratava, aproximou-se com fingida comoção:

— O que houve aqui, tia Francisca? Por que meu pai está chorando desse jeito?

Francisca abraçou-a de encontro ao peito e chorando respondeu:

— Não tenho outra maneira de te dizer, sua mãe foi assassinada friamente agora, e está lá estendida no chão. Um desastre, uma tragédia horrível.

Abraçadas, as duas começaram a soluçar. Maria Antônia fingia muito bem e agarrava-se a Flávio que deixava as lágrimas caírem em profusão pelo rosto.

As pessoas foram retiradas da platéia sem entender o que estava acontecendo. Flávio foi para casa e quando chegou ainda pôde perceber o cenário do crime, a mulher que ele tanto amava estava lá estendida no chão, vítima da maldade alheia. Sobre o corpo da mãe, Maria Antônia fazia um verdadeiro escândalo. A polícia chegou, afastou todos do local e levou o corpo.

A tragédia se abateu sobre aquela família. Espíritos inferiores que tentavam atrapalhar o trabalho de Flávio tentaram se aproximar dele para lançar-lhe energias negativas, porém foram impedidos por uma capa azulada que o protegia. Mesmo muito evoluído, Flávio sentia a dor do momento vendo sua esposa morrer de forma tão trágica.

Cristiano e Laura vieram para o enterro e decepcionados ouviram da polícia que a motivação do crime fora uma tentativa de assalto. Os ladrões não conseguiram levar nada porque certamente perceberam a presença de Giulia que estava chegando. Provavelmente Anita tentara se defender e fora atingida por tiros silenciosos, pois ninguém mais na vizinhança ouviu nada.

As pessoas começaram a duvidar do trabalho de Flávio, já que em seu próprio lar a violência fez morada. Mas ninguém em momento algum desconfiou de Maria Antônia. Ela representando uma terrível depressão conseguiu que Laura deixasse Fabrício no Brasil por um mês e assim eles voltaram a namorar.

Flávio, com o auxílio de Hilário, Félix, Noel e Carlota conseguiu superar o momento e seis meses depois já estava de volta aos cursos. E assim o tempo foi passando...

26

É o perdão que liberta

Um ano depois da tragédia, tudo continuava igual. Maria Antônia namorando feliz com Fabrício nem sequer lembrava que um dia teve mãe e que a mesma foi morta por ela. Flávio, muito sensitivo, passou a achar que havia algo de muito estranho naquela morte. Conversando com os seus mentores espirituais, eles lhe diziam para esquecer o ocorrido, pois a morte era simples mudança de lugar e que Anita continuava bem na outra dimensão. Apesar de saber que a mulher havia sido acolhida em um posto de socorro e que se recuperava lentamente, em seu íntimo algo lhe dizia que havia alguma coisa séria e errada por trás daquela morte. Ele nunca mais foi o mesmo homem. Continuava com seus cursos, explicando como a vida agia e procurava se esforçar para ser feliz o máximo que podia. Francisca tentava ajudar para que às vezes ele não entrasse em profunda depressão, mas nem sempre conseguia. A sensação que uma grande barbaridade tinha vitimado sua querida Anita, ainda estava lhe amargando o peito. Ele já não sofria pela morte dela, mas sim por aquela sensação esquisita que não o deixava em paz.

Maria Antônia não cabia em si de egoístico contentamento. Agora o pai era só dela.

Em uma tarde de inverno todos tomavam o chá das cinco na elegante sala onde Anita veio a falecer. Maria Antônia estava muito saudosa do namorado que havia retornado a Inglaterra para continuar os estudos. De repente o telefone tocou e Francisca foi atender, era Laura preocupadíssima, e com voz trêmula:

— Por favor, chame o Flávio com urgência, o assunto é serio.

Flávio atendeu:

— O que foi de tão grave? Algo com o Cristiano?

— Não, com o Cristiano tudo bem, é com o Fabrício, ele está mal. Teve um surto de loucura há dois dias e está internado.

Flávio ficou surpreso:

— Como isto foi acontecer? Ele é um rapaz tão equilibrado!

— É isto que não sabemos, foi de repente, ele está tão mal que precisou ficar preso naquele hospício horrível! Me ajude, Flávio, não sabemos o que fazer.

— Não se desespere, nestas horas o equilíbrio é fundamental. Hoje no Centro tem uma reunião mediúnica e poderemos pedir informações sobre este caso. Sabemos de antemão que muitos dos problemas psiquiátricos são, na realidade, obsessões gravíssimas, porém não sabemos se este é o caso. Só a espiritualidade é que pode dizer.

— Sinto-me confortada ao ouvir suas palavras. Cristiano também está confiante e vai procurar aqui com dona Margareth o auxílio, porém eu confio muito no trabalho de vocês aí no Brasil. Avise a Maria Antônia e peça-lhe que reze pelo namorado.

Quando Flávio anunciou a drástica notícia, Maria Antônia correu para o quarto. Sozinha e abraçada ao travesseiro ficou assustada. Na última vez que conversara com Fabrício, contara a ele toda a façanha que culminou com a morte da mãe. Tinha toda confiança em Fabrício e juntos comemoraram o sucesso do plano. Teria aquela notícia abalado os nervos do namorado?

No Centro, Flávio já em transe, recebeu a seguinte comunicação sobre o caso de Fabrício:

— O problema de seu sobrinho é simples. Antes de renascer na Terra ele viveu no astral unido a espíritos inferiores e que praticavam o mal. Ele era um espírito que foi vítima do preconceito racial, viveu como negro e foi muito discriminado. Encontrando uma falange de justiceiros, resolveu pagar o mal com o mal e unindo-se a eles buscou no abismo, na subcrosta terrestre, uma forma degenerada e colou-a mediunicamente em quem julgava tê-lo prejudicado quando ainda no mundo. Sua "vítima" enlouqueceu e até hoje encontra-se num hospício terreno sem qualquer chance de cura. Ele reencarnou com uma grave lesão no cérebro perispiritual que passou a depender de sua nova conduta que iria se desenvolver ou não no corpo físico. Foi aí que reencontrou sua comparsa de vidas passadas e voltando às mesmas atitudes de outrora, desarticulou as forças do bem que o sustentavam. Agora, através de uma psicose de difícil tratamento, aos poucos seu perispírito lesado vai reencontrar o equilíbrio.

Flávio quis saber:

— Ele irá se curar?

A entidade elevada respondeu:

— Só o tempo e a mudança interior é que vão dizer. Ele não é um obsediado como pode parecer a princípio, ele tem realmente um distúrbio psiquiátrico causado pela lesão no cérebro, ocasionada pela sua conduta quando viveu no astral. Se as pessoas soubessem o que podem receber quando fazem o mal jamais o fariam, muito pelo contrário, lutariam para bani-lo do coração com toda a força de vontade. Mas agora é o momento de ficarmos com Deus e aguardarmos sua divina misericórdia. A fé e o pensamento positivo tudo conseguem, pois eles são dispositivos que interferem na lei de causa e efeito, mudando suas conseqüências. Porém nada acontece sem a mudança verdadeira, é necessário entender que Deus vê o íntimo de cada um, não existe um bom sofrendo, pode ter certeza, quem sofre coloca pra fora todas as suas mazelas espirituais e seus pensamentos equivocados. São as crenças no mal que provocam e atraem todo o sofrimento que grassa sobre a Terra. Quem crê apenas no bem fica imune às doenças, acidentes, prejuízos, solidão, falta de amor e quaisquer fracassos. A educação mental é a chave que falta para banir pra sempre o sofrimento da Terra, transformando-o no mundo de regeneração que tanto sonhamos.

O espírito Hilário se despediu e Flávio emocionado fez silenciosa prece de agradecimento a Deus.

Quando ele ligou para Laura dias depois, percebeu que a médium Margareth recebeu comunicação idêntica na Inglaterra, provando assim que era realmente verdadeira.

Sem o namorado, Maria Antônia foi ficando muito depressiva. Ao visitá-lo na Inglaterra e ver seu estado penoso, uma sensação desagradável de culpa a acometeu. Não sabia de onde vinha esse sentimento, porém não conseguia se desvencilhar dele. À medida que foi passando o tempo ele foi ficando cada vez mais amargo e profundo. Flávio percebia, tentava ajudá-la levando-a ao Centro, mas não adiantou, a cada dia estava mais triste.

Uma noite sonhou que estava num terreno baldio e lamacento, as árvores tinham aspecto feio e pareciam estar mortas. De repente, do meio da escuridão, um lobo grande e com dentes afiados lhe apareceu. Os olhos estavam vermelhos como fogo e acesos como se fossem lâmpadas elétricas. Aterrorizada ela começou a correr sem parar, porém o lobo corria com mais velocidade e a agarrou fortemente. Com a respiração ofegante Maria Antônia percebeu que a face do lobo transformou-se no rosto de sua mãe. Tentou gritar, mas a voz não saía, estava presa nas patas daquela que parecia ser Anita. O lobo abriu a boca e falou com voz rouca de ódio:

— Você vai pagar tudo o que me fez sua assassina! Vai morrer louca e sozinha, sem ninguém para lhe ajudar — dizendo isso começou a apertar o pescoço de Maria Antônia que acordou sufocada, aos berros, e suando muito. Francisca ouvindo os gritos de Maria Antônia, acordou também assustada, saindo em disparada batendo na porta de seu quarto:

— Abra menina, o que há com você?

Ela abriu rapidamente a porta e agarrou-se a Francisca:

— Tia, foi horrível, foi o pior pesadelo que tive na vida.

— Conte-me como foi, talvez não passe de sua cabecinha assustada com a sorte do seu primo Fabrício.

Ela chorava sem parar:

— Não foi não, tenho certeza. Era minha mãe que veio do inferno se vingar de mim.

— Não diga isso menina, sua mãe a amava e não teria motivos para se vingar. O melhor a fazer é rezar e pedir a orientação dos amigos espirituais. Em qualquer circunstância a prece é a força que nos liga a Deus e às forças superiores do Universo.

— Não posso rezar, tenho vergonha!

Francisca sorriu:

— Vergonha de rezar, onde já se viu isso? Deus não nos condena por nada, por que nós teríamos vergonha Dele?

Maria Antônia soluçava:

— Tem razão, vou tentar — começou a fazer uma prece mecânica, mas mesmo assim se acalmou.

Minutos mais tarde, quando a tia saiu do quarto, já se encontrava mais calma, porém lembrando da visão terrível não conseguiu mais dormir.

Do lado de sua cama estavam Anita, Hilário e Noel. Anita falou:

— É incrível o que a consciência culpada pode fazer num ser humano. Há muito que já a perdoei pelo mal que me fez. Porém esta visão terrível ainda a acompanhará por muito tempo...

— É verdade. — concordou Hilário — Deus não nos condena por nada, porém a consciência de cada um é o próprio juiz que lhe pede a reparação sempre que se transviar. Sua filha poderia evitar isso se confessasse o crime perante a justiça dos homens. Esse seria apenas o começo de sua redenção. Porém é certo que ainda voltará à reencarnar para modificar essa conduta errada que a levou ao crime. Talvez venha a sofrer exatamente o que praticou. Terá uma filha ruim que poderá com os desgostos e inconseqüências tirar sua própria vida.

Anita perguntou:

— Não será uma injustiça? Afinal, sei que ela me matou na última existência, porém eu que atraí esse crime na minha vida. Desde que morri como Anete séculos atrás, desenvolvi grande vaidade. Para me defender do mal que sofri ao ser morta por Helena, passei a ser arrogante e possessiva. Quando cheguei aqui assassinada pela minha própria filha, me revoltei, chorei, blasfemei e quase voltei à Terra para cobrar meu tributo, se você não tivesse me mostrado como atraí tudo, talvez ainda estivesse interferindo na vida de todos.

Hilário explicou:

— É mesmo, você mudou muito desde que desencarnou, deixou de ser aquela mulher fútil de outrora. Mas isso aconteceu porque você contribuiu, amadureceu com a dura experiência que passou. O mal que ocorrerá a Maria Antônia é por causa da sua crença na violência, no mal e na vingança. Talvez sofra muito para finalmente aprender que só Deus pode tirar a vida de um ser humano.

Anita o abraçou com carinho:

— Por que não te ouvi quando falava através de Flávio? Na verdade achava tudo muito distante da realidade, nunca me envolvi de fato com a espiritualidade que batia à minha porta. Talvez se tivesse me ligado mais a Deus ainda estivesse no mundo ao lado do meu marido.

— Não fique triste Anita, a morte é o agente da transformação, por onde ela passa tudo se modifica. Seu marido agora poderá se dedicar a um projeto antigo. Convido-a para ver o que irá acontecer.

Ela animou-se:

— Então irei, estar perto de meu amor sempre me dá alegria.

Os espíritos Noel, Carlota, Luiza e Anita passaram a transmitir a Maria Antônia a idéia de que ela precisava confessar o crime para livrar-se do remorso. Os dias foram passando e os pesadelos aumentando. Ela contava parcialmente ao pai, que lhe aplicava passes, conversava amorosamente, melhorava, porém no outro dia estava do mesmo jeito. Já não freqüentava mais o colégio, acabaram-se todas as poucas amizades.

Vendo-a tão depressiva, Flávio preocupado falava à tia:

— Não sei mais o que fazer para tirá-la da depressão. Já nem quer mais sair do quarto.

— Ela lembra-me você quando ainda era jovem e foi morar em

minha casa. Foi um tempo muito ruim. Érica, Ângelo e Marina morreram naquele acidente e você ficou praticamente órfão contando apenas com Cristiano. Você teve muita força e venceu tudo, mas lembro que foi difícil. Depois houve seu namoro com Camila que morreu também tragicamente. Às vezes te acho um herói, hoje olhando-o maduro e confiante percebo, que em nada mais lembra aquele jovem medroso e desconfiado, que não sabia que rumo dar à própria vida.

Ele sorriu meio melancólico:

— Passei realmente por muitas coisas, mas nessa vida ninguém é herói. Esse mito de que nós devemos sofrer heroicamente na Terra para alcançarmos um grau maior de evolução é balela. Hoje sei que através do amor aprendi muito mais do que pela dor.

— É que você é modesto e não gosta de reconhecer. Agora mesmo sofreu esse golpe fulminante da vida, perdeu a mulher amada e está aí conformado e confiante.

— É que a espiritualidade conforta e auxilia. Saber que a vida não começa no berço e nem termina no túmulo, transforma a vida de qualquer um. Mas falemos agora da senhora. Há muito tempo mora comigo, está feliz assim? Não desejaria voltar à sua antiga casa? Saiba que tenho condições de comprá-la a hora que quiser.

Ela sorriu:

— Nem diga isso, aqui tenho toda a liberdade que tinha na minha casa, até meus gatos eu crio. Você me dá tudo que desejo para ser feliz e ainda me paga por isso. Aquela aventura minha com o comércio mostrou-me que ainda estava imatura para este tipo de serviço e apontou-me o caminho para ser sua governanta. Veja como Deus é bom!

Flávio admitiu:

— Não sei o que seria de minha vida sem a senhora, tia. Minha casa não seria a mesma sem sua ajuda. Mas o que você falou sobre o comércio é uma grande realidade. Quem se aventura numa coisa muito grandiosa como você fez deve ter estrutura financeira e psicológica para tanto. A crença na facilidade das coisas é fundamental para quem lida com o comércio. Pessoas que não confiam na força da vida, que não usam seus poderes mentais estão fadadas ao fracasso.

— Foi isso que aconteceu comigo. Não tive o otimismo suficiente, logo estava cheia de dívidas. Envergonhada, não quis lhe pedir ajuda e gastei tudo que tinha, hoje sei que se tivesse agido com mais prudência e otimismo, tudo seria diferente do que foi.

— O bom é que sempre se pode tirar vantagem mesmo de uma situação ruim. Acredito que a senhora deve ter aprendido muito com o que aconteceu.

— Muito! Até hoje não consigo esquecer esta lição, sei que a vida usa nossos atos ruins para nos levar ao bem. A vida é mágica, tudo o que nos acontece tem sempre uma razão de ser.

— Isso mesmo tia, hoje a senhora está mais evoluída do que antes. Mas voltando a falar de minha filha, não sei o que acontece com ela, está muito estranha. Às vezes penso que foi depois que o Fabrício adoeceu, mas sinto que tem algo muito estranho acontecendo com ela. Não é normal esses pesadelos horríveis que vem tendo. Agora mesmo está lá no quarto sobre a cama em profunda depressão.

— Acho melhor você ir vê-la, conversar com ela, sei que isso lhe fará bem.

— Tem razão tia, afinal hoje não tenho atividades no Centro e posso ficar em casa.

Dizendo isso Flávio subiu até o quarto da filha. Chegando lá percebeu que ela soluçava. Com compaixão ele sentou-se próximo dela e alisou-lhe os cabelos. Ela, percebendo que era o pai, rompeu em mais soluços. Anita estava ali com ela transmitindo-lhe energias revigorantes e ao mesmo tempo suplicando-lhe para que tivesse coragem e revelasse o crime.

— Filha, por que está assim? Pensei que fosse por causa do Fabrício, mas vendo-a desse jeito sinto que tem algo mais que a atormenta muito.

Ela olhou para ele com o rosto e os olhos inchados pelo choro. Como poderia revelar-lhe o que lhe ia na alma? Por que esse remorso torturante a invadia? Sentia que a única solução era confessar a barbaridade que cometeu, mas não tinha coragem para isso. Como iria olhar novamente para o pai? O deus, o ídolo que ela tanto cultivou desde a infância será que ia perdoá-la? Se confessasse e Flávio a odiasse para sempre ela com certeza se mataria, não conseguiria jamais viver sabendo que o homem a quem ela amava como mulher a desprezava. Agora, naquele instante, ela percebia que o que sentiu por Fabrício era só uma paixão boba e momentânea. Que destino trágico e estranho era esse que a acompanhava desde a infância?

— Pai, estou morrendo por dentro, sei que só terei paz quando colocar pra fora tudo o que está me atormentando, mas não tenho coragem, sei que me odiará pelo resto de sua vida!

Ele ficou surpreso:

— Por que, logo eu que sou seu pai a odiaria? Não sabe que o amor de pai abre as portas para o amor incondicional? Seja o que for que tenha feito com certeza eu a perdoarei. Agora somos só nós, precisamos nos unir para não sentirmos a falta que sua mãe faz!

— Sei que o senhor é muito bom, mas tenho certeza de que quando souber o que fiz jamais olhará novamente em meus olhos, e sem você do meu lado sinto que morreria em pouco tempo.

— Não diga isso, você é jovem ainda e tem tudo pela frente, o que uma adolescente pode cometer de tão mal? Diga-me e lhe mostrarei que o que você fez não é tão grave assim, apenas sua cabeça de menina é que está exagerando.

Ela levantou-se da cama e gritou colérica, com as faces desfiguradas:

— Será que você é tão ingênuo que nunca percebeu? Dá pra parar de ser o santo por alguns segundos e me enxergar? Quem está em sua frente não é uma meninazinha boa e ingênua, aqui está uma mulher que te ama mais do que tudo. Nunca reparou como eu te olhava? Nunca percebeu que em meu peito nunca existiu um amor de filha e sim de amante?

Ele corou e não conseguiu articular nenhuma palavra. Ela continuou bradando muito alto:

— Isso mesmo sr. Flávio, nunca o amei como filha, sempre o

desejei. Nunca suportei aquela mulher que se chamava Anita e que me roubava você, dia após dia. Ela parecia sentir ou sabia dos meus sentimentos, pois disputava sua presença comigo, como se fôssemos duas rivais. Mas você sempre com esse jeito sonso nunca percebeu o que acontecia em seu próprio lar. Louca pela raiva e pelo ciúme não titubeei em matá-la para ter você só pra mim. Isso mesmo, eu que matei minha própria mãe. Contratei assassinos de outro estado e eliminei aquela vida fútil e vazia que atormentava a minha existência!

Ela parecia fora de si e gritava muito. Flávio começou a tremer qual folha sacudida pelo vento, parecia que estava vivendo uma situação familiar, parecia que aquele fato já havia acontecido com ele alguma vez na vida. Agora entendia o porquê do estado de Maria Antônia. Por mais que não quisesse acreditar, sentia que o que a filha, criada com tanto carinho e proteção, lhe dizia era a realidade. Levantou-se da cama num acesso de loucura e deu-lhe vários tapas no rosto. Naquela hora não se lembrava de nada do que pregava ou que havia aprendido, deixou seus instintos tomarem conta de seu ser. Começou a sacudir violentamente a filha pelos cabelos enquanto ela gritava e chorava histérica.

— Assassina! Assassina, você verá qual é seu destino.

Começou a arrastá-la pela escadaria e jogou-a violentamente no chão da sala. Francisca e os empregados correram e não acreditavam no que viam. Aquele não era o Flávio de jeito nenhum. Francisca começou a gritar:

— Pare, você vai matá-la deste jeito, ela já está sangrando.

— É isso o que ela merece depois de tantos anos de carinho e proteção que teve neste lar. Saibam que esta criatura não passa de uma reles assassina, ela matou a própria mãe. Aquilo não foi um assalto, foi um crime premeditado por ela e capangas não sei de onde. O ciúme, os baixos sentimentos que ela nutre por mim a levaram a praticar semelhante ato, agora que apodreça na cadeia.

Colérico e fora de si Flávio ligou para a polícia e fez a denúncia. Francisca desmaiada, fora levada para o hospital, enquanto Maria Antônia na delegacia confessou tudo o que fez. Deu os telefones dos pistoleiros e foi levada para um presídio de detenção máxima onde aguardaria julgamento.

A imprensa ficou agitada depois dessas revelações, em todos os telejornais só o que se ouvia era a notícia de que uma filha adolescente, por ciúme do pai, assassinara cruelmente sua própria mãe. Até psiquiatras e psicólogos foram à TV dar entrevistas sobre o ocorrido, tecendo as mais descaridosas opiniões.

O Centro de Flávio foi fechado por tempo indeterminado. As pessoas perderam um pouco da credibilidade devido aos fatos trágicos que o acometeram. Ele viajou para a Inglaterra e ficou lá com Laura e Cristiano durante quase um ano. Sua fé não fora abalada, depois que pensou tudo com frieza, percebeu que foi muito violento com a filha e não conseguia se perdoar por isto. Apesar de tudo ele a amava. Mesmo assim não conseguia voltar ao Brasil, a vergonha de ver novamente a filha e encará-la depois de tudo o que fez a ela era muita. Apenas sabia notícias por Francisca que todos os domingos, de quinze em quinze dias ia visitá-la no presídio. Ficou sabendo que Maria Antônia tentou o suicídio por duas vezes, achando que Flávio não a havia perdoado, só ficou melhor quando recebeu uma carta dele contando que a perdoava. Ela jamais iria se esquecer do que ele havia escrito:

"*Filha do coração,*

Naquele dia fatídico te disse que o amor paterno abre as portas para o amor incondicional. Hoje sei que é verdade. Mesmo sabendo tudo o que fez não consigo deixar de amá-la. Em meu coração estarão gravadas para sempre o som do seu primeiro chorinho, a imagem de seus olhinhos pequeninos me fitando com tanto amor pedindo-me proteção. A partir daquele dia senti que a amaria para sempre, acontecesse o que acontecesse. Lembro-me com emoção da sua primeira palavra 'papai', dos seus primeiros passinhos vindo na minha direção, naquele dia que você andou pela primeira vez nem fui ao Centro tão empolgado fiquei. Como não te amar para sempre? Se dentro de mim venci a antiga paixão que nos unia sei que você não teve forças para tanto, não posso te condenar, nem te julgar por isso, muito menos pelo que fez com sua mãe. Hoje sei que para Deus somos todos inocentes, para Ele somos apenas crianças aprendendo a viver, lutando para conseguir uma vida melhor. Apesar de estarmos submetidos ao resultado das nossas atitudes, Deus não nos condena, afinal Ele é sumamente amor e sabedoria. Só o que sinto por você é capaz de explicar um pouquinho o amor que Deus sente pela humanidade. Hoje também percebi que não estava preparado para o perdão, não titubeei em te violentar esquecendo-me que o mal jamais se paga com o mal e sim com o bem. Descobri que só o perdão liberta nossa alma. Quem não perdoa vive sem alegria e sem paz no coração.

Aproveite para fazer de sua vida, a partir de agora, um hino de amor a Deus. Sei que você será julgada e condenada, porém mesmo de onde você está, já pode ir caminhando para Deus, seguindo seus ensinamentos.

Do paizão que te ama,

Flávio de Menezes".

Na solidão do presídio ela leu e releu aquela carta, dormindo com ela agarrada ao peito. No domingo que se seguiu, durante a visita de Francisca ela pediu:

— Tia, eu quero ler, quero me instruir sobre a vida espiritual. Sempre deixei-a de lado, achando que seguindo as regras do mundo seria mais feliz. Hoje percebi que estava equivocada. Quero procurar o amor divino, hoje sei que esse amor não espera pra me amar e quero retribuir um dia todo esse amor que Deus me dá gratuitamente.

— Que bom minha filha que você chegou a esta conclusão. Logo hoje trouxe em minha bolsa um livro muito importante que gostaria de lhe emprestar, veja.

Maria Antônia olhou e leu: O *Livro dos Espíritos*, de Allan Kardec.

— Começarei a lê-lo ainda hoje. Meu pai sempre me falava dele e nunca dei importância, quero vencer essa paixão horrível por ele, que só tem me feito sofrer, e sei que com este livro terei esta força.

— É isso mesmo minha filha, essa paixão como todas as outras desenfreadas, nos fazem sofrer e nos levam ao abismo. Seu pai é muito evoluído e por isso vocês nunca chegaram à aberração do incesto. Imagine se você tivesse agora mais este terrível crime na consciência, como estaria?

— É mesmo, quero amá-lo como o pai querido que a vida me confiou, sei que conseguirei.

Foi com o coração renovado pelo êxito que Francisca saiu do presídio naquela tarde. Tinha certeza de que aquele livro iria fazer um bem enorme à sobrinha, como tem feito a tantas pessoas mundo afora

Epílogo

Era inverno e Flávio em sua grande sala de estar meditava profundamente. Fazia três anos que descobrira que Maria Antônia era a assassina de Anita. De lá para cá muita coisa havia mudado. Com a ajuda dos espíritos superiores que sempre o assistiram, ele conseguiu reabrir o Centro e voltar a ter o mesmo sucesso de antes. Durante uma reunião mediúnica Anita se comunicou e narrou-lhe todo o passado. Disse que ele já estava maduro para saber. Foi um choque descobrir que Maria Antônia era Camila reencarnada e que Fabrício tinha sido Rafael seu antigo namorado. Anita prometeu esperá-lo no futuro, quando sua missão na Terra terminasse e ambos pudessem desfrutar de uma vida mais harmoniosa. Compreendeu por que tudo aconteceu daquela forma e pôde agradecer a Deus por toda a sua bondade.

Francisca desceu a escadaria e propôs:

— Vamos acender a lareira? Está um frio daqueles, afinal moramos na terra da garoa.

Ele, com semblante distendido, pareceu estar viajando quando disse:

— Tia, tive a melhor idéia de minha vida! Hoje descobri que preciso fazer uma coisa muito importante e que não pode mais ser adiada.

— O quê?

— Esta casa é muito grande para nós dois apenas, vou adotar várias crianças e com seu auxílio e de empregados competentes sei que poderei criá-los. Tenho muito dinheiro e sei que posso dar-lhes o melhor!

Francisca chorou de emoção ao ouvir as palavras do sobrinho. Dias atrás, ela havia tido a mesma idéia.

— Nossa Flávio, que boa ação! É claro que te ajudarei. Sei que tenho pouco tempo sobre a Terra, já estou velha, mas sei que ainda posso ser útil.

— Você é a velhinha mais jovem que já conheci — disse Flávio rindo muito e abraçando-a. — Sei que será meu braço direito por muito, muito tempo. Aceita mesmo me ajudar?

— É lógico, com todo prazer. Agora me diga, quantas crianças pretende trazer para esta casa?

— O máximo que puder, sei que posso criá-las. Assim, quando Maria Antônia sair da prisão também poderá nos auxiliar.

— Meu sobrinho, acho que você agora está sendo inspirado mais do que nunca, acho que devemos rezar e agradecer a Deus por mais esta bênção.

Ele concordou e com olhos fechados começou a orar:

"Pai de infinita bondade e sabedoria!"

"Como é grande a sua misericórdia e quanto é infinito o seu amor."

"Sinto que não devo mais esperar para amar toda a humanidade como se fosse uma só."

"Sei que posso e devo dar o melhor de mim por tudo e todos que estiverem à minha volta. Que o mundo possa sentir todo o seu amor, como sinto agora".

"Eu te agradeço Deus de amor, por tudo o que me destes. Me ajuda através de Jesus e dos espíritos superiores a cumprir com fidelidade a missão que me destes sem fraquejar, nem me abater".

"Sei que só a Tua força é capaz de remover todas as pedras do caminho e que sem ela nós não fazemos nada".

"Por tudo isso Senhor é que te agradeço".

Flávio chorava e Francisca também.

Lançando sobre eles energias coloridas estavam Hilário, Anita, Noel e Carlota. Érica e Marina a distância observavam tudo em estado de oração. No fundo elas sabiam que Deus a tudo provê e que Flávio mais uma vez conseguiria ser seu fiel discípulo. Como foi bom tê-lo em sua família! Era um anjo do bem que derramava luzes por onde passava. Elas agora entendiam que tudo o que sofreram foi por falta de amor. Na próxima existência elas saberiam usar esse fogo divino que não pode e nem deve esperar para acontecer. Nessa hora de júbilo e felicidade sentiram leve brisa no rosto, como que a dizer que desta vez elas conseguiriam.

fim

Sucessos de ZIBIA GASPARETTO

Crônicas e romances mediúnicos.
Mais de sete milhões de exemplares vendidos.
Há mais de dez anos Zibia Gasparetto vem se mantendo na lista dos mais vendidos, sendo reconhecida como uma das autoras nacionais que mais vende livros.

Crônicas: Silveira Sampaio

- PARE DE SOFRER
- O MUNDO EM QUE EU VIVO
- BATE-PAPO COM O ALÉM
- O REPÓRTER DO OUTRO MUNDO

Crônicas: Zibia Gasparetto

- CONVERSANDO CONTIGO!
- ELES CONTINUAM ENTRE NÓS

Autores diversos

- PEDAÇOS DO COTIDIANO
- VOLTAS QUE A VIDA DÁ

Romances: Lucius

- O AMOR VENCEU
- O AMOR VENCEU *(em edição ilustrada)*
- O MORRO DAS ILUSÕES
- ENTRE O AMOR E A GUERRA
- O MATUTO
- O FIO DO DESTINO
- LAÇOS ETERNOS
- ESPINHOS DO TEMPO
- ESMERALDA
- QUANDO A VIDA ESCOLHE
- SOMOS TODOS INOCENTES
- PELAS PORTAS DO CORAÇÃO
- A VERDADE DE CADA UM
- SEM MEDO DE VIVER
- O ADVOGADO DE DEUS
- QUANDO CHEGA A HORA
- NINGUÉM É DE NINGUÉM
- QUANDO É PRECISO VOLTAR
- TUDO TEM SEU PREÇO
- TUDO VALEU A PENA
- UM AMOR DE VERDADE
- NADA É POR ACASO
- O AMANHÃ A DEUS PERTENCE
- ONDE ESTÁ TERESA?

Sucessos de LUIZ ANTONIO GASPARETTO

Estes livros vão mudar sua vida!
Dentro de uma visão espiritualista moderna, estes livros vão ensiná-lo a produzir um padrão de vida superior ao que você tem, atraindo prosperidade, paz interior e aprendendo acima de tudo como é fácil ser feliz.

- ATITUDE
- FAÇA DAR CERTO
- SE LIGUE EM VOCÊ *(adulto)*
- SE LIGUE EM VOCÊ - nº 1 *(infantil)*
- SE LIGUE EM VOCÊ - nº 2 *(infantil)*
- SE LIGUE EM VOCÊ - nº 3 *(infantil)*
- A VAIDADE DA LOLITA *(infantil)*
- ESSENCIAL *(livro de bolso com frases de auto-ajuda)*
- GASPARETTO *(biografia mediúnica)*
- PROSPERIDADE PROFISSIONAL
- CONSERTO PARA UMA ALMA SÓ *(poesias metafísicas)*
- PARA VIVER SEM SOFRER

- Série AMPLITUDE:

1 - Você está onde se põe

2 - Você é seu carro

3 - A vida lhe trata como você se trata

4 - A coragem de se ver

CALUNGA

- “Um dedinho de prosa”
- Tudo pelo melhor
- Fique com a luz...
- Verdades do Espírito

OUTROS AUTORES

Conheça nossos lançamentos que oferecem a você as chaves para abrir as portas do sucesso, em todas as fases de sua vida.

LOUSANNE DE LUCCA:

- ALFABETIZAÇÃO AFETIVA

MARIA APARECIDA MARTINS:

- PRIMEIRA LIÇÃO - "Uma cartilha metafísica"
- CONEXÃO - "Uma nova visão da mediunidade"
- MEDIUNIDADE e AUTO-ESTIMA

VALCAPELLI:

- AMOR SEM CRISE

VALCAPELLI e GASPARETTO:

- METAFÍSICA DA SAÚDE:

vol. 1: sistemas respiratório e digestivo

vol. 2: sistemas circulatório, urinário e reprodutor

vol. 3: sistemas endócrino *(incluindo obesidade)* e muscular

vol. 4: sistema nervoso *(incluindo coluna vertebral)*

FLAVIO LOPES

- A VIDA EM DUAS CORES

MARCELO CEZAR (ditado por Marco Aurélio):

- A VIDA SEMPRE VENCE
- SÓ DEUS SABE
- NADA É COMO PARECE
- NUNCA ESTAMOS SÓS
- MEDO DE AMAR
- VOCÊ FAZ O AMANHÃ
- O PREÇO DA PAZ
- PARA SEMPRE COMIGO

MÔNICA DE CASTRO (ditado por Leonel):

- UMA HISTÓRIA DE ONTEM
- SENTINDO NA PRÓPRIA PELE
- COM O AMOR NÃO SE BRINCA
- ATÉ QUE A VIDA OS SEPARE
- O PREÇO DE SER DIFERENTE
- GRETA
- SEGREDOS DA ALMA
- GISELLE - A amante do inquisidor
- LEMBRANÇAS QUE O VENTO TRAZ
- SÓ POR AMOR

MECO SIMÕES G. FILHO:

- EURICO um urso de sorte (infantil)
- A AVENTURA MALUCA DO PAPAI NOEL
E DO COELHO DA PÁSCOA (infantil)

RICKY MEDEIROS:

- A PASSAGEM
- QUANDO ELE VOLTAR
- PELO AMOR OU PELA DOR...
- VAI AMANHECER OUTRA VEZ
- DIANTE DO ESPELHO

LEONARDO RÁSICA:

- FANTASMAS DO TEMPO - Eles voltaram para contar
- LUZES DO PASSADO

MAURÍCIO DE CASTRO (pelo espírito Hermes):

- O AMOR NÃO PODE ESPERAR

VERA LÚCIA CLARO:

- STEF – A SOBREVIVENTE

LUCIMARA GALLICIA:

- SEM MEDO DO AMANHÃ

MÁRCIO FIORILLO (ditado por Madalena):

- EM NOME DA LEI

LUIZ ANTONIO GASPARETTO EM CD:

Aprenda a lidar melhor com as suas emoções para conquistar um maior domínio interior.

- **Série PRONTO SOCORRO:**

1 - Confrontando o desespero
2 - Confrontando as grandes perdas
3 - Confrontando a depressão
4 - Confrontando o fracasso
5 - Confrontando o medo
6 - Confrontando a solidão
7 - Confrontando as críticas
8 - Confrontando a ansiedade
9 - Confrontando a vergonha
10 - Confrontando a desilusão

- **Série VIAGEM INTERIOR (nº 1, nº 2 e nº 3):**

Por meio de exercícios de meditação mergulhe dentro de você e descubra a força da sua essência espiritual e da sabedoria. Experimente e verá como você pode desfrutar de saúde, paz e felicidade desde já.

- **Série GASPARETTO:**

- Prosperidade

- **Série CALUNGA:**

- Prece da Solução

- **Série LUZES:**

Coletânea de 8 CDs, nos volumes 1 e 2.

Por meio de curso ministrado no Espaço Vida & Consciência, pela mediunidade de Gasparetto, os espíritos desencarnados que formam no mundo astral o grupo dos Mensageiros da Luz, revelaram-nos os poderes e mistérios da Luz Astral, propondo exercícios para todos aqueles que querem trabalhar pela própria evolução e melhoria do planeta.

- **Série ESPÍRITO:**

1 - espírito do trabalho
2 - espírito do dinheiro
3 - espírito do amor
4 - espírito da arte
5 - espírito da vida
6 - espírito da paz
7 - espírito da natureza
8 - espírito da juventude
9 - espírito da família
10 - espírito do sexo
11 - espírito da saúde
12 - espírito da beleza

- **Série PALESTRA:**

1 - Meu amigo, o dinheiro
2 - Seja sempre o vencedor
3 - Abrindo caminhos
4 - Força espiritual

LUIZ ANTONIO GASPARETTO EM DVD:

- **O MUNDO EM QUE EU VIVO:**

Palestra com o espírito Calunga, um desencarnado muito especial que nos conta coisas incríveis sobre a vida depois da vida e sobre as leis eternas.

Série PALESTRAS:

- S.O.S. Dinheiro
- Mediunidade
- O Sentido da Vida
- Os Homens
- Paz Mental
- Romance Nota 10
- Segurança
- Sem Medo de Ter Poder
- Simples e Chique

• **Série REALIZAÇÃO:**

Com uma abordagem voltada aos espiritualistas independentes, eis aqui um projeto de *16 CDs* para você melhorar.

Encontros com o Poder Espiritual para práticas espirituais da prosperidade.

Nessa coleção, você aprenderá práticas de consagração, dedicação, técnicas de orações científicas, conceitos novos de força espiritual, conhecimento das leis do destino, práticas de ativar o poder pessoal e práticas de otimização mental.

• **Série VIDA AFETIVA:**

1 - Sexo e espiritualidade
2 - Jogos neuróticos a dois
3 - O que falta pra dar certo
4 - Paz a dois

ESPAÇO VIDA & CONSCIÊNCIA

É um centro de cultura e desenvolvimento da espiritualidade independente.

Acreditamos que temos muito a estudar para compreender de forma mais clara os mistérios da eternidade.

A Vida parece infinitamente sábia em nos dotar de inteligência para sobreviver com felicidade, e me parece a única saída para o sofrimento humano.

Nosso espaço se dedica inteiramente ao conhecimento filosófico e experimental das Leis da Vida, principalmente aquelas que conduzem os nossos destinos.

Acreditamos que somos realmente esta imensa força vital e eterna que anima a tudo, e não queremos ficar parados nos velhos padrões religiosos que pouco ou nada acrescentaram ao progresso da humanidade.

Assim, mudamos nossa atitude para uma posição mais cientificamente metodológica e resolvemos reinvestigar os velhos temas com uma nova cabeça.

O resultado é de fato surpreendente, ousado, instigador e prático.

É necessário querer estar à frente do seu tempo para possuí-lo.

Luiz Antonio Gasparetto

Mais informações:

Espaço Vida & Consciência • SP:
Rua Salvador Simões, 444 • Ipiranga • São Paulo • SP
CEP 04276-000 • Fone Fax: (11) 5063-2150
Espaço Vida & Consciência • RJ:
Rua Santo Amaro, 119 • Bairro da Glória • Rio de Janeiro • RJ
CEP: 22211-230 • Fone Fax: (21) 3509-0200

E-mail: espaco@vidaeconsciencia.com.br
Site: www.vidaeconsciencia.com.br

EDITORA VIDA & CONSCIÊNCIA GRÁFICA

INFORMAÇÕES E VENDAS:

Rua Agostinho Gomes, 2312
Ipiranga • CEP 04206-001
São Paulo • SP • Brasil
Fone / Fax: (11) 2061-2739 / 2061-2670
E-mail: editora@vidaeconsciencia.com.br
Site: www.vidaeconsciencia.com.br